U0760603

珍本南社舊著叢刊·第一輯

張夷　主編

松陵文集

四

陳去病　纂輯

上海大学出版社

卷四十二　　邑後學　陳去病　纂輯

明　六人

鈕明綱字世維仲玉孫萬曆十六年戊子舉人衢州通判

五浮山人集後序

五浮山人者王父㲨溪公别號也公博學好古隱於醫徜徉蘇湖間會心處輙賦詩自娱所交多賢達時相與唱酬有詩集四卷當垂沒時授先君鳳橋公蘄刻以見志云先君力不給藏之惟謹然亦時出以示知已有錄之者歲丙申家遭回祿茲集以有錄本不致散佚亦非偶然矣不肖明綱每伏而思之推敲經王父之鑪錘收藏留先君之手澤竟厥志者伊誰任哉第無如風塵奔走逮今乃得其時爰請同志序諸簡端而梓之

覓溪漫稿引

王父覓溪公有五浮山人詩手自編次一帙大都嘉靖戊子以後寓江城所著明綱仰承先志已請識者選而登刻矣其不盡刻者存諸原稿中何忍廢也此帙有豐存叔先生序諸簡首書嘉靖戊子以紀之其爲前此之筆無疑且公題曰覓溪漫稿與晚歲所更五浮山人之號各別則此稿或初年未定之見不欲入刻耶第漫稿迺公所自題若我父易其名以名公稿則從所遺云爾

周應儀字元度號桂寰用曾孫自爛溪遷謝天港萬曆十六年戊子副榜官光祿寺大官署丞有南北游草八卷今存老學庵筆記川

上集未見

將進酒引

予兄弟三人不幸早失其仲今與季子年雖未邁皤然老翁因念兄弟

五十年間自童年以至垂白毫無間言亦天倫所未易得者今季子五十初度因舉一卮以祝之曰願季子與寡兄年年當壽誕之期相與稱觴上壽至百歲也賦得將進酒一篇歌之壽筵間舉坐引滿共慶周氏白眉矣

七夕歌引

相傳牛女會於七夕歲一會也予以星宿相逢不過度數之値豈如世間所云但人有三秋之别終歲之别不得握手成歡則會晤之難奚啻所云歲會更有期也爲歌十首以舒感慨

先考徵仕郎光禄寺大官署署丞存江府君行狀

嗚呼痛哉天乎何喪我府君之亟也我府君何遽棄藐諸孤而不令長侍膝下歡也我諸孤實不德釁戾自積奈何不先殞滅而速禍於我府君也嗚呼天乎痛哉痛哉日月若馳音容杳渺寖遠寖忘懿德日就磨

滅諸孤安所逃罪敢不及今未先狗馬塡溝壑乞言於太史先生席如椽以寄不朽而諸孤椎魯不文稍欲詮次遺行而請又荒迷愧無序也惟是宗黨之所習稱姻戚之所覩記田父廛叟之所心醉而口津津不置者庶幾人無閒言以不至溢美爲立言者羞惟太史先生少矜察焉

府君諱句字翰臣別號弁山以先中憲欵江公歿而志遐思乃更號存江吳江之爛溪人也先世代負隱德弗耀至曾大父恭肅公起家位冢宰才猶風節海內推名卿而周重於吳先大父承之益折節爲恭儉率其子姓讀書敦禮節文采彬彬有萬石家風而周益重於吳大父娶大母顧恭人生丈夫子五府君實次四有曾叔父明農公舉子晚日者謂不利所生而鞠大父所列兒行府君所繇稱第五也府君生而穎秀不好凡兒弄善承大父母歡稍長益儆敏强記誦日不難數千言漸習制舉義稜稜有丰骨雅不襲秇林口吻而雲蒸霧蔚爛然成章性復嗜詩

書手執一編輒忘寢食坐丙夜不可已大父奇之曰是當亢吾家宗者必此子十七補邑諸生殊有聲諸生間試必裒然高等戊午從伯父玄津公卒業成均文譽鵲起傾其六館無不逡巡遜謝弗兩周君若也乃伯父卽以是年登試而府君報罷顧欣然曰是幸無墜恭肅令緒哉勉之以宏博其業遂於旨而矜於時則吾兄若爲祖鞭先乎益偕諸伯父下帷發憤日昔講讀不少休冀博一第展其生平而不幸數奇弗偶九上南闈卒弗售荆璞垂剖而玷玉人郢雪就調竟摧下里天可問乎府君每夷然若弗屑無少幾微見顔色襟度汪汪千頃波哉而獨内咎以伎之不精業之不遠益歸而勞苦自厲孜孜靡間寒暑也是時諸孤且習孰亦復不工爲孰至難一北面邑博府君終不遺餘力而督之無少借而當不得志時又憊而訶之是不且有異日乎而徒鬱鬱内摧爲所爲毋弛而業毋戚而遇其自課以課諸孤類然也會有令太學歷滿歸

上秋闈不得從部試而從有司試如郡邑諸生府君幡然自放曰五十衰矣復安能以遲暮之齒與少年相角逐如顚毛種種何公車之業兒曹勉旃以善繼乃公意乃公休矣因悉屏博士家書而漁獵稗官小史資其諧謔以消永日間習岐黃術言頗得其解稍治方劑以已人疾豈其不善自攝以滑而和以戕而天年而卒以力學勞心風與痰相扇爲虐神恆憒憒語吃吃不出口先是大父常患是疾矣兩伯父復患之皆不治府君亦以是卒不七年遂不起豈淵源所自來歟嗚呼痛哉府君豐頎廣顙白晰美髭髯望而知爲烏衣佳公子性凝重醇謹篤內行大母顧恭人卒留邸扶櫬間關戚易備至久之大父尋甸致政歸內傷顧恭人不逮養而晨昏膝間于于作孺子慕殁而以毁瘠聞如喪大母時也莊事兄姊友愛弟舅終其身如一日無少色忤間以事謁者婉辭令色勞苦慰誨人得如望去宗族欣欣樂就以爲周氏祭酒乎鄉人善者

交之不善者遠若浼焉所接卽菜傭賈豎而不以惰見野老釣席偶儕
所談說謹約無刺誹遇有雌黃口若弗聞也而過之第相與商文藝探
歲功羨慕嘉言善行未嘗不栩栩色喜儷儷然語不休也臧獲之指千
而材諸任大小必中能督之也期集事而可弗輕呵譴之曰獨非人子
乎而苦相迫何生平不爲却亦不修人却里有豪狡而囂仰起滅食以
嘗鬻其業而開釁於我廷質之直矣旋挾以刺謁覬升斗歡然與升斗
未幾又復釁已又復刺謁十餘年搆不止府君終無禍心會直指搜捕
爲乳虎豪且宵遁或請得數其慝而甘心焉爲府君吐氣府君瞿然曰
是窶子無厭耳我幸有其業卽不難浮若直而訟迄不得志於我何渠
仇而忍之死地昭昭者可欺乎更爲排救甚力以免豪聞感泣且悔禍
府君復憐而衣食之無失時若嘊家然卒厚賻其母喪曁豪喪以葬今
其族姓口可碑也隙不深其仇平不忘其難抑何獨行長者乎佃人匿

田二十畝無粒償九年覺而詰之無辭也主者且槩而算之府君執不可曰誰令若忘之而一旦併責之彼且何能家迫而叵測可若何令不負新而止歲大飢斗米餘百錢羸矣或勸閉之直且倍府君愀然變容謂安得忘此溝中瘠也令倍廪庾安然吾有乎爲平直而出不少靳復倡其邑輸粟數百石助縣官賑官義而獎之辭不顧而菜色賴以少甦比比矣歲恆急公家賦常先諸里氓而輸曰吾安忍一日庾公家物哉逋而猛摧政于虎不平且撓法里瘠矣往往不勝踐更而輕去其鄉念不獨居寧而坐視其困因割腴頃許貧長賦者歲爲常而後憚人息生不輕施予度所當施予卽心諾不俟請而給病有藥死有斂欣有助戚有慰所謂傾囊而緩急人也若不有其家而故善爲家持白圭計然大指鉤覈劈處纖而密逮米鹽絲枲竹木瑣屑必任中度復實其旁漏戹與時俱積家稍稍起所以起者力夕以佐晝鮮出以經入躬絕婾衣鮮

食之好而善操其贏亦會天幸數奇羨豈其趨射乾沒逐什一若市廛屑屑青蚨子母乎然終以僕僕刀錐之末晚且不任析箸三孤爲六月息旁益斥第二與所居列爲三鱗次櫛比相望沼館花木臚整幽靚歲時過從續食遊遨往來間益螓蛾曼睩秦聲燕絲雜伎並進以極愉快固嚮者陸大夫之所貴自適也謝世嬰以娛老安問年哉行樂未央而二豎子眈眈矣府君素強壯無疾壽七箸疾作疲乃加甚一日泫然親諸孤曰吾旦夕殆乎然終不得一命見先人地下甚愧而大父言何所亢吾宗也諸孤環泣交口勸大人毋庸將自瘳且大人沉酣五車厄於一第間不無少拂鬱盍以例入貲爲郎効尺寸勉攄而抱猶愈以諸生老顧不足世恭肅與中憲之遺烈哉於是拜光祿大官丞非其好也遯世無悶古人難之而又志略壯甚每嵩目杞憂氣吞一世旣數詘投閑不得一當自見意未嘗頃刻不急諸孤也庶幾旦暮遇之畢所未酬而

又復不才淪落不肖應偁甫極鄉薦應儀應信猶然太學靑衿隤而家聲雖奉朝命披章服進賢楚楚竊附搢紳先生而鬱鬱不自得乃疾所由毓乎生際貴顯而不爲紈綺溺志家席寵盈好行其德佝僂循牆慮無不自下者居恆謂人學非勤弗獲德非謙弗進俗非孝弗敦家非恕弗和身非嚴弗端志非謙弗益人謂府君庶幾身有之以方古好修醇篤君子奚愧哉月旦公評籍籍鄉國邑大夫歲虛大賓迎府君爲鄉飲重府君每逡巡不欲以公車之遺據父老上重違推轂者意强一出以獎大典旋搆疾力辭不再赴士論惜焉疾作於己丑仲春迄甲午冬劇賓醫飯僧百計禱祈弗效時不肖應偁當赴禮闈輟弗往府君詢知强食加饘曰若我憊耶我善自力待若一第起耳且我不有而兄而弟視膳寢耶應偁不得已以歲杪就道大聲謂兒努力務繩若武不肖應偁拜受教潸然出涕左右各俛首悲不自勝而府君意自若若爲果其行

耆屬已不能嚴惟神尙王庶幾足無恙不意遽成永訣介一月倏爾奄
化生不及榮歿不及躬天乎不弔竟牿應倂爲世大戮耶嗚呼痛哉府
君字諸孤不嚴而栗誨諸孤不棘而恆其畢爾室寧爾止而植爾疇也
絲毫爲之力不躬而贍服御俾有則戒無靡以傷度乎而有以試役者
資其旅加豐曰娛之以力而讀也孫生護養其恆耳而弗以恩故貶繩
逮時而昏人樹其業如諸孤曰吾爲子若子弗能徧也各以其長應倂
少不亂憂形於色舉而欣躍有加曰仍爲若育弗以老吾貳彼所爲子
若孫計者蚤夜拮据如有弗逮而竟不及覩其成享其樂煢煢諸孤觸
目慘裂祇有旦暮號呼而已雖百身奚贖哉而木拳然而襚褭然肖而
貌儼然則諸孤若天啓其衷得豫辦盡誠盡物無少不及悔猶幸於萬
分一稍稍無憾然府君已矣痛忍言哉痛忍言哉府君不巧爲業業無
墜緒不饒姬媵而多嗣人不習五禽導引而康强無疾黃髮考終詎謂

種德弗食哉論者以位未滿才壽未滿德名未滿實不勝嗟悼以爲天固不可信似耶非耶生嘉靖十二年七月十二日卒萬曆二十三年正月十三日享年六十有三娶吾母顧氏故江陵訓導吳川公女相莊白首無間也三子長應儀娶閔大宗伯午塘公子贈司寇郎肖塘公女次應僢娶沈少參石雲公子光祿志棠公女次應僖娶吳太宰默泉公子次泉公女繼顧太學玄湘公女女二長適邑江西僉憲沈瓚封安人次適大司寇訒菴公冢孫官生士龍皆昏及期無祿早世孫男九文升國子生娶楊南大司馬震涯公子鄉進士玉菴公女文薦郡諸生娶鄒南司寇郎健菴公女文舉聘張大司寇康僖公孫鄉進士五衡公女文卿聘陶鄉進士柴墟公子貢士玄亭公女文相聘朱惠州郡倅頤貞公子睢州尉景頤公女文俊聘閔即午塘公孫太學天倪公女文傑聘凌南司空郎繹泉公子藩幕屺瞻公女應儀出文燭聘顧太保文康公孫鄉

進士台家公女應偁出文亨邑諸生娶郁司空郎暘川公孫太學如川公女應僖出孫女六爲應儀出者二一字閔邵武郡伯鳳寰公子一字閔松江郡倅麟寰公子爲應偁出者一未字應僖出者三一字儲大行樊桐公子一字顧鄉進士端吾公子一字沈太學愼吾公子曾孫男一廷鼐聘閔太學印渚公女女一未字俱文薦出應儀等將以萬曆二十四年十月初十日奉府君葬北城字圩之新阡而泣血具狀如左伏惟太史先生哀而寵之一言光賁泉石昭示永德先府君歿且不朽不肖諸孤幸藉以伸恨終天報恩罔極卽死亦不朽不勝激切哀懇之至

先妣顧太孺人行述

嗚呼痛哉嗚呼痛哉吾母與吾父齊眉白首辛勤拮据於不肖應儀應偁應僖乳哺嫗育幹止遺謀種種備至不幸吾父旣逝吾母形單影隻猶幸萱姿松勁兄弟鴈行相爲依倚應偁出宰豫章正擬甲辰春入覲

來歸共觴母壽七袠胡天不弔夙疾遂劇忽焉長逝應儀應僖方椎心號躃而入覲之使者至俾應竟先母半月不幸卒於途嗚呼痛哉嗚呼痛哉既奪吾母又奪吾弟向堂前而慘裂望遠道而淒其徒有聲徹天有淚徹地痛腸寸寸斷而百贖無從也惟是吾母徽德懿行雖死猶生儀等縱極不肖焉忍其泯滅不傳而紆軫結嗇不能道萬一聊述梗概如左仰冀名公大人少矜察焉母生顧氏爲吳江同里右族蓋宋南渡居茲土以隱德儒業世其家至盤篙翁家聲始振曾大父感梅翁以忠信孝弟拓其先緒而衣冠文物遂斌斌甲吳中大父古村翁以例入光祿爲監事父吳川公以績學繇恩貢選授江陵訓導配陳孺人生吾母後舉三丈夫子而吾母居長年十六歸吾父光祿存江公生三子二女追思吾母自爲女爲婦以逮爲母歷春秋七十備嘗苦辛焦勞不能殫記惟爲女則孝爲婦則順爲母則慈以至接人御下居貞履順七十年

如一日也先慈生而聰慧穎異父母鍾愛之方垂髫即工組繪紡績烹
飪酒漿之事吳川公謂是女非尋常擇配得吾父慰矢雀之卜焉母性
最孝既嫁後總如其初一切歲時餽養以至身後喪葬無遺憾而遇三
昆弟終其身無異視焉以此追先慈之所以爲女歸吾父既謁廟即恪
遵婦道常躬洴澼絖夜績爲諸媵侍先絕無富貴安佚態大母顧太恭
人御子婦輩嚴吾母承顏順志得其歡心大母隨大父中憲公之京卒
於邸大父致政歸多内顧憂吾母歡吾父周旋左右以冀其愉悅至吾
父析箸吾母佐之起家雖一縷一粒未嘗妄費吾父晚拓舍宇多亭臺
花竹之勝日招邀賓客聲伎過從吾母治辦脩髓以娛其意且勸吾父
曰君控數奇至九入棘闈不錄曷效相如入貲爲郎不愈于槁首蠹帙
甇甇一青衿乎吾父從其言僅被服銀青以老不幸忽遘疾疾且五載
吾母於湯藥飲食昕夕躬調視至衣不解帶目不交睫以爲常與吾父

結髮偕老餘四十年家政雖瑣屑必請命而行未嘗自專相敬如賓一嚬笑不苟以此追先慈之所以爲婦吾父延師課訓不肖輩意極惇懇然旨嚴意寬不加呵楚吾母時時繩督之不少借不肖輩問寢侍側每候顔色爲欣戚一有不豫不敢仰視歲乙未吾父棄世吾母哀毁不欲生者良久已遂縞素貞居不問戶外事或有所稟白輒曰有三子在未亡人不與也其視諸孫噢咻提攜不啻含飴之弄常語不肖輩曰吾愛孫不異汝曹然嫗老矣奚能一一乳哺每子則撫其長而於應儀長子文升尤鍾愛然初不以愛故弛繩督自辛丑應儁登第且喜且誡曰汝父築應儁廬云須高大其門可容軒蓋幸今果然而汝父久困場屋鬱鬱不自得屬望後人寧止此也朝夕勉勵諸孫益力甚且爲文升脯膳以專其讀以此追先慈之所以爲母吾母雖身處脂膏而未嘗自潤羅綺盈篋而不離布素肥甘在御而不賤葵藿菩提滿念而不喜佞佛早

起夜寐督其青衣裙髽紡績女紅皓首不衰且谿谷自下不以貴驕人雖隣嫗村婦相過必命坐與語茶瓜酒食款洽終日至有所需亦不少拒以故口頌而心感者載道馭下寬嚴相濟內外臧獲千指凡飢寒勞苦疴癢疾痛靡不深憐而煦燠之及有所犯則凛不可貸人皆樂其寬而憚其嚴以此追先慈之所以接人御下居貞履順此眞可以勒彤管鏤史册而恨不可殫述也先慈精力素强壯無恙晚年血疾頓作體漸羸弱飲啜漸減不肖輩心憂之日延醫調治期旦夕康強獲期頤上壽俾子若孫少罄烏鳥私情報罔極之恩於萬一何意遽至不起耶嗚呼痛哉而弟偁竟以先亡然使九泉之下得長侍母側弟偁已無恨而獨儀輩母弟俱喪生死抱冤儀輩不足惜矣母弟九泉之下而知此也豈不痛哉豈不痛哉慘焉思之何如儀輩侍母九泉之下而亡弟獲生母且瞑目矣母生嘉靖乙未六月二十六日卒萬曆甲辰三月初二日享

年七十歲子三應儀光祿寺署丞娶閔大宗伯午塘公子贈光祿肖塘公女應僴辛丑進士宜春知縣娶沈少參石雲公子光祿志棠公女應僖國子生吳娶太宰默泉公子少參次泉公女繼顧贈鄱陽尹玄湘公女女二長適江西按察司僉憲沈瓚封宜人次適南京左府經歷吳士龍封宜人孫男十一應儀出者七文升國子生娶楊大司馬莊簡公子鄉進士玉菴公女文薦國子生娶鄒南司寇郎健菴公女繼屠大方伯沂春公子太學燮宇公女文舉庠生娶張大司寇康僖公孫鄉進士五衡公女文鳳國子生娶陶鄉進士柴墟公子寧都尹玄亭公女文彪庠生娶朱惠州郡倅頤貞公子睢州尉景頤公女文俊庠生娶閔卽午塘公孫太學天倪公女文傑聘凌南司空郎繹泉公子藩幕屺瞻公女應僴出者二文燭聘顧太保文康公孫庠生長佩公女文衡聘沈卽石雲公孫太學襄石公女應僖出者二文亨國子生娶郁司空郎暘川公孫

太學如川公女文貞聘吳大司寇訒菴公孫鄉進士季植公女女孫八應儀出者二一適閔邵武伯鳳寰公子庠生元京一適閔松江郡倅麟寰公子庠生元衍應儀出者三一適吳郎訒菴公孫克予公子垣一字陶郎寧都尹玄亭公子太學武敬公子延熙一字閔忻州牧龍淵公孫庠生起龍公子煦應僖出者三一適儲給諫樊桐公子國子生大受一適顧鄉進士端吾公子庠生懋祉一適沈給諫水西公孫太學愼吾公子庠生自本曾孫男十二文升出者二瑞聘閔麗江都丞斗陽公子太學衆甫公女珂未聘文薦出者一廷鼐庠生聘閔司寇郎成山公子太學印渚公女文亨出者四達聘張廣西憲副日觀公子鄉進士嚴吾公女适聘岳封司空郎心夔公子鄉進士石鍾公女奕聘沈河南巡撫太素公子官生知樂公女忽聘沈司空主政韞所公子庠生君克公女文舉出者一璇未聘文鳳出者三燦聘趙司馬主政藎菴公子庠生欽仲

公女珍瑛未聘文俊出者一理未聘曾孫女八文升出者一未字文薦出者二一奉吾母命爲文升女字吳大參挺菴公孫太學無競公子庠生晉卿一未字文亨出者二一字陶鄉進士柴墟公孫庠生公亮公子文舉出者一文鳳出者二其次文彪育爲女俱未字應儀等將以己酉年十二月十三日奉吾母柩葬城字圩之阡啓府君藏合焉謹泣血具狀以請名公大人俯鑒寵而貺之一言吾母懿行不泯九原幸甚應儀等少藉以伸罔極卽死塡溝壑幸甚不勝悚息哀懇之至

王　孝字子順號二峯平望人萬曆十七年己丑進士禮部祠祭司主事

新建飯僧齋堂記

平望當吳越往來之衝四方緇流經斯地者絡繹不絶於近年遇飢饉之歲風雪之朝乞食無門投宿無所往往流離道路甚至遂作餓莩者

於是吳興浮屠氏維端及里中善男子張明廣等發大慈悲募化共田三百畝歲收其息飯十方僧創造齋堂三所一在平望一在嘉興一在皁林既乞當代鉅公立田碑作募疏詳哉其言之矣其齋在平望者以余爲里中人遂介余方外友復上人屬爲文以記余何敢以不文辭余惟佛言一切功德飯十方僧功德第一竊嘗疑之我佛爲一大事因緣出世以了悟爲功見性爲德供佛飯僧種種上天有漏之因何名功德第一及聞教典云十方賢聖出沒大悲海中現順現逆不可凡情測量迺知飯僧功德與飯佛等嘗觀國家厚祿養士其間紆朱拖紫之流豈盡公爾忘私能爲國捍患難福蒼生者哉然間有一二能爲國捍患難福蒼生者出於其間則凡大烹之典匪頒之式俱不得爲虛費何者推恩於衆而收効於獨國家養士之報大較若此矣余往參緇侶豈敢謂盡皆眞參實悟爲法忘軀之士然間有一二能若此者出於其間則續

佛慧命端賴斯人即使盡大地化作珍寶供養奚足酬其功德哉此諸善信捐資飯僧之意所繇來深遠也余嘗奉使歷齊魯燕趙周秦之墟傳飡傳舍有弗以時給者即以時給有若束於方法不得已而應其求者今披緇削髮之流而概以買田搆室施恩不報之人此豈所以結勝因資冥福哉良以佛性人人本來具足偶觸善緣即興慈運悲欣然樂爲而不能已夫欣然樂爲之心是眞實之心以此心飼虎救鴿尚可成佛道況今之緇流道侶號稱吾佛弟子者哉以此心供一比邱有益無損況其間不無眞參實悟續佛慧命者受我供奉哉其爲功德第一何疑也嗚呼使諸善信捐此取助飯僧眞實一念勇猛精進盡可悉證菩提使諸比邱鑒此善信最初眞實實念思勺水粒米亦難消受以祈報佛深恩便可悉登覺位若曰藉以結勝因祈冥福此但人天有漏之業如影隨形雖有非實何名第一功德豈余所以記斯堂之意哉堂之前

爲觀音殿後爲堂若干楹地在室宇圩之南去殊勝禪寺西九十步經始於萬曆壬辰十一月初一日落成於癸巳七月十二日悉記之石垂永久云賜進士第修職郎行人司行人里人王孝撰

顧而誠字惕龍號見魯同里人萬曆十九年辛卯舉人青陽教諭

吳母屠夫人八袠序

今宇內世家檇李屠松陵吳兩姓仁聞蔚起接壤並聲云而我岳母屠夫人者尚書之孫諭德之女尚書之甥尚書之孫婦尚書之子婦也歲已亥壽八十兩家父老子弟登堂稱賀者摩肩接踵矣不佞誠躍起曰茲可以爲夫人壽而非所以壽也夫人毓於芝宇伉於世胄神爍而履矯齒勁而髮黎靡不聞且知之矣乃積仁累行樹福基而臻上壽者則吾潤甫吳君嘗鰓鰓焉道之吳君曰吾母少聰慧數齡能讀小學諸書不數月而洞鏡故實又能臨池作楷隸十五而歸即諳家政窮女紅無

紈綺態事我大父母克敬以順佐我先君調疴癢權盈縮治生繕性母力多焉先君謁選部曹家中娶婦嫁女俱以身任處妯娌以和遇戚族以厚待婢僕以寬而施德於人卽不貲弗計時時修齋誦經至老不怠蓋天植其慈不煩矯飾者無何不肖遘兇侮幾至失墜母內持外旋漸以寧息有古女丈夫風焉今年八十矣而眠食起居無異壯時行且百歲未艾也誠唯唯亶如所稱夫人德範蓋爲婦維婦爲母維母可不謂閨懿之尤奇古今罕儷者耶誠忝爲館甥夫人視誠如子三十年無惰禮儞容且也不忘簪履俯採弱息字其家孫兩世姻婭不以寒素遺棄夫人之德厚矣哉誠知夫人之德最深者敢忘不文而拜手獻之以爲壽焉

吳　默字因之號無障七都人後遷同里萬曆二十年壬辰會元官至太僕寺卿有周易說六卷莊子解今未見

省葊史公墓志銘

史公蓋以萬曆壬午舉浙江省試而實家吳江與余同里婘密也又有同年兄弟之誼交極懽其爲人淸恬坦素機志不存於胸中每與人語洞示肺腑余最好之其文字盛氣勢而澤於理十齡卽作驚座語有夙慧名十三補博士弟子員幾舉十年而始舉二十年爲壬辰謁選江西玉山學博乙未會試中乙榜除廣東南雄府推官五年量移烏蒙府通判以父老子幼致仕歸歸不二年卒卒十九年而葬子兆麟等手行實一帙流涕長跪而請於余顧乎其至余不忍辭且知史公深固莫余若者其自舉省試至得官歸里稱鄉先生布裘葛屨敝廬薄田蒼頭兩三人曾不異於諸生時郡邑之庭以禮以時旅見而外未嘗覩其跡余心尤高之然猶憶其潛然寡營或不嫺吏事乃其爲博士卽得諸逢衣士心復捐月俸建築隄以修學舍風氣玉山始有得雋者其爲南雄司李

即能佐部使者平反大獄數十事中使李鳳張甚公毅然秉正以裁之商民得不擾嶺南有草名蔓胡人舐之立死愚民有睚眦忿輒舐之訟牒纍纍半以此公縣賞募民薅此草務盡人人加額會亢旱公焦心賑恤饑而不害故事官貿物減市賈十之二公不許太平廠稅歲額外羨如干率以充公費公亦不許里井尤歌頌之郡無誌公爲編纂閱兩年而定明備有體粲智者雄於貲事多不法往往持長吏長短吏不敢問怨家不敢聲其惡智益横至誣其後母外行雄守蔣以屬公公讞發其奸狀且誣母大逆擬重辟智乃裹朱提千啖公公益怒立具獄奏監司直指使雄人無不稱神明者而智竟賂當事中公以蜚語公又素不通長安書無餽遺以是寡手援者烏蒙之遷蓋困之也公既解組未幾蔣守亦爲智所中夫智誠狡然一編氓貨賄權至能使國家執法之吏竄者竄徙者徙亦可覩世變矣直指使顧公深爲不平欲鳴於朝而陳將

軍璘有播州之行請公爲參謀公皆力謝之輕舟遄歸日以娱親爲樂
可謂至性明達矣又篤於交誼同僚謝别駕卒於官子無從任者公爲
料慮其職身事方盛暑了不以穢凶爲忌又多方爲議賻待其子持喪
歸蔣守之爲粱智中也公方有微疴讀邸報驚詫歎息不懌者久之竟
死余每憶公有不可解於造物者三以公之才何有於一第即張新建
亟稱之乃僅以乙科得官一官如此廉恤既已獲上治民宜被殊擢而
顧爲奸民所齕二廣額疏眉豐下而目光射人似有壽法而夭奪之丞
三也公諱謨字爾陳省菴者其别號也父天佑母盛未受封公死獨抱
痛祖相國子生曾祖贈工部主事承錫高祖聘君鑑以文行著成弘間
詳載邑乘鑑之父曰珩珩之父曰晟晟之父曰仲彬仲彬當高皇帝時
曾奏事稱旨命官戶部不受賜食賜鈔賜傳以歸有敎子孫孝弟力田
之諭建文初舉明經官侍書翰林兼徐王府賓輔散見吳文定公墓表

仲彬之父曰居仁居仁之父曰榮是爲松陵史氏之始松陵與繡州壤相接繡州有史家郡有唐時翰林學士惟則懷則兄弟同官名最著公復以繡州舉不忘本也公生嘉靖辛亥十一月十三日歿萬曆辛丑四月十二日年五十有三配尤氏内德綦茂未舉子爲公置貳貳陳氏舉子子舉而陳夭尤夫人爲長育之慈義兼至子長者曰兆麟邑諸生娶陳次曰兆鳳國子生娶計女一適王善昌孫男三宗郜兆麟出聘蔡宗邠宗郢幼未聘孫女一兆鳳出幼未字兆麟等卜以已未十二月十五日奉公柩葬於潛龍蕩之新阡而余志而銘之銘曰

松陵産繡州舉太史佚是其祖徹侯崇佐光武代有人衍先緒公纘之緒益芳士孝廉吏循良數雖奇譽則光年未耆德不忘潛龍阡封馬鬣樹鬱盤星煒曄祥允儲卜允協千斯禩昌奕葉

史省菴元配尤孺人墓志銘

史公舉賢書時固未有子也俄而生兆麟矣俄而生兆鳳矣及解官歸則大兒琅琅讀父書小兒學語見夙慧史公則德尤孺人蓋孺人爲公置貳陳陳宜子數年舉此二子未幾史公捐賓客二子哭史公又未幾哭陳又未幾哭王父王母則二子所恃以長立二十年來門祚無恙行業不墮者以尤孺人乃今又哭孺人焉悲夫萬曆己未二子之葬史公也余爲之志固已紀孺人內德之盛所謂潛龍阡者虛一壟用以待孺人不可以不志也而二子又請之切摯如請志史公者按狀孺人父曰鼎汀公母孟孟夢月入懷而孕孺人性至孝兢兢奉母訓非應問不發一語笑不至矧辟績箴縷以巧益勤史太公習與孟之兄弟游雅聞有賢女而鼎汀公亦先識史公於俎戲時許與女蓋孺人甫十有六即爲史家婦云其事君舅君姑也無以異於事父若母未幾母孟卒晝夜泣而不敢以聲微至於堂時史公讀書居外恆晝夜吾伊不輟則孺人偕

一婢子織亦晝夜機杼不輟也雞鳴適舅姑之所左右之佩槃水之奉燠寒饘酏之問免薧滑膏之薦應唯周旋之節一一如其禮卽娣姒宛若間閒有午意者欲少索其毛髮之疵而不得卽太公太夫人相視未嘗不歎新婦賢新婦賢也如是更數年史公始受產自舉火孺人謂君曰田宜請磽瘠者廬舍宜請敝陋者不給吾能以女紅指佐之史公欣然太公益歎以爲賢壬午之役人以爲天事（中缺）事訖矣可以從先夫人九原矣遂不恥凶事一日二日而可爲者咸具數日竟卒卒且踰小祥二子猶孺子泣追憶教數教方名教數日時事音容何適雨滂如綆可以知仁母矣孺人生嘉靖壬子十二月二十七日後史公一歲卒天啓壬戌七月四日後史公二十歲子婦姓諸孫名具史公志而兆鳳復添二男宗郟宗鄤厥後昌熾殆未可量史公所以德孺人也兆麟卜以癸亥十一月二十日啓史公之藏合葬焉銘曰

仁人有後天可必天不尸功曰内德婦則母儀兩無貸咏王雎作炙倉
庚□□□□□中石

將仕郎湖村任公墓表

湖村任公諱秀之字秋山其先出自先賢當陽侯大宗之後至梁新安
太守昉爲江南始遷祖高祖伯通自義興來吳江累贈通奉大夫貴州
巡撫曾祖德祖汧咸有隱德考中權南京太常寺丞有詩名公賦性高
邁慕龐德公陶元亮之爲人與王寵陳淳爲莫逆交始治舉子業筮得
蠱之上九遂絶意進取而構别業于龐山湖東中有含香館玩月亭仿
荊溪釣臺故事于楓丹菊白中垂綸自適自陽山人嘗書湖村眞逸以
贈之遂以湖村自號爲素精韜鈐書嘗偕其弟之俊之重講求經世之
略嘉靖壬子倭寇起由越入吳時承平久人民遠近震駭兵憲復菴任
公爲公族弟時爲郡丞禦賊初不利公慨然曰嚮所學者今有以用之

矣遂赴兵憲幕參贊軍務復薦嘉定黃姚里嚴家兄弟五人兵憲提兵所向輒以捷聞時有嚴家五義任門三傑之稱以軍功敘將仕郎六月遘羅疾旋里未一月而歿惜哉公生弘治庚申九月十三日卒嘉靖甲寅七月十三日得年五十有五嗜古書畫藏名蹟甚多所著有湖村集中丞集注六卷藏于家配朱氏弘治辛酉十一月二十九日生萬曆丁亥七月十二日卒壽八十有七子用於卒之明年十二月十八日丙申合葬別業之右同里後學吳默乃特書其碣曰松陵隱君子之墓謹表

魯齋顧公像贊

玉屑其屑金石其聲矯然孤鳳以鳴太平不違道而執拘不趨時以模稜白簡備石渠之制作嘯歌發吳門之雜音殆性秉清剛英姿颯爽以立一代典型者乎

沈　琦字仲玉號蘊所漢曾孫萬曆二十三年乙未進士禮部主事

有珠樹軒稿未見

重興勅建殊勝寺殿宇碑記

吳江平望殊勝寺者首創於有宋治平丁未落成於元豐甲子而重建於皇明景泰甲戌其地海陸會和封疆跨踞北彌巖邑里閈星羅南控澄湖波流雲委潮平岸迴煙霞潤日月之光灘嶼濤驚風雨挾雷霆之勢天與開茲澤國地偏釀彼川靈滌性攸宜會心不遠開山信師禎符吉夢影起神旛乃建叢林承佳號螺宮映浪連蛟室於岷江魚梵迎風震蜃樓於渤海屏羅列巘嵬峨持淸淨之身虹互長隄坦易闢慈悲之路爾其帆檣之所湊集艑舶之所迴旋曉旬梛鳴合霜鐘而赴節宵汀漁唱隨颸鐸以宣音雲靄上方搖颺初華霽景月高遠渚紛披返照晴輝皆可藻雪神襟淸疏視聽傾三吳而稱雋環四序以標奇者也夫何魔孽猶纏妖氛倐儆永劫厄於羅睺法守蕩於祈尼插漢虹梁類空中

之阿閦淩波鷁舫愴雲表之浮圖像貌既已陵夷僧徒亦從凋落漫言業火孰樹宗風有住山禪師二人復公約公道行俱淳理懷並邃騰燭龍於慧炬俯鑑重昏奏鳴鳳於天歌下清羣籟爰及無方之智未遺有相之能鄉望磁州别駕王君蕭條江海之情磊落冰霜之操排四門而獨往攀十地以遐征遂探通途直趨覺海與二師闡揚法教商榷因緣悲慧日之向淪冀彌天於再造特申重願言緝宏圖值前邑侯後觀風御史雍邱徐公邑侯黄岡孫公並莅名區式臨勝會是二公者早膺清貴寵踐崇軒嘉猷迴發於天朝善政果行於期月修菩薩行則仰之彌高見宰官身則誨人不倦思廣西來之微旨用贊南暨之神功轉正法輪作大檀越於是僧衆德遐德平宗衍等澄什隨肩於嶺右林遠結轍於江東共啓靈模載拓遺址乃復公津梁告闕先證貞常而約公山簣維勤益堅誓願寸鳩銖累手拮口瘏雖鴻搆非不日之功若門廡若橋

道尙須次第而象設係十方之仰若丹雘若莊嚴業聳瞻觀複樹文閣俯臨電宇重楹畫棟坐出煙霄紺殿晨融若對流霞之闕朱甍夕朗似遊明月之宮輝煌色界仙都璀璨世間淨土端嚴八十二再睹如來之法容林總億萬千重履阿蘭之香境解憂駐錫彬彬白版蒲團演法傳燈的的黃花翠竹信足濟慈航於將墮拭佛鏡於常明者矣不佞琦吾生未了彼岸方睽遠謝元琳之捨宅皈依近媿摩詰之闔門持誦千秋赫奕宜傳江令之詞一片崚嶒敢效韓陵之頌道之存矣文在茲乎聊託楮毫用識梗概云爾徐公諱元萬曆庚辰進士孫公諱大壯萬曆乙未進士王君名忠復師名希復約師名守約而不佞琦則徐公門下士孫公同年生也禮部郎中沈琦記

華陽顧君象贊

偉哉顧君當世之英特弱冠而名列賢書方綴而奇才穎出其報本也

則擴置祭田而追遠之情著其事死也則創建義塚而澤及乎枯骨醫術神矣投匕而起死回生文章美哉傳頌爲世人程式宜乎四仁聲溢而憶君之舊德也

見魯顧君象贊

惟學之邃惟形之癯惟性之甝惟神之瘁吁孰是人也而有幕天席地兀然而醉昏然而睡者歟

卷四十二完

女兒緜祥校録

卷四十三

邑後學　陳去病　纂輯

明七八

周道登字文岸一字念昔萬曆二十六年戊戌進士官至東閣大學士

三餘館詩文集敘

文南趙先生挺拘異質博極羣書其所結撰自制舉而外古文詞若兩漢若六朝若盛唐未嘗斤斤焉字櫛句比而意游象外景傅毫端寫所自得蓋組繡錯而圭璋燦焉先生才僅僅以老明經爲弟子師然點蕩之致沈鬱之思以得於困阨爲多文章窮而益工豈不然哉

霍侯履畝清册序

國家田賦無重於姑蘇者而一郡中吳江尤最計正賦若兵若役若徭

若新增之餉蓋畝四斗有奇而耗不與焉且其區風濤所嚙淤濁所瀦滄桑遞變等則更繁緣爲弊孔莫可究詰有腴而賦輕有瘠而賦重有無賦之田有無田之賦小民竊嘆而籲不平者非朝夕矣西蜀劉公雅意清覈會遷秩不果中丞徐公嚴檄舉行而下以空文應卒成畫餅河間崔公之謫吾邑也慨然力任懸示講求而碩鼠豐狐素擁爲利沮敗其事蜚語日聞公行之顧益堅暴露寒暑窮歷阡陌晝則清丈夜則握籌稍有疑竇參覆再三四履肥磽瞭若指掌匿田隱賦纖悉畢出於是塌者鐲瘠者減而統計所贏普之徧邑向之畝踰四斗者減一升五合有奇分則三十八者酌定爲九凡列條議十有八欵鏤刻頒布俾僻井愚民曉然通知不俟讀而嘆曰至哉公之軫吾邑也夫吾邑之田賦談何容易淆之於高下闊狹而洒之於圭豆釜鍾其不清也尚可言也所主者田根而田根可縮所準者會計而會計可漏所信者簿書而簿書

可更所别者甲乙而甲乙可互影其不清也不可言也至哉公之爲議蓋縣象於天中而燃犀於水底貞子孫百世之利千載所難逢也昔文襄公汰郡賦八十餘萬郡守王公均官民田而一之至今億兆口頌不衰公之議略倣前規而詳密加焉則時使然也夫二公持衡羣有司戮力事猶易集公以一人智力拮据擘畫於上而衆口悠悠於下能慷慨自信且信上官視二公不較難哉雖然不佞猶有懼也往者丁亥戊子間袁職方嘗議減賦矣未幾而格不行劉公嘗裁派剩矣潛去其籍而剩如故減荒之勘始何嘗不嚴忽而復熟忽而改荒熟則飽橐荒唯視賄何問田矣夫一事斬允下謀上斷往復揚榷筆墨爲費旁睨者庋閣而籤弄之若乘蜩公即嘔心而議豈能縶其手足哉安得而不慮也後之良牧有能哀殿屎之積若伐蹇藪之狡謀循蕭文終之法而守之以畫一孑遺之民其猶有瘳乎

吳江新築石塘碑記

上之三十有三禩（一作萬曆三十有三年）五月朔邑侯劉公新築石塘成塘修九萬九千八百一十四尺爲橋十有三爲竇三十有七南連檇李北接茙苑爲里八十有八（一作並苕舊者爲里八十有三）其石約二而成丈博一尺有八寸九分綱其博之一（一作其博綱一）以爲厚四（一作四壘）其厚以爲塘之崇倍其崇以爲基和之用灰支之用木每尺而支者三以石之厚爲木之圍三（一作三倍）其圍以爲修水遞深（一無深字）而遞加率一木而爲五支薪其本末以當庸直計木五萬九千八百八十六三分其木加一（一作三分之加一）以爲石之數二分其石加一以爲石之工佐者居三之一灰三千有四百石鐵炭索綯直二百五十餘金（一無金字）凡費二萬七千金有奇役始於癸卯正月十七日主其議而捐俸以倡者曹中丞也邑二尹西蜀李宗程則督視邑人王郡倅忠則勖勸沈方伯季文則協議沈寺丞璟沈僉憲瓚沈孝廉令

名與不佞登則出納父老屠大化等十人則宣力（別本有凡再閱歲而効其成於公句）公率千尺而眡其三仞之以眡其崇也析之以眡其砥也度之以眡其修也數之以眡其木之稠也㩼之以眡其木之中程也凡再閱歲而工竣（一作滿志始告竣事）於是（別本有億兆驩呼得未曾有而九字）薦紳先生搆亭鶯湖屬不佞記其事夫以塘之積圮歲歲修而益甚（一作而圮日甚空爲縣官費何益公新以巨石爲邑永利是大有造於我也）日天子出（一作出帑）內帑贍修築（一有矣字）卒未賭片石寸土之績今（一無今字）公不煩官不強民竭情籌畫（一作百計拮据）杯酒諷勸而事忽大集爲邑永利（一作我享其利而卒不聞其擾也）方事之始有（有一作而）諷以佛誘者公大笑格其議美哉斯舉（一作公掀髯笑曰謂乃公饒鬚髮耶議竟不行美哉公之績也）其始（始一作舉）事也能持正也其勸相也（一作相勸）能設誠也其圖功也（一作垂謀）能永賴也一舉而三善備焉（一無焉字而有美哉公之績也六字）可以頌矣公諱時俊字恆甫別號勿所蜀富順人戊戌進士歷廬江桐城再調吾邑治行皆第一（別本多不佞職得論次循吏中茲不具書二句）中丞諱時聘獲

鹿人辛未進士吾邑之得有劉公中丞力也頌曰繄我松陵（一作笠澤）實惟龍宮震澤騰西吳淞礴東砐硪雷擊（一作激）瀠渟烟訌憯茲行旅誰呼鞠窮適有石隄隱隱隆隆如櫛斯比如墉斯崇金湯綿亘坦道遐通遇風不波未聲而虹爰戢馮夷式濟艨艟其來熙熙其樂融融云誰之賜曰我劉公於萬斯年纘禹之功

右文見屈沈二志集文中而字句略殊標題亦各異今細案之屈志題云劉公新築石塘碑記似係舊題即全文亦似悉仍原本錄出惟文筆瑕瑜互見意果堂選時稍加删正歟茲特依沈本寫定而註屈選者於下已亥荷花生日去病識

重建文昌閣記

平望有文昌閣不知創自何年舊與昭靈侯祠簷霤相接里人徙侯祠而閣欹仄欲仆余友周徵卿家前谿生長識此閣念文昌佐南斗注生

司人閒允嗣桂祿士民無不崇奉而閣乃圮不覺心動慨然捐資撤其
舊而更新之同志數輩咸亦有助肇於今上之四禩甲子十二月癸未
六閱月始落成閣凡三層崇四尋有四尺眡崇緉四尺以爲之廣眡廣
緉四尺以爲之從北倚飛梁南面澄湖左旁通川右鄰神宇四窗玲瓏
以延爽氣文星燦然上逼帝座而下薄凡閒也非平望之偉觀哉平望
水中一洲耳舟車四會煙井繁稠寺有殊勝觀有玄武廟有東嶽關侯
繞文昌之南北西三面東則松江之支流直奔雲閒祥福庵僧欲搆藥
師樓於江上未逮也殆東方之勝闕而有待乎余聞鶯脰湖在昔爲顏
眞卿張志和陸魯望皮日休陸羽羅隱輩燕遊之所志和號玄眞子仙
舉湖濱眞卿送之今文昌閣矗立市中呼吸通湖風淸月朗之際志和
諸人能無躡空乘虛淩湖波而直上歌李白靑天有月來幾時乎斯時
謂文昌閣爲主志和輩爲客可也徵卿諱夢芝號瑞庵精小兒醫功能

再造云周道登記

中憲大夫河南按察司分巡河北道副使元谷吳公墓誌銘

公生平知交莊忠甫與余最深討論砥礪若金蘭也忠甫蚤世而余猶同官輩轂同息林皋知公更深公歿而遺命屬予志長君手次行略偕諸弟以請嗚呼予何忍志公哉公諱瑞徵字仲庚姓吳氏別號元谷五世祖太僕公志所載全孝翁也高祖立齋公南京刑部尚書曾祖訒菴公刑部尚書俱贈太子少保祖德泉公父彜宇公嘉靖辛酉同科舉人彜宇公以公貴累贈河南按察司副使訒菴公仲弟繼石公四川布政司參政生中河公南京光祿寺良醞署署正無子感德泉公濟難恩以贈公嗣故公祖光祿公而祀大參公爲曾祖贈公娶於淩累贈恭人庶生子二公爲仲子母黃恭人出也公生而穎異入則定省出則誦讀嶷無他嗜贈公與兩恭人鍾護特至年甫十四贈公捐賓客公雀踊孺慕

幾不欲生邑令雍邱徐公與贈公有生死交欲朝夕訓廸强公援例以便亟見非其好也無何析居公以外事付臧內事付獲而一稟成於黃恭人每晨頮櫛二三家督啓大綱而已不以貳吾讀也惟日就明師良友揚榷古文雞鳴而起夜分而寢寢必衣小衣所以安兩恭人其勤毖如此戊子喪黃恭人癸巳喪凌恭人十年間閔厄參會鮮民之生㜸緶欲盡痛念顯揚之大則攻苦益力四部七略祕册稗官靡不博覽旁搜鉤玄擷勝蓋丹鉛不去手也掣目課藝或三或七人苦摶沙而公捷若承蜩庭前數步摩墨數聲濡毫染楮一藝立就精義奇藻爛然溢目間有推敲少選出示則另一稿矣又未嘗不服公之虛懷也南闈不利薄游北雍所與切劘皆吳越名雋丙午秋長安縉紳有得公棄牘者扼腕甚公闈而笑我則未工於人何尤神氣益厲益務爲深湛之思已酉舉順天京兆庚戌成進士壬子授工部虞衡司主事典驗試廳斷斷如也

嘗曰國家以軍需屬內府良有深意第內多掣肘外多冒破假令典者
復骫骳其間一旦有急而不適於用皋安所歸事事精覈不中程不納
也癸丑典節慎庫劑量盈縮無濫出無羨入與臺省約辰而視事申而
受鑰無以膏繼誡諸胥窄其褎僅容腕焉百賚一淸人人手額誦公廉
平公曰吾不過潔已奉公而已在驗試吾不任受怨在節慎吾不任受
德也甲寅孝定皇太后升祔公董役昭陵賜帑金文綺乙卯考三載績
晉員外郎丙辰進郎中擢守饒州公實心以子民淸標以率屬文行以
鼓士屏城狐嚴保甲不爲赫赫名而循譽日著會玄冥降割議恤議救
心力爲瘁而淮藩之事猝起公獨力救寧禍變立定當是時王愛兒以
妖妓蠱王常洪以庶孽奪壟微公幾不測三年報政晉憲副分巡河北
河北襟帶齊晉跨躡燕趙爲天下要地而所割三郡皆雕攰公簡士除
器興屯治水修舉釐剔冀爲京洛長城素苦頭痛至春輒發遭時艱虞

每扶疾拮据遂困勞增劇不得已移疾乞歸乃忽挂重劾徵下若廬非
主上聖明晰公無罪幾供邯鄲刀俎矣公歸而感荷聖恩獲此餘生日
縱心翰墨娛情墳典間爲聲歌樂府以自適出所藏古人名筆宋搨善
本時自摹玩所輯有左儲二冊子夜遺音四卷親知過從杯酒流連蠟
屐煙艇湖山嘯傲意甚得也偶病瘧陡至嘔血竟以不起嗚呼公何遽
至此耶公至孝友三喪未舉日夕憂暴露顧有兄太學爲政則先卜葬
黃恭人於竺山已奉贈公凌恭人合葬於龍池嘗手書法華經七卷送
廬山爲凌恭人資福事世父諸姑禮意周摯與太學友愛甚篤每上書
稱兄大人客問何不稱大兄公曰吾一兄而又稱大不反泛乎太學交
游廣公非臭味不數數然也性素謹飭言似不出口退然嘗有以自下
人謂公畏四鄰冬涉川不虛也家故素封而數困於重徭戊申之潦有
司令轉糴賑貸其費不貲宦遊以來一切酒肴粲茗悉取之家既嚼然

凜素絲之操而用復漸廣家計轉落令後人稱淸白吏子孫則公所貽
多矣公生隆慶庚午四月二十九日卯時卒天啓甲子六月一日申時
享年五十有五配楊氏同郡大司馬恭簡公女累封恭人子男五長恪
邑庠生側室陸出娶黃氏秀水中丞公承元女次慥側室龔出娶金氏
別駕公志道女次恂邑庠生楊恭人出娶溫氏烏程少宗伯公體仁女
次協側室李出聘徐氏同郡中翰公溶女次慒側室張出未聘女四長
楊恭人出適錢塘庠生馮延年祭酒公夢正孫次側室陸出適同邑太
學生沈同華中丞公季文子次側室陳出字同郡申繩武京兆公用嘉
子次側室沈出字太倉王皓尙寶公時敏子孫男四之綱聘張氏同郡
太學生應䕫女即公同母女弟之孫女也之紀聘沈氏同邑大參公子
太學生自友女恪出琅之翰未聘恂出孫女四長字邑庠生周日惠子
長祚次字官生顧綿詒子廷琰恪出慥恂各一女未字諸孤將以丙寅

正月五日巳酉葬公於吳縣之貞山蓋公所卜兆也嗚呼人以宦肥而公以減產人以退高而公以賈辠才既不究於用復促之年余嘗爲文哭公曰公之宏覽綜博似子政湛思著述如子雲精鑒博識似茂先口無臧否似嗣宗大小用智似乖崖屐履使才似幼度清畏人知似南鄉通達國體似維陽嗚呼華國亢宗公之不朽自有在矣銘曰

吳爲甲族世有偉人繩繩濟美以及公身家學官方雲照玉潔保世滋大用光祖烈在我者理非我者天斲石銘德千秋萬年

新建列女祠碑

彤管職廢而婦訓姆則不及家矣明興垂三百年風化陶淬被及士女吾邑閈閎草萊貞烈輩出表厥宅里者固未易更僕數也（下缺）奪志而殞者有以改字而殞者有未嫁而畢命以殉者有身非匹嫡而白首處子者張福貞適（下缺）福貞沐浴更衣拜辭姑舅若將行者旋如廁竟經死故

以奪志而殞者張福眞是也錢如潔（下缺）有廢疾僉憲請解盟不可先娶沈氏女以嘗之鍇終不解人道堅申前請錢不得已更字（下缺）經死以曹在東也故以改字而殞者錢如潔是也項氏字周應祁應祁蚤夭項悉易縞素（下缺）故未婚而畢命以殉者項氏是也沈氏即鏞先娶女矢無二志或勸之嫁沈作色曰（下缺）久矣何以嫁爲屏居一室八十五年如一日故身非匹嫡而白首處子者沈氏是也夫（下缺）婚者厲從一之操而未婚者凜同穴之義死者非慷慨于一時而生者已灰心于歿（下缺）日月而薄乾坤猗與偉矣邑大夫劉公表章節烈磨厲世風特崇祀于垂虹而屬言于（下缺）夫人會有死至于死則何志不可遂何念不可捐而丈夫猶難之孰謂秉節存義竟（下缺）其死也乃若存身以撫其嗣而死止以殉其夫此其堅持不尤戛戛乎難哉（下缺）有餘師矣于是爲之贊其詞曰

維彼河嶽毓秀閨房遭家不造寧曰無良義存與存義亡與亡一瞑不

祼永矢弗忘口口口常而國之祥昔咏柏舟於彼用光搆宇苾祀垂虹
之陽節彼西山江水泱泱冠裳瞻仰俎豆煇煌
毛以烽字允奎號芝山壽南子萬曆二十八年庚子舉人官至雲南
按察司副使有尙書講義審雨齋集感紅詩百絕均未見今存審
雨齋文賸詩賸各一卷
鄉飲賓伯雅汝公象贊
同居黎著姓汝言無虛行有恥爲人慈謹交與與人恭存心恕勿二三
愼終始儉養廉能知止子女各三人在易成坎六中天九九運能行貞
兮仁兮壽富足
趙士諤字謇卿號蓋庵寬從曾孫萬曆二十九年辛丑進士官右僉
都御史巡撫宣府有著冏疏稿撫宣疏稿謇卿詩文集中丞詩選
俱未見

吴江新編役册序

吴江賦額以本色計四十八萬有奇綦重矣而賦之外復有役若南北運若輕齎麥折等解戶若收頭其費多者三四百金少亦不下數十金最輕莫如收頭而每收銀百兩亦費至十數金且俱有意外不可測之憂民之苦役更甚於苦賦蓋赴湯蹈火不啻矣最初役法不具論自中丞檢吾徐公均役以來大都以田之多寡爲役之重輕而縉紳及孝廉文學免田有差其零星小戶役亦勿及焉此近制也吴江之田畝而數之一百十三萬有奇均役之初免田多縮於額内通計不能盈二十萬畝民間花分者亦絶少編役之田寬然有餘北運每名田一千二百畝又貼役田六百畝南運每名田六百畝各解戶及收頭或三四百畝或一二百畝役至六十畝而止而中家田四五十畝者高枕不聞追呼一時稱便行之十年其間審編者再而編役之田漸少北運千二百畝之

外無田可貼矣南運則并之北運不必有田矣解戶及收頭不免編及
零星而二十畝以上不能無役矣蓋畫一之法久之漸以情遷然而以
北運兼南運苦樂均而民無所容其趨避則亦經久可行之法也又五
年復當審編而弊孔滋多鄉紳不能不受寄田浮免額矣素封之家多
借交於他郡邑搢紳詭其名立戶田必以數千計矣鄉紳物故者其後
人往往陳乞於上上亦借以市恩批答如響遂有因之爲利而戶田反
增至數千者矣人惟恐重役及已則競爲花分千者化爲百百者化爲
十按籍而求民戶千畝以上者竟寥寥焉幾於無田可役矣邑侯閻瀛
李公甫蒞事殊釐額難之既而備稽故牘博採輿情斷然謂非法不足
以勝情於是鄉紳之田溢額者富民詭託於他郡邑搢紳者鄉紳久故
而乞恩祈免者並與齊民一體編役而花分之田亦稍就歸并凡北運
及解戶田多者强半竄入免籍中公不狥情不避怨窮搜於脫漏之餘

而役之心良苦而力亦殫矣既竣事刊之成册屬余爲序夫所貴乎刊册謂其一成而不可變也語云挈瓶之智守不假器審編何事顧可舉棊視之斯册行而重者輕者先者後者曉然昭揭於百姓五年之内庶無覬覦其間者乎且法未有久而不敝者中丞之初均役也即免額少寬不免明開詭寄之門然而各有限制便於士未始不便於民纔十五年駸駸乎越其等去其禁不至士偏居其便民偏居其不便已由斯册而遡之於前以考其異同得失之故而自今以往末流之弊可懸揣而知矣僉苦役之民而力挽其流以還之均役之舊後此者得無意乎

五浮山人集序

余垂髫時與鈕世維同事研席時世維亦甫弱冠有習其家世者曰此覺溪先生之孫余因知邑中有覺溪先生云而是時先生殁已久矣余久困諸生間強仕始通籍則又浮沈中外者久之迨歸田先後蓋五十

餘年而世維亦以孝廉得官自衢州別駕掛冠歸各皤然老矣杖屨時相過從惜不亞少年同研席時世維一日持五浮山人集屬余敘五浮山人者梟溪先生別號而集則其所爲詩也余鄉者耳先生名心知其爲隱君子初不知其工於詩先生之詩於諸體無所不備大要牢騷跌宕以自發抒其胸臆蓋時出時入於古今作者之間至於五七言近體則極力擬杜居然少陵優孟矣今夫名者人之所急也士君子不得於時既已遁跡隴畝而猶沾沾焉雕蟲之技自喜亦謂苟有一言之幾乎道可庶幾身後名耳而其人與其言之湮沒者蓋不可勝計矣先生所與酬唱多弘正間閩人彼一時也交締金蘭讙接杯酒即先生命一意吐一詞無問名公鉅卿騷人墨士計無不擊節嘆賞者藉令茲集不存而先生之詩名重一時與一時所以推轂先生者後之人孰從而想見之世維亟欲付之剞劂以行於世有以也世維家居手不釋卷尤留意

族譜及先世遺言卽玆集貯之篋笥不知幾何年不以飽蠹魚之腹而卷帙犂然如初脫稿者固先生一生精神所聚不肯令其散佚以待後人而世維珍護之力亦自不可誣矣語曰莫爲之後雖盛弗傳余嘉世維之志且喜先生之有後而賴以不朽也爲之序

五君詠引

夫易垂麗澤之象詩詠伐木之篇友道之重也尙矣余雅志擇交褊衷寡合生平斷金之契已素罕其儔邇來埋玉之音復相續而至感知我之鮑叔嗟賞音於鍾期愴悼之深詠歌斯作編懷三益屈指五君人詠一章章成四韻擬議僅少存其概形容未盡肖其眞豈寓褒貶于陽秋亦痛人琴于長夜云爾

憶舊遊引

余筮仕會稽自辛丑孟冬赴官迄戊申季春解任倅越兩考時近七年

昔人三宿桑下去尙不免留情矧食其土臨其人若斯之久乎凡身所歷涉目所周覽恍可想見時亦夢遊每緣觸而興懷因綴詞而成韻吟同莊客念篤幷州豈漫掇拾于篇章亦識懷思于疇昔爾

蘭玉篇引

余郡二守袁公筮仕柳州司理公僅一子曰光晉弱冠游黌序與偕之柳州居歲餘黔中賊發攻城急有詔發鄰郡兵赴援公以贊畫啓行留光晉守衙齋時黔賊張甚我師往往北卽公所當一面時有斬獲而道路訛傳公已敗沒作沙場骨矣光晉聞之一慟幾絶亡何不起嘗誦詩至出車之四章曰王事多艱不遑起居夫勞其臣而因念其不遑起居則當時之所以計其家室者宜無不至公僅一子不能爲之恤而令其憂悸以死亦足悲矣雖然光晉之死死孝也修短命耳又奚以悲余歌蘭玉豈曰助哀亦以分痛云爾

吳貞女傳

吳貞女者吳承旲女也生自貴族通詩書知義禮自少已然長字諸生徐元子李生生美而才年十六補邑諸生十七應京兆試卽青紫可芥拾耳而以觸暑得河魚疾父復督之嚴畢試劇矣抵家竟不起時貞女年及笄旦暮于歸矣得訃悵惘殊不欲生常鍵戶自經家人排闥入救得免然日愁思悲嘆似不得早從徐生地下爲惙惙者父母亦重傷其意不忍輒有他議久之卒歸徐貞女性故婉淑歸徐益自修謹執婦禮甚虔姑亦甚宜之相歡若母子姑李女也故子名李生李母貴憐貞女甚好衣美食餽遺踵相接也貞女悉屏弗御曰吾命薄豈能享此轉以奉姑居常獨處一室持誦經典爲徐生祈冥福間亦不廢女紅夏之日冬之夜聊以寄意非其急也會母病歸視湯藥而母家貧矣獨身周旋床褥間良苦貞女羸不能勝母尋歿復哀毁踰度竟以此遘疾亟歸徐

疾革恍惚如見徐生促之去者嗚呼神之所至形亦至焉之死靡他貞女貞不愧矣蓋不嫁而歸者歷十五年而歿歿之日邑大夫及諸縉紳咸造其廬弔焉而吳之先有全孝翁者祠宇甚飭其子孫非聲績顯著者不得與祠祀然竟以貞女祔焉其宗人重之如此萬曆四十三年巡按給匾旌獎祀列女祠載吳江志孔子曰匹夫不可奪志奪之者迫之也迫則激激則何所不勉焉故怯夫慕義可以一往不顧及至徐思熟計避就之私漸起欲惡之正頓移嚮者慷慨激烈之氣志不知何往鮮不負其初志而喪其生平者故志奪之難移之易在具鬚眉者猶然況可責之女子乎夫無苛法以繩之於前辱名以惕之於後而區區抱咫尺之義堅如金石凜若冰霜歷歲月而不渝嘗艱苦而不悔此殆得之天性非强而已也余悲世風而有感於吳貞女事爲之傳

吳觀察元谷公傳

吳觀察者名瑞徵字仲庚號元谷蘇之吳江人其先自全孝翁起家代有顯者四傳而爲贈中憲公承廉贈公二子公其次也贈公初艱於子嫡淩恭人多擇良家女宜子者以進而黄恭人實生公贈公以孝廉承累世遺業家素饒公生長紛奢佚樂中然絶無游閒公子習氣自兒時則已勤誦無他好年十四贈公歿喪畢與長公析箸分居家既饒錢穀之數萬臧獲之指千公不欲弛下帷之力屑屑核其登耗程其勤惰第以委之紀綱而自專精舉子業長公任俠好客每會食常數十人鳴琴吹竽歌呼陸博之聲徹耳公未嘗過而問焉日閉戶就師友推經談藝無問寒暍不丙夜不休業日益精進嘗負笈南雍祭酒馮公夢禎雅負文望意不可一世獨深器重公然赴應天試數不利改而之北益自奮厲刻苦曰吾先人屢困公車跂一進賢如天上卒賫志以歿幸藉先人餘業衣食給足得以肆力於文章而不能發憤取青紫徼一命以成先

志非夫也迨已酉舉順天鄉試明年庚戌成進士授虞衡主事管驗試廳往時驗試中使需索無厭弗滿志即中程弗收公力爲裁抑商稍稍蘇又管節慎出納稱平公先後處脂膏地而自矢潔廉常俸外毫無染指滿三年考奏最贈父母如制又二年出守饒州值大祲小民艱食公設法賑之野無哀鴻淮庶子常洪暴横陰結二三悍宗藏匿亡命爲逋逃主又通於王所嬖倖王愛兒謀奪嫡幾釀大亂公具狀白臺使者聞於朝盡寘之法維城以寧嘗以公餘輯郡志詳贍有體饒人稱之三年復奏最贈公晉中憲大夫母俱恭人亡何擢河南按察副使備兵磁州又以今上御極恩贈公改憲銜恭人如故蓋公通籍十年三徙官所生亦三被恩命而後公喜可知也公體弱不任勞自饒歸則鬚髮强半白精少衰矣磁又地衝而事煩居一月頭忽作痛不能冠然猶强出視事又踰月轉劇遂決意挂冠歸連上牘兩臺乞骸骨不許竟輿疾行時東

師失利守土者多不能保首領人人裹足廟堂苦之特爲厲禁懲規避者而公行適當其時中丞某遂以此中公有旨逮治公復輿疾詣詔獄讞者察公實病非規避欲寬之顧難與中丞左竟鐫公秩能歸公素不問經費盈縮既宦遊費益廣月俸不足一切仰給于家宦十年而家漸落故業十不得五於是瓜分授諸子有差令各食而僅存十一自老家故有精舍所嘗讀書處也朝夕偃息其中以典籍自娛書法倣鍾太傅時出所藏善本臨摹竟日不倦客至則杯酒留連陶然一醉聊以自遣之久病亦小間已而復發嘔血不止竟不能起公溫然長者其事兩恭人及長公甚謹以孝友聞與人交過自卑折惟恐或忤人意以故人多德之五丈夫子恪慥恂協愫皆彬彬能讀父書恪書法青于藍而公之逮也匍匐以從上疏白冤狀乞身代庶幾全孝之遺云

贊曰士君子發憤取功名往往迫于困阨而以多財損智弗克自振者

比比矣公恥素封不居而必欲立身顯名以償先志抑何沉勇篤摯也
既顯矣家顧日益削所稱貴而能貧非耶豈卑卑利祿中人哉其挂冠
歸也蓋亦庶幾陳力就列不能者止之義而當事者必文致苛責之虛
憍者庸拙誠者詘自古已然於今爲甚吾于公不能不三嘆也悲夫

星橋史公元配許孺人墓志銘

長子册等卜以明年十一月癸丑啓故庠生星橋史公之兆合葬小旬
塋之原而予姪遇徵乃其季子序之外舅因縗絰拜予以狀請文予惟
弱冠卽與星橋公遊矧重以婚姻申以敦請其何敢辭乃取其狀之大
者志之按狀孺人姓許氏嘉興之海鹽人父曰遷喬母曰某氏生而朗
秀尤精於女紅既笄來從星橋公當其奉醮之初王舅姑尚在而舅又
習豐美顧家運中衰進鮮腆則虞不給而儉節又非所以承歡孺人約
己以奉先意以迎諸尊怡然順適太和星橋公得孝名於鄉閭皆孺人

之力也多舉子止以讀書不墜家聲爲訓寧蓬戶蕭條不願徙業歲時伏臘禋祀必虔其最超者不喜僧尼每云佛在人心吾止坦心實行無速罪戾此蓋閨閫之所不能破而士人之所不能及也册等狀猶多情至語茲不贅云孺人生嘉靖壬子九月四日卒天啓壬戌九月廿七日享年七十二子男五人册縣學生娶沈氏翰娶顧氏觧禮部儒士娶沈氏表娶王氏序娶趙氏即予姪孫女女適庠生錢履慶孫男宗成小吉宗勤皆庠生册出娶聘俱名族餘皆幼銘曰

以孺人之懿淑而作配於史上宜王太姑與舅姑俱綏祉克相其夫又克成其孫若子享上壽以令終而萬年之藏於是

呂純如字孟諧號益軒黎里人萬曆二十九年辛丑進士官兵部尚書

筏喻序

易曰積善餘慶而東平王之對光武也曰爲善最樂夫慶則於一傳再傳之後獲報於冥冥之中而樂則隨地領受當前享用足於已而無待於外較之於沾沾報施感應問者其取途更捷而獲效更侈以予觀華曰汝兄之孳孳爲善則眞樂之至焉者也家非素封名未脫乎諸生他人非以咿哦媒青紫即以餔餔飽妻孥而華曰兄之所嗜固在此不在彼跡其飯僧施藥刻感應諸書凡可以利益人者勸化人者惟力是視幷若有惟日不足者然蓋其功候已到樂則生生則有不可已之境益信昔人所謂樂此不爲疲者非虚語也東平王非身爲之不能樂之華曰兄非眞樂之亦未易勤勤懇懇爲之不厭如此余思善人而不得見見華曰兄其庶幾哉雖然東平王於諸王中受天子褒榮極矣子孫在襁褓者皆得佩通侯印而東平王之名至今在人口然則樂矣而何非慶也故華曰兄雖不責報而冥冥中自必有報之者矣

莊憲臣字崑明震澤人諸生有燕超集未見

桃源小隱記

沈先生時時爲不佞言余薄遊二十年凡天下之奇觀極之懸車束馬站鳶挂猱之險靡不身歷乃山水之勝鬱勃於中已老而倦遊矣雖然苟適所適安知扶搖爲遠而榆枋爲近請得爲小隱於是構地於堂之北而規爲園引水爲池累石其陽而嵌空玲瓏其中忽幽肰而谷蔭忽劃肰而天開入而仰觀則老樹拏崖驕陽皓月在隱見間登而四顧則古刹左右峙而洞庭兩山若列屏南則舍宇連雲遙望帆檣游移其顛如王子出師旂旐央央也蓋用物廉而取勝多云獨怪其於沙礫中積石纍纍且複道可尋若夙構然按圖而考諸誌則古桃源舊址也桃源者宋侍郎楊公紹雲所營楊之先邦弼與長方陳君俱受經于王先生蘋號震澤三賢今所築宮而祀之者也三賢誼世講故此墅在宋元間

皆三賢子孫迭居之時時有所增築其卒夷爲隙地者近代兵燹耳則知此園之興殆復數百年舊物也余因感而誌之曰凡峙而爲山流而爲泉皆地設非人工也而以人力爲之則必取資地靈以不朽始楊公之營石爲洞當其不能有而轉相屬也其不荒穨而爲蛇虺窟者有幾而其主不惟無墮又增設焉然猶曰有址可因也沈公俛得地而俛成之豈有意步武其間而殘山賸水依然踵其觀也則意此地之靈不堪結俗輩緣而必以屬望族又不甘爲華囂溷穢之區而必裝成勝概與不然而迭毀迭成孰脈脈主是雖然吾鄉勝迹最多其陸沈於烟波廣莫問者覔其主而杳不可得獨指點桃源故墟而爲楊爲陳爲王者班班可數則三賢固足以不朽而非獨地靈是藉也沈公少習計然策壯則游仕途晚則耽泉石凡三徙轍而三窮其境其才固自有過人者乃其斤斤好修欲寡其過又爲邑里望則此桃源之復寧獨貯赤城之霞

以爲娱老計乎蓋亦有仰止思焉而圖所以不朽者耳是爲記萬曆歲次已酉季春朔旦

莊元臣字忠甫一字方壺憲臣弟歸安籍萬曆三十二年甲辰進士中書舍人有叔苴子七卷今存四書覺參符二十卷三才考略十二卷金石撰時務策文論十篇鳳閣草未見

上巡撫救荒議

竊惟蘇松受南北諸山之委輸爲尾閭朝宗之孔道土稱塗泥郡號澤國十年九潦民不聊生賦重役繁家罕積聚蓋東南之凋敝舊矣然卒未有横流汎溢饑饉卒斬如今歲之甚者姑不暇遠舉即如嘉靖之四十年隆慶之三年萬曆之七年十五年皆號稱稽天巨浸與洚水比災者也然水之來也胥在五月以後民間麥秋已登麻菽盈筥蘿菜既實蓑艸又收歲功已獲其半矣況水勢之溢高不過六七尺而止鹵田之

淹者什六原田之淹者什四且室廬未壞桑柘未枯瓜蔬薑芋尚被於陵阜菱芡芙蕖猶覆於湖面是天雖降災而地尚有遺利也然而捐瘠者已載於途父子夫婦相食者已日有聞矣今年之水起自四月初旬延綿至五月下旬淋漓者五十日汎濫至一丈餘維時麥將黃而未刈韲將實而未收麻菽與蘋藻俱浮萱蘇共漂蓬同腐三農春熟掃地無餘而又水勢日高太湖汎漲斥鹵原隰混爲一區邱陵墳衍化爲陸海尺地寸天靡遺莖穗兼之室廬敗壞牆壁傾頹河魚游於竈下居民宿於屋上桑株黃萎桃李凋枯菰蔣朽蔓而不發菱芡斷根而無華天之降割下民至此極矣而又亂民四起盜賊充斥晝則鄉里無籍什百成羣望屋而投排門而入指囷而取揭釜而食斗粟尺布搜索無遺雞犬豕羊烹屠殆盡夜則白巾黃帕連棹鼓楫持矛焚炬突進爭先殺人如芥棄尸漂湖叫號之聲徹夜不止人攖鋒刃戶有瘡痍以旦夕未爲魚

鱉之身復遭豺狼吞噬之患是洪水猛獸合併爲災也雖欲求須臾之生其可得邪今居民挈妻襁子載之扁舟棄室家鬻雞犬以避地於高原者什而五六市廛閉肆而不賈典鋪搖手而却質盛夏草木黃落村墟百里無烟步行者不見路舟行者不見河蛇虺纏草頭而不得去烏鵲噪樹杪而不得食傷心慘目鬼哭神愁戰場之悲方斯爲劣矣聞之百年父老皆言吳中水災未有目擊如此之酷者也猶幸天不孑遺吾民賜之台臺老公祖仁心爲質睿思通神撫黎庶不啻嬰孩視顚連眞同疾疢請蠲請賑邀雨露于九天猶溺猶飢布膏澤于萬姓申諭婉曲區處精詳米價就平姦宄漸戢萬隄雖潰一柱獨存堯湯遘災禹稷自在父母孔孔邇夫復何憂然某私竊有所虞焉夫救荒者不患仁心之下流而患仁政之不實究不患拊循煦嫗行之無始而患緩急先後施之無次第有其心而無其政心弗孚也有其政而無其序政弗浹也計

自今夏以底明秋歷時有六閲月十五枵腹之民將早晚異情則救荒之策宜先後異政統而論之其災雖一别而分之其荒有三自今歲之始夏迄今歲之秋終是爲初荒自今歲之初冬至來歲之春暮是爲中荒自來歲之首夏至來歲之初秋是爲晚荒初荒之時民之飢在目法當修備以安其目中荒之時民之飢在腹法當修賑以飽其腹晚荒之時民之飢在骨法當修借以蘇其骨何以明其然也民之始荒也雖有卒歲之憂而不無担石之儲其飢尚未甚也惟其田禾無望產室蕭條攘奪公行物價騰湧民始岌岌乎若不能終日者蓋目先餒而後心餒從之故曰其飢在目暨乎涉冬徂春舊蓄已盡新穀不續瓶罍內空烟火外絕雪霜淅瀝而交侵饘粥幷日而不給民始有賣妻鬻子叫號行乞鶉衣不掩草實不充束腹而坐斃者矣故曰其飢在腹迨夫明歲夏之末秋之初中民之家竭力以續農事忍死以望秋成鹵莽滅裂亦既

耕耘而筋竭力乾刈穫尙遠斯時也物盡於典質路窮於乞假飢勞苦其形憂慮煎其神於是瘟疫並作寒熱交戰五臟作仇二豎爲政而道路死人以溝量故曰其飢在骨飢在目者病方在腠理形色慰諭之所能及也故法當修備以安其目而所以備之之事有七一曰廣官糴二曰通商旅三曰裒庫積四曰核戶資五曰緩征科六曰禁盜賊七曰罰汰侈蓋庫府之財雖皆籍計於司農而其中必有先解者有遲解者姑借此遲解之銀發商人轉糴而官儲之每縣得儲粟二萬石時其緩急而平其貴賤使商賈不得取盈而國課亦不至缺乏於公私交便故官糴不可不廣也商旅熙熙攘攘爲利來耳勿閉糴抑價而以苦之微誘之以利則商舶輻湊而外郡之粟四面雲集價不抑而自平故商旅不可不通也今生財雖無奇法而在荒言荒猶有一二權宜之術或使入粟者給冠帶或使出貲者除刑書或請度牒於儀司或請劄付於部院

而積其納銀以備賑其斷訟者除盜賊不宥外餘笞罪以上皆令得入贖以助飢民則積於毫釐成於邱山故庫積不可不裒也戶有上下貧有貧富富者自給有餘貧者自養不足今於初荒時精核其實別上中下三等而就三等中又各分上中下爲九等其上三等以備勸借其下三等以備周恤而中者聽其自養無借亦無周焉庶臨時不至眞僞相冒而惠施有實故戶資不可不核也舊歲逋賦固難以今荒並蠲然民方食草根樹皮而上又鞭笞敲撲之民將生心故催科宜緩也凡今之晝掠夜刦者非飢民乃亂民也其平日博酗無行幸時之變而攘臂其間若誤憐其飢困而不忍加刑則循法守分者見侮而悖亂桀驁者晏如是勸民爲亂也故盜賊宜嚴也時詘不可舉贏而吳俗以奢華相勝送死殫家遣女滿車一食之饌費中人十家之產一衣之麗煩女紅數年之勤年雖大祲富貴之家猶不知止也請自今定爲規制以約久奢

之俗察其不率制者罰銀穀若干以助賑卹則貧者得濟富者知戒一舉兩得之道故汰侈宜罰也凡此七者雖未遽有膏澤及饑民然早制豫防他日必蒙實惠矣此救初荒之法也饑在腹者病方在腸胃飲食調養之所能及也故法當修賑以飽其腹而所以賑之之事有六一曰平官糶二曰興工作三曰發倉穀四曰施粥糜五曰弛鹽禁六曰開湖禁凡穀貴每在冬春之交而官又不可抑定其價蓋抑價則富家閉不發糶而米益貴但於是時令被災之處出官糴之米以平其價則富家大賈自不得乘民之急以邀厚利是亦一賑也然民之不能出一錢者雖減價而猶不得穀則莫若大興工作以僱值傭饑民而使之或繕治城池或修築圩堤或平治橋道或營造官廨大約動千人之工則活千人動萬人之工則活萬人雖佛寺祠宇不急之務亦聽民自爲興建而不之禁則無財糴穀者亦得以力自食而功績亦用有成此又一賑也

然又有疲癃殘疾老少婦女之輩不能勝役者則發常平倉之粟以斗賜之又有斗賑之所不逮者則令各村保舉富厚有力之家賦官粟煑粥糜而甌給之至麥熟乃已行之果精力而至誠其於捐瘠必有減也此又一賑也鹽禁雖國之大政而救荒則宜流通倘可印給小票每縣發若干張使分給失業流離之人許其肩挑步担以自食而捕者不得網羅之則一票足活一人萬票足活萬人矣此又一賑矣蘇松間湖蕩至多菰蒲菱芡鳧雁魚蝦之利不啻千萬多爲勢家所佃估而小民曾不得窺足焉今歲凶年饑權令勢家捐一年之利使饑民得漁采其中俟來歲穀登仍歸原主則勢家亦無大損而饑民獲小益是又一賑也此六者或以利利之或以不費利之雖不能必無一夫不獲而要之所全者多此救中荒之法也至於饑在骨者病在脂膏精髓之中非斗粟甌粥所能蘇要猶補益輔助所可及也故法當修借以蘇其骨而所以

借之之事亦有六一曰官借二曰勸富人借三曰勸商人借四曰勸田主借五曰施醫藥六曰施棺槥所謂官借者略如宋青苗之法取府庫未解之銀以爲借貸放散于夏而取償於冬每兩收二分之息其不能息者收原本而貸之是爲官借官借窮而不能給則取所核富戶之籍別上中下而差等其數以勸借之至冬亦起二分之息官爲催收給還富戶照票償銀無得有負若富戶盡而不能給則舉所在富商大賈如木客典鋪之類禮召而勸借之法亦如借富戶之例皆官發官徵此等若優之以恩榮之以禮而結之以信當無不樂從者若佃戶無貲則令赴田主借給耕本私發私收官不與聞其有負賴者則官許爲追理之可也至若大水之後必有重疫官豫選良醫給藥費令散處村市以救病者不幸而死亡則於勸借銀內給棺槥銀三錢以助之其報舉責於糧里其甘結責於比鄰有而不舉舉而不實皆有罰罰必以穀爲賑備

如此則生者得養病者得醫死者得藏此救晩荒之法也嗚呼天下無治法有治人行之非人雖一家父子兄弟夫婦之間猶有不公不明之處向隅者泣覆盆者悲至有終身無以自明賫恨而入黃泉者況於兆民萬姓乎誠得其人則八荒之遠六極之大其有啾唧之痛癬疥之痒皆若呼號股膝之間無不得撫摩而爬搔之者而況于一郡一縣流離死徙之民乎方今天子旰宵閔憂於上端揆哀矜主持於内台臺拮据勤撫於外賢有司執事奔走拯救于下此一方陷溺之民行將出蛟涎魚腹之中登春臺壽域之上而鯫生以漆女之賤懷杞人之憂忘其狂愚輒獻芹曝雖有區區之意亦已疏矣惟台臺老公祖矜恕而垂察之幸甚

叔苴子自敘

叔苴者蓋取豳風九月叔苴之意也叔者拾也苴者麻子也農人九月

閒而無事則采拾厤子以爲來年播種之具非取用於今而取用於後也余於習藝之暇嘗屏書靜坐或抱枕偃臥或散步閒行默而致思天下之理與夫人情事物之變化究觀其所以往往能抉翳破障由堂入室遂援筆識之不暇成文取其適意而已篇分內外者事理之別也言及道德性命者屬之理屬之內言及治亂興衰者屬之事屬之外忽然有得隨手附記故語無次第須其自求不以力索故言無煩帙夫道猶海也納百川洩尾閭不知窮極而操瓢挹之止能盈瓢而已取者有盡而受者有極也凡吾所論夫道不過一瓢而已雖然一瓢之水於海爲細於腹爲飽吾取其適腹固無不可者況自一瓢而挹之不已此王屋太山之神所畏於北山愚公者也又安可少哉或曰子所取道者藝文也而漫衍於是得無誤而歧之乎曰吾固言之矣農者叔苴非取用于今而取用于後也因名其編爲叔苴子乙未夏日鵬池主人識

吳江吳氏族譜序

吳氏之譜斷自千一公始八傳而南少保公洪始創爲譜條目具而未備十傳而少保公之季子邦棐復修之譜垂成而蚤逝十一傳而邦棐之子承恩復修之於是訂疑補缺蒐文考志而譜始大備爰鋟諸木令家藏一副以廣其傳而乞余言紀其事余受而卒業計其爲八座者二爲藩兵刺史者四爲甲第者六其他孝廉任子貲郎上舍茂才文學不可勝數衣冠鼎鼎甲于宇內矣夫西京韋平東京袁揚簪纓累世自古而有之於吳氏未足爲異抑我獨自有感也夫吳氏雖肇基於千一而實濬源於孝子璋方璋之匍匐求親萬里徒步崎嶇子番禺江右之間雪霜之所皸瘃虎狼之所咆哮蛇虺之所螫毒枯形羸足寄命如絲其時思遇其親茫如捕風捉影操寸磁而呼海鐵方不知其蹤跡之所底性命之所措豈暇爲其子孫富貴地哉幸而天不幽其母子之緣以一

介羈旅索天親於九閽重禁交戟環衛之中獲遘音容而賦大隧割股以分痛背負以歸邸輿櫬以還鄉當其時璋二十年間關尋逐之懷不啻已遂又豈暇擇其牛眠馬蜥之形勢支干旺相之時日以庇其後人哉惟璋之純孝一親之外不知其餘而後天福其身以昌其後接武榮貴下逮其所不知何人則璋之不爲子孫計者乃所以爲子孫計之深者也世之士大夫都榮席膴乘權射利占膏腴營宅舍庾滿而益積橐牣而益充所以創業詒謀者不遺餘力比一再傳而後人弗克負荷舉以與人如棄土芥向之膏腴宅舍有大力者已負之而趨矣以德若彼用力如此豈可謂天爲憒憒哉故夫福之歸德也如水之走下地益下則水益鍾汲之不盡留潤嗣人此所謂留餘者也雖然父之餘子食之則微矣至孫食之則又微矣若夫曾玄耳仍之孫欲仰王大父之餘潤以果其枵然之腹其不嶄然枯槁也者幾希故夫有留餘者以濬其源

于先必有培餘者以續其流于後而綿綿奕奕富貴累世不絕吳之全孝翁是留餘者也若兩尙書及諸大夫勛名節義載在誌傳者咸炳然可述皆不徒食其餘而更培之者也留之者一人而培之者數十人此其澤豈易竭哉況以余所見吳氏曾玄耳仍之孫皆恂恂善行敦書悅禮有萬石君家風跡其所自砥濯方期與兩尙書諸大夫頡頏相影響豈肯息陰休宇以仰王大父之餘者哉食餘且不屑豈肯猥自菲薄隤其家聲以伐王大父之餘者哉由是推之吳氏之福蓋未艾也雖然吳之多賢也吳之所以有斯譜也吳之有斯譜也凡載於譜者不問其賢不賢也於是後之人將按譜而指之曰某也留餘某也培餘某也食餘某也伐餘雖孝子慈孫不能爲之遷就也則斯譜之作其亦可思也夫其亦可懼也夫

浲水行引萬曆三十六年

吾吳爲水鄉舊矣生水安水其小小者皆不足言計自髫齔距今凡四見大水皆未有如今歲之甚者非唯余目爲異雖鯢鮐黃耇咸云創覩其水患可知矣余作歌巴渝下調豈敢比於國風若以代鄭俠流民圖差可耳

募建浮玉菴閣引

古人有言不愛荊山之玉江漢之珠而愛已之蒼璧小璣有之以爲利故也宇宙間山水相兼勝不多得最鉅者莫如溟渤壺瀛次則大江金焦又次則洞庭君山與吾吳之具區縹緲皆孤峙崱立於汪洋澔皛之中極波濤煙雲之致然遠者乃在千萬里外又有風波之險魚龍之厄即探奇好僻之士往往逡巡裹足而不獲一至焉此亦所謂荊山之玉滄海之珠信美而不爲吾利者也震澤之北有水曰長漾橫亘二十餘里直通具區而中流一阜不盈二畝拳然泓浸望之如枯螺落葉浮於

水心其勢若岌岌欲沒而旱潦輒未嘗盈縮故以浮玉名之而土人者呼爲張墩不知其所自始近朱平涵太史考爲張志和隱居之所理或然與嘗試登墩覽眺晴和則一碧萬頃風雨則烟濤際天春樹鋪齊秋月澄鏡雲峯插雪沍攢冬風檣與幡影爭高梵唄共漁歌相答雖未足方駕於壺瀛金焦而厠諸君山縹緲之間差可執鞭弭而陪其後又且近在指顧步武携童持榼扁舟掉槳頃刻可至無千萬里之遙無風波之險無魚龍之厄而勝乃與彼彷彿焉此不亦吾鄉之蒼璧小璣乎哉宜鄉人所共欲私之以爲利也近有主僧湛圓有志修葺四圍石甃其隄以防囓蝕復欲建閣於菴之後以增憑眺之勝使其志果成則又江天岳陽之遺圖小影也夫蒼璧小璣既可有之以爲利而又人焉盎而薦之几而登之其何拒之與有吾知湛圓之募而成之不難矣

招農騷 并序

古云四民之中惟農最苦而余觀近世之農爲尤苦大抵前後左右皆虎口也故擬宋玉招魂之騷作招農篇其詞曰

夫何生人之爲患兮在猛虎之毒噬蹲蓁莽以長嘯兮弄爪牙而睥睨厭狐兔之腥穢兮甘人肉而柔脆伏隈隅以候敖兮奮騰驤而搏殪吮脣膏而嚼髓兮委遺骨於林藪彼猛虎之爲暴兮固羣氓之所知嗟人類之有虎兮豈毒害之異斯憫愚農之遄往兮作招農以要之農兮農兮公門不可往兮峨冠據案隆赫焰兮立筆布械森戟劍兮裂眥叱咤閃爍電兮呼天搶地莫我念兮公門之虎厲以獝兮農兮農兮豪門不可往兮憑威阢力勢若山兮求田問舍積貨環兮飄颻搏擊虐稚孱兮骨枯肉腊無慈顏兮豪門之虎雄以頑兮農兮農兮姦門不可往兮弄法舞文律在手兮張設機穽餌爲誘兮口蜜腹劍深爲叩兮陰怨陽恩與爲取兮姦門之虎險以醜兮農兮農兮市門不可往兮餙谿雜良巧

姦兮目語頷瞬巧機關兮玄黃羅錯破纖慳兮袖金入闠空手還兮市門之虎黠以儇兮農兮農兮江湖不可往兮萑苻之區逋逃藪兮鼓枏弄兵甘戎首兮邀迎商舶刦所有兮沒貨捐身誰爲咎兮江湖之虎暴以赳兮農兮農兮他鄉不可往兮擔妻襁子親戚離兮瓶空甑冷濺誰資兮蠻村狡俗共紿欺兮煢煢孑孑難久居兮他鄉之虎猛以鷙兮農兮農兮汝往深山兮彼深山兮雖有威虎兮遠迹街衢伏林莽兮夜行晝隱暫一覩兮執炬持矛可捍拒兮不幸遇之伏即舍兮一人伺之種有遺兮深山之虎猶慈仁兮農兮農兮汝往深山兮

王家彥字仲美（一作季美）號繩河茅塔人萬曆三十二年甲辰進士授韶州推官有獨秀軒集未見

重建瑪瑙菴膳田碑記

夫天下有者無弗可無也無者弗無可有也余觀於有無消息之間而

瑪瑙菴之故可得而紀云黎里爲松陵一巨鎮鎮固以金鏡得名而瑪瑙菴者則翼然於鎮之西南隅林木帶暎洲渚迴旋若中流之砥柱又若湧地之蓮華其大士像則總領水月之秀而儼其中故鎮有八景一曰瑪瑙春遊蓋紀勝也歷宋以來幾百年未之有改至嘉靖辛酉歲祲民饑時諸無賴迺竊其材以鬻須臾之死雖緩而百年之命固促矣菴與諸無賴不幾於兩盡哉萬曆十二年鎮有汝氏實齋者年固壯家亦頗溫已有妻若子矣一旦瞻拜佛像淪於草莽惻然動衷遂祝髮而僧於菴焚修頂禮匪懈朝夕而一方善信爲之響應不逾年而樓閣軒宇紺碧輝煌較之昔日更盛焉因爲囑其子曰吾世畢於斯吾骨藏於斯吾不難委其身於大士而可復擁其產以自肥乎有田五畝願以供大士而付後人也由是其子普思亦祝髮而奉其田於常住云所最奇者普思始時目不識之無今於諸法寶大義了然且聞其誓願弘深進未

可嗟也夫實齋於摧折敗凋落之餘悉其精力以爲大士而大士亦於顓蒙無知之內闢其聰明以報普思其感應非不彰彰但實齋之後固有普思而普思之後有徒恆如倘冀能守第恐恆如之後未必無諸無賴則此田將湮滅不可問也故貞之石而告之同志者相與維之而不替

史畏茲墓志銘

始余讀書涇之西雅與史君義維善嘗感嘆時趨而曰俗語近市纖語近娼諢語近優其有超於流俗者乎義維極口季弟畏茲叩其實則曰初予家之中落也至艱於糜粥之供弟失學有年矣攀木登危殆無不至一日忽欲肄業乃自授經于鄉之塾師晝夜誦習舉向所往還而嬉遊者每出入目不一瞬逾年而經書通鑑已悉記憶乃從家大人遊又逾年而文成筆機爽捷用意沉深隨所至欲得儁彥師友而儁彥亦樂

與交西蜀劉公少許可見其文異之面試見其人復異之取高等畏茲口不妄言行無過舉恂默馴雅絕無纖毫時態予聞之曰異哉天下有不教而善者矣未聞有習于嬉荒于遊無賴于夾持而乃能自樹者史氏世德其有振焉余南北往來不及數請見爲憾而精契神交未嘗不念之殷而期之厚也余憂居義維見過欲得牛黃沉香以畏茲病猘過則以數不利試故予曰功名之際人所難言何至若畏茲君之以死殉哉越二旬義維來乞文知已殞矣嗟哉余不文而素所聞於義維者想已得畏茲之大都矣是爲銘銘曰

嗟哉善可以延世而弗嗣也文可以自致而終躓也高玄同阡享弗替也猶子是繼名則暨也我勒於幽以不墜也

卷四十三　完

女兒繇祥校錄

卷四十四

邑後學　陳去病　纂輯

明 六八

史　册字素心號義維中經子邑諸生有三閏世紀建文世紀從亡小譜吳江縣志松陵風雅黄家溪志吳中派宗譜自知錄今俱未見唯隆平紀事一卷存

三吳水利議一

禹貢三江既入震澤底定此東南水利之大較也婁東二江久失故道惟吳淞江發軔於城側歷流於澱山諸河所稱尾閭門且更多旁港吳越設都水營田司撩淺宋立開江軍撩淸元設萬戶府我朝設工部一員更僉事更副使或有大工間命重臣董之至府有到縣有丞皆專其官蓋以江湖入海吳江實其咽喉湖流縱其奔騰則湖沙不積之江口

潮水不勝江水則海沙不積之海口成弘以來覩水利爲緩圖先輩云吳江水則較宋時已平溢四五尺卽册於兒時猶見一望波濤至今而滄桑易矣深邃者茭蘆淺灘者廬舍良以上無專司下惟騖利平沙灘東北亘幾十里膏腴湖水有受而無洩不幾陸沈乎議者咸云開浚以復故迹開浚是也故迹可復乎臺司不能除條編之籍豪家不能舍祖授之田幾十里之土聚於何所幾十萬之役食於何支動引已成之迂言不諳隨時之切務吾未見其可也吾嘗周歷湖濱博稽文獻湖之東北洩吳淞而東北流者今反東南流蓋東北淤而不受轉而東南勢也湖之西南受苕霅而北流者今反南流蓋湖水盈而無歸溢而南流亦勢也因其勢而利導之自一都牛毛港歷二都南三都西四五六都吳漊凡七十一港用古人撩治之官乘其未爲阜土急可濬也嚴宋人占田之禁乘其未有定屬急可防也聽江口已成之業深西南未然之防

使荻爛平尺等處一往而東原從急水等港下澱山等湖由港浦入海港浦處相機疏濬自然水不漲溢三吳俱利矣至治田之法與治水之法原相表裏預築塍岸高幾尺闊幾尺抵水幾尺官爲之式而督人行之先徵君鑑所爲種藍不種豆俱爲之限又倣周文襄公車之制里設幾車車用幾役夏秋水洊齊力赴之五日一具報而官給其費秋穫取償以入備農倉但治之之人除欽差外須正官董之否則不若塘長圩長之設猶有周官土均稻人之意稻人以瀦蓄水以防止水以溝蕩水以遂均水土均爲掌其平水土之政而率以治之今之塘長遇有田塍傾圮溝澮涇徵梁塘崩損非所當率其圩長而經葺者乎植塗通利朔望結報文襄之政可復也此外又有導河夫銀蓋祖撩淺水軍而歲徵里甲以備濬瀹修築之需者也或議裁或讓復或移爲驛遞修船之費獨不可遵故典以備水利乎憶萬曆中有司以水利策問先君子中經

條對頗詳册敢暢其說如左

三吳水利議二

太湖卽禹貢之震澤也其西北納寧國建康溧陽長塘湖潤州金壇延陵丹陽宜興諸水西南納富陽杭州山溪諸水周環八百餘里而東北一坳謂南湖東湖者則尾閭門其瀉洩以入海者三路既闊且深亦險以阻所稱三江云湖水奔海海潮通湖日相往還潮汐有候江河奔駛沙無停積凹處正江湖交接處亦吳越必經之途約三十餘里中間積土嶷然長不數里春秋有笠澤江陽松陵之名自設關設驛縣漸積漸擴始瓴橋始瓴塘南北聯絡始多圩始多港而水道漸塞然撩淺有軍撩淸有軍時加浚治迨今日而南湖東湖者盡成平夷江口既淤潮沙漸積由江及海計二百六十餘里俱爲蘆葦蒲菰之境故道茫然至不可問矣識者深滄桑之憂謂宜浚復其舊予謂不然出海必須三江之

尾洩湖不必三江之口蓋吳江澤國也太湖具區也澤國多港漊可通具區亦多涇竇可洩禹當蠻荒之時四郊曠野故直而通之易今當蕃衍之日所在阻礙一則石塘不能鑿爲漕運利賴也一則蕩口不能鑿爲勢族佔佃也同是縣址濱西者日傾濱東者日長知地氣使然不可鑿也同是人才古二三十年得第一二今肩背相望則以下流蓄積之故知地利在是不容鑿也然則聽其氾濫不必爲之所乎有說也獨不可曲而通之乎況水勢曲而水性自直何謂其勢曲大海在湖之東北水入三江向東北流直也反是而流西南則曲也何謂其性直東北不流自必反而西南流善下之性亦然也平望以西至南潯凡五十里荻塘則横亘焉爲橋凡二十八昔之水從橋入自南趨北以歸湖也有三江之洩也今之水從橋出自北而南以趨海也借諸港以通也宜急就水勢水性利導之計必先節上流一纂五堰于溧陽使宣歙等水由分

水銀林趨蕪湖一治江寧九陽江與五堰同體勢使二江俱達揚子江一治宜西夾注于瀆大立瀆塘口瀆白魚灣高梅瀆白鶴溪分八十四港達揚子江以殺西水之入湖者一疏宜興之滆湖沙子淹及江陰港諸河一疏江陰之桃花港夏港一疏武進之澡港河德勝河南新河舊孟子河新溝使諸水俱達揚子江一疏丹陽之練湖九曲河大崗水道一疏金壇之臧村港荷花港新瀆港大浦港一疏江陰之角上湖谷瀆蔡港蘆埠港一決無錫五卸堰一修望亭堰使諸水亦達揚子江以殺西北水之入湖者一杭州天竺諸山發玉泉等源凡十六處水宜彷白居易石涵筧几之制闢城埂石涵從鳳山門東至龍山閘渾水閘北至永昌門東南一路使入淛江一餘杭南上湖南下湖不許民間佔佃遷長河堰使通浙江以殺西南水之入湖者來水不輻輳則湖勢不橫決矣次疏下流如吳淞江大黃浦爲吳江東南境洩水之大川松江兩岸

蒲葦幾十里黃浦不過旁港及口子淤漲耳其受水處一疏崑山之茜涇一疏瓦浦雞鳴塘一疏新安浦顧浦一疏夏界口至上海之白鶴嘉定之蟠龍江一疏筆亭之青龍江一疏蒲匯塘運鹽河塘一疏上海之橫港都臺浦陳村塘馬家浜一疏青浦之通波塘艾祁浦橫茆俱引水入吳淞黃浦以達于海此即禹貢入海之故道也如白茆港七浦塘劉家河則吳江東北境洩水之大川諸處浚治約幾十里其受水處一疏太倉之湖川塘楊林港一疏常熟之斜堰鹽鐵塘尤涇一疏許浦塘福山塘黃泗浦耿涇奚浦一疏安亭等浦一疏青墩浦橫瀝塘共五六里一疏常熟之新浦梅里浦一疏大盈顧匯柘林新涇下金山小官浦一疏汙泥涇一疏張涇南俞北俞官紹匯六磊石浦俱引水入白茆七浦劉河或達大海或達大江去路各疏則流無停止然後理太湖之港口并官塘之浮坡如縣之北一疏莫舍港通越來溪石湖口鮎魚口以達

婁江一疏瓜涇柳背潘奇王家匯等港以通甿山湖縣西稍北而南一疏石里後港糞船港及西門城内河北門城外河以達甿山湖一疏廟港梅里湖浦等港及南東二門城外長橋河以達甿山湖縣之南一疏吳家港中潋南潋港及三江三山定海萬頃仙槎甘泉等橋以達甿山湖一疏牛毛墩南仁河南舍等十港出徹浦白龍橋達尙湖一疏錢家港牛毛涇已涇等港及大浦橋以達白蜆江一疏隣湖港直港及翁涇橋張王蕩一路一疏孫田後浜等港及盛墩一路縣之南而西一疏韭溪以及平望一疏方港直瀆茆柴等以及朱家浦一疏坍闕等及梅堰一疏潘奇等五港及六里西吳等橋一疏百婆亭等四港及百步三里等橋一疏鴉鵲等四港以通奉化斜路一疏時家等四港以通花光新路一疏廟橋等四港以及仁安衆安一疏大廟通浦等六港及震澤内外一疏王家徐楊等四港及馬賦一疏吳漊薛埠葉港雙林等港以通

南潯引水至白蜆江澱山湖其間河路深廣略加浚治至白澱以東如陽城昆城以達江之路大石趙屯等以達海之路又如斜瀝叉港口小漕大瀝等大道褐石千墩小瀝四港尤出江海要路須求故道淺者深之狹者廣之縮者延之使復故道初非鑿山堙谷壞田闤毀廬舍創爲決裂難行之事也但風濤衝激轉眼泥沙設官專治倣古撩淺開江之規求鐵帚之法估方土之則置閘竇之宜工費照吳嚴疏內每田一畝科錢一文秋成徵解支用況吳江水兵三日治兵七日導水一舉兩得固計之熟矣夏忠靖嘗引吳淞江入婁江改黃浦入范家河愚見如是

題增修譜案後

夫人以譜重乎抑譜以人重也忠孝則重節義則重文翰則重下至念切身家爲儉勤爲安靜爲本分生業則重舍是而智能謀才能幹囂囂自命猶夫邪趨耳速之亡者也先是册譜八卷篇章凡七百有奇壯志

不售無能梓行卽有名字之傳行名不少概見不肖實懼無能揭先烈以式時趨歲己未仲春抱疴深居偶憶先祖所授譜案簡而核質而有體稍爲增修且以附見一二行誼正見先世之所以興與夫後世之所以延斷非有出於忠孝節義讀書本分者是錄也以聯宗支實端家範也家範端則謂人重譜可謂重人亦可矣時萬曆四十八年四月廿五日四十九世册百拜謹識

書九世祖清遠公致身錄後

册髫時善記憶王父蕪川公屬以輯譜時授先世事行知九世祖清遠公當革朝著奇節所自述則裂疏書意中後稍粘出戒不以示人語未竟而王父下世矣詢之宗老鮮有知者譜成而不詳册之注念未有已也尋得墓表於吳文定集則喜尋得行狀於西邨公稿則喜尋得詩得讚于諸錄中則喜尋得敕奏紀事於孫參知家則又喜最後得所述於

宗塾敗帙中剝蝕至不堪讀且悶且喜二十年來搜剔無賸詞無餘力矣而公之大節未有著也歲己未携兒宗節就正澹園焦師進册榻前以致身錄示受而讀之則向之疑而未敢據缺而不及詳者悉爲豁然遂請敍言師即刺尾爲詳得失始末付梓未竟焦師亦下世矣夫師不發篋是錄不出册不謁師是錄亦不彰豈忠孝大致關世宙綱常況建文君無故失國從亡諸臣尤無爲而爲當時祕跡奕世埋名造物實有意焉而册與師適湊其逢耶册不肖無能表章情更有不自己者因憶見聞爲句釋以公遺筆幷名碩贈述附見焉兆麟弟實同册志不煩校讐以重付梓人册非敢誣敢僭也如是事如是言而已至如請祠請謚請恤錄子孫如諸死事例則更望于亢宗者時泰昌改元冬季望日九世孫册謹識

壽栖霞蒼麓七十序

壽之於世尙矣故列于五福陳乎祝詞然世壽也非出世所尙之壽也曷言乎出世所尙之壽經云卽非壽者相是名壽者相是也蓋壽乎是相者吸粹圓成之壽也壽乎非壽相者空散消沉之壽也然是相則有也有必有無故神仙報盡散入諸趣非相則無也無必有有故無想刼殘還生業識此皆世壽之不足尙者也惟是壽相而非則釋眞之壽重不在八十之年非壽相而是則智勝之報生自宜八萬之刼以非相爲是是豈吸粹之足儔以是相爲非非豈消沉之可比是而非是故無無有之憂非亦非非故無有有之苦非是非非是以慈氏不能知大乘不能信河沙不能喻算師不能壽此之謂無量壽此之謂出世所尙之壽也然何修而克致此哉其必以般若之智積累無住之功布施而無布施之相忍辱而無忍辱之心度生而無度生之見莊嚴淨土而無莊嚴淨土之名則是以不卽不離之心而求非是非非之壽如水和水爲空

合空何有不得哉而談壽者曰仁者壽蓋以靜云曰樞動不蛀蓋以動云夫是烏可以分言之近推能修此壽者蓋惟蒼麓師師自薙髮以來以法門爲已任以六度爲要行瓶淨修之堂平崎嶇之路築衛捍之堤建談經之席立不易之規矩出無倫之手眼聲爲律身爲度與之共處使人之意也消凡欲舉事者靡不咨諏其正議然而心空無係曾不以之自多其爲般若之智無住之功何如哉將見師壽躋如來之壽不止寶掌之千餘歆光之萬計矣今年及艾適當陽生之辰衆欲頌南山詠東海指庭樹賦靈椿爲壽余謂此可壽世人非可以壽師也乃述師所修出世之壽壽之雖然師之壽惟佛知之師自知之余凡輩也雖有所言烏足以知之

葉重第傳

葉重第字道及尚寶卿紳曾孫萬曆十四年進士授玉田知縣玉田地

瘠而貧輸解尤苦重第立條約禁浮派聽民自封投櫃而官爲起解吏胥不得上下其手民始不病踐更又如築堤捍水發廩賑飢經正馬場分土蠲免流寓差徭釋大辟有成案者數人皆循吏事秩滿進工部棄疾

案義維吳江志未見今從分湖志中得此錄之以見一班

從父笠峯公傳

公諱季立字可權號笠峯合溪公第四子秀水廩生爲人磊落不羣以氣節自負絕不喜脂韋輩嘗曰奉貴而凌賤者衆人也因衆人爲喜怒我亦衆人矣輕貴而下賤者賢人也貴能使人輕賤能使人下我亦賢人也爲時藝精深雄博誦之鏗然按之淵然爲鹿門茅公文泉王公冲陽屠公所知學詩詞逼古楷法遒勁且有逸致書有獨解嘗著書意易意務抉前賢未發之旨然一軌於正喜讀漢書並綱目易簣時口不絕誦昔江蘇公紫溪衡文兩浙其所拔士往往掇高科公受知遇最深竟

以數奇偃蹇憤鬱而卒年僅四十有九士林咸惜之娶江氏子一亶秀
水庠生娶嘉善許氏女一適蘇州陳安禮

族弟惺予小傳

史載事字信卿號惺予白泉公仲子爲人爽塏可以義激頗有敬宗睦
族之思弔死問疾禮無所失族弟作譜力爲贊成參訂同異與有力焉
遠祖塋墓祭掃久缺糾族人歲一致祭雖不滿於宗老而識者嘉其孝
思云有心巧多技能楷隸草篆鐫刻盡皆工之尤究心於韜略書有四
方之志惜年不永而不竟其用人咸惜之配顧孺人敬愼柔婉善順適
舅姑意獨得其歡心且內外無間言痛夫之亡日夜慘怛越四月而卒

畏茲弟傳

史册有弟曰筩字畏茲病瘋卒册嘆曰弟之卒葢傷余心焉弟生萬曆
辛巳十月十之夕將月朔氣肅故弟秀穎清爽磊磊不羣四五歲能誦

讀十歲喪大父哀毁襄事如成人禮時家就替零弟廢學三四年一日忽自負笈于鄉先生王氏日誦千言期年即熟經書理齋鑑王奇之時年十有五矣明年從家君遊越二年從予遊其心沉而細氣清而勁而循循有常恂恂有度心竊喜曰振史氏末流者其在弟乎且天性孝友與人交懇懇欵欵無世俗煦煦態亦無驕倨之色無何抗顔爲弟子師教學相半遂無日適試郡邑奔走嘉吳溽暑受炎得而復失至秋鬱憤成狂然猶不釋文藝父母兄弟輩百方療之竟不得起傷哉時萬曆丙午九月廿四日也夫以弟之好友而卒無後弟之攻苦而卒不揚弟之清健軒舉而卒不祿天乎何阨之至此極乎病革時其婦抱女近牀褥屏之弗與語惟頻呼册若有所感者倘亦有所見耶史册曰生死之際可以觀人矣弟年不三十而能不死于女婦手此可以觀弟矣娶沈氏邑諸生霖峯女不舉子而舉女一適汾湖葉世奇主政文湖公孫也才

儁頎能文嗣愛某

顧孺人墓志銘

吾同胞兄弟五人其仲曰翰以萬曆己亥春娶婦顧氏才而賢妯娌間怡然善也三閱歲爲辛丑十二月廿八日弟婦殁册維人家之隆替實惟婦人是係而弟婦之事我仲弟順其性而婉導之故多所匡救使假之年衰門其再振乎不幸夭死惟我宗族宜皆憂之四肢百骸皆體也可使其一之無扶持乎弟將以明年春葬小句之原册爲之銘曰

弟之悲矣孰持厥家弟之失助矣宗族其嗟治斯丘矣掩而藏之耶

正孟壙磚志銘

史法字正孟余家嫡也自東軒公家黃溪十一傳而有法兒法兒生而韶秀腦後兩骨凹起甚奇而好弄不衣成人衣不踰閫域出一言必有丈夫志歲時家祀肅衣虔拜賓客過從出謁如儀非族類者命之揖輒

强項不肯下又似精悍使氣者始能言即伊吾爲書聲把筆作字即成點畫六齡就學誦習兼人師異之稍倍其傳習習輒倍示之訓故輒亦領解見几間時藝取而讀之句讀不訛甫二期已通經時盡以奇童目之獨喜啖餅餌果糜故善病病輒傷脾癸卯秋特甚詣醫家療之不應時讀書亦不肯輟至春復中疹卒天乎法兒竟棄余逝耶余忍志法兒法兒性嚴毅寡言笑似老成人余怪其春行冬令乃果不壽天乎余忍不志法兒耶兒育於萬曆丙申十月廿三日殤於甲辰二月廿八日裁九歲耳余哭之如成人遂用祖命窆於小旬祖塋之西偏是年冬始抆淚志其梗概而銘之

銘曰嚋令爾彗彼蒼錫之嚋令爾殤彼蒼厄之余父端毅爾克紹之爾則不祿衆咸惜之小旬之原神遊以嬉河水九曲余腸九迴茫茫大塊嚋知余之悲

沈 珣字幼玉號宏所漢曾孫萬曆三十二年甲辰進士歷官右副都御史巡撫山東有淨華庵詩稿二卷存

粲花館詩集序

余家松陵與允遂氏世稱孔李云允遂之尊人侍御公余祠部伯兄實受業焉因是以兩家昆季互相師友出則負笈同遊入則問道講德往來靡間不異同根余與允遂雁行齒皆居季世謬目爲三珠樹然自顧不若毛氏毛氏諸良則允遂之才且火攻伯仁允稱難弟未幾而允奎允享暨不佞余皆聯翩脫穎去獨允遂以經生老造物生才之意固不可解余聞老氏之言曰不足以取餘也不大以成大也理或然歟允遂之爲人玉立蕭散謖謖如松下風以禮法自閑若卞令見者知畏然時出俊語雅謔則四座絕倒豪於酒終日浮白不見其亂想當日嵇阮風致不過如是允遂之學靡所不窺故發爲詩歌皆雍容博大不事小家

飣餖如臨金馬石渠佩玉瑲瑲望者識爲貴品閒肆其纖麗復如時花美女粲然一笑姿態欲絶洵極才人之致至於一種眞率之味盎於楮墨淺言淡語雋永多旨溫然如玉政所謂文如其人是時兩家昆季敭歷仕路浮沉南北獨允遂放浪煙水結社鷺湖集一時詩衲及少儁名流分題酬唱品略風物居然壇坫以寄其不可一世之懷今讀平川諸詠眞竹枝欵乃泠然雲山韶濩之音令人欲仙仙遺世庚午之冬允遂策蹇濟上過存署中徂徠松色浮動眉宇余挽留卒歲時歷下雪霽余呼胡床坐嘯允遂時時吮毫伸紙峥嶸彩筆與歲暮風煙相頡頏辛未歲朝余命屠蘇小飲與允遂抵掌道故感懷憶舊不覺嗚咽失聲是春余解組歸田偕允遂聯舫南下相約時相過從無使江南春色笑人寂寞而允遂竟揚舲楚澤遠探蒼梧石室之奇經時始歸允遂卜居郡中葑溪城闉一曲蕭然自遠余頃過訪命酒勞苦允遂出其粲花館集索

余言爲序余卒業而嘆曰允遂之詩富矣正矣夫詩歌以文明一代故盛世之詩典雅渾厚卽如郊寒島瘦已居中晚之會近日時流以譎詭爲深奇以陋薄爲超脫之乎助語摭拾成韻詫爲瓶獲味同嚼蠟可勝世道江湖之慨見允遂詩如見漢官威儀令人驚喜其骨格風裁靡法不臻遠可齊轡高岑近亦不失問鼎宗謝哀然名家洵堪不朽余耄矣近更善病日惟澆花聽鳥以送殘日時手一編引睡不復從事筆硯每憶少時與允遂佩觿總丱學弄柔翰今皆成老禿翁時復莞然獨笑夫山林鐘鼎何異槐陰一夢余潦倒一生復何可傳允遂富有日新雄視千古所謂取餘成大夫固已久信之矣

續置飯僧田記

我邑之爲鎭獨平望爲東走禾西走苕者之所必經雲水之流有欲近尋兩目三竺遠禮普陀天台諸勝境者每恐肩無所暫息鉢無所從乞

萬曆己丑有善信張明廣王眞覺與禪客維端維福首倡勝緣搆一菴殊勝寺之西榜曰通濟以爲行脚者授餐之所圓頂方袍聽齋鐘而至者趾日相錯雖指困而施亦苦不繼于是共謀置恆產以給歲費先後諸外護若平湖則冢宰陸公光祖烏程則祭酒朱公國楨秀水則憲副包公檉芳公之子孝廉世傑孫湘潭令鴻逵孝廉諸君大猷我邑則封工部沈公令模子水部正宗中丞沈公季文及仲子孝廉鍠刺史陳公良模武康令周君宗建余兄僉憲瓚憲副琉暨不佞珣以及諸現居士身修優婆塞之業者捐資矢力共置田二頃五十畝有奇歲收子粒以供香積主者禪僧智公規範清整誓願宏深粒米寸薪不昧因果雲水之流至者如歸菴雖小剎儼然成一叢林矣惟是有田則有役而以飯僧之田應公家之役其不便未易縷指試舉其概則田之所入悉充錫飛杯渡者之朝饔夕飧而俾主者一人受事縣門一不便也凡作十方

粥飯主人者類皆力行四等六度之耆德而俾擲杖擁衲奔走俗務二不便也且主者又皆雲行鳥飛東西南北去住自由之人而困以世法則彼有拂袖去耳三不便也況主者更皆邑里檀信所爲具瓣香虛函丈以禮致之者而欲其往役豈所以明崇異乎四不便也有是數端故前富順劉侯慈溪馮侯當編差時皆爲豁免今正將合請于邑侯立爲定則永蠲其役而會景陵魏侯以慧業文人現宰官身行菩薩行豈弟之恩覃于封內而因以漸被于方外嘗緣公務平望弭節斯菴隨因主僧及諸外護之請慨然許免其應役且爲給帖以垂後于是瓶錫所集無待乞食舍衛之城借飯衆香之國而人盡安然得飽禪悅之味皆不啻侯之捐廩傾粟以濟之矣主僧暨衆法侶謂是事不可不勒之于石乃遠徵余文以爲記余雖不敢飾華詞以侈貞珉特爲著置田之由表免役之利昭示十方遠揭來禩且使後之繼魏侯而爲邦君者亦有所

覽觀焉資生無畏于法施共維于永永即鄙言亦幸無貽辱于福田矣

萬曆乙卯孟冬山東道監察御史沈珣記

吳節婦范太孺人傳

吳節婦范太孺人者孝廉怡春吳公亞配而吾友仁和令闇生母也太孺人生吳江之黎里邨年十六歸怡春公以婉嫕特聞舉闇生及一女未幾而怡春公捐館舍當是時太孺人生二十年耳元稹氏有言女子由人者也雖妻人之家者常不得自舒適況不得爲人妻者又況紅顏稱㷀子影煢煢其爲情可勝道哉太孺人之哭怡春公息奄奄幾以身存數矣已而顧闇生嘆曰吾捐吾生以下從逝者則誰與衛存者吾捐存者又何以慰逝者乃稍稍强起自是屏去膏沐剔鉛粉茹蔬衣練皎皎自束以至白首而怡春公之甫歿也嫡夫人爲政主析箸太孺人一弱女子抱呱呱黃口當戶奇窮至不能具晨餐則朝夕力機杼時得一

疋布向市易斗米哺兩雛耳尋析居授湖滸別墅室荒落四壁徒立闈
生言嘗記始至之夜徘徊澤葵荒葛中四顧淒然陰房燐青母子席地
坐擁篝火相對烏烏絮泣也太孺人因含涕向闈生兒子志之苟見天
日無忘此夜居無何室圮於水望望白波萑苻之儆時發太孺人挾子
女踉蹌避城中負擔裹糧僦居蘧廬期月之中展轉三徙奔走跋涉投
林無依困可知矣而族屬不逞者復搆起大訟謂寡母弱子產可瓜分
也齮齕百至太孺人迫則匿兩孤挾刃危坐誓必死會修武公者怡春
公從子時方以孝廉家居聞之咋舌曰夫非吾祖一塊肉而坐視齒虎
狼乎因起獨力爲捍并慰太孺人吾在無憂鼠牙蓋闈生居常語及此
猶哽咽涕被而感修武公恩不置也太孺人雖身處百瘁其治家內外
斬然尤能忍詢任劬獨身管管攻苦力作辨色而興手葳蕤鑰指揮臧
獲長短巨細咸盡其才以是產再挫再殖不至旁落而闈生資幼挺太

孺人所以操之者尤力雞三號躬起治饘飿坐待昧爽趣兒起就外塾至漏鼓二下猶手女紅獨坐待兒入以爲常塾師間他出則帷兒置膝旁躬課之丙夜篝燈杼聲軋軋與誦聲相應或讀書少不中程輒厲色訶讓吾惜一死不從而父地下者爲何人哉爲之欷歔泣數行下于是闇生逾感奮力學既補博士弟子員尤時時飭其慎交與弗令偕里中輕儇少年遊至世俗奇衺新巧之習偶一染指太孺人咄咄嚄唶若亦作紈袴兒舉止耶以故闇生文行踔厲聲名斐然太君教也己酉闇生舉于鄉太君手賢書急以豚酒酹怡春公墓未亡人嬰百罹出萬死不敢以身委螻蟻爲此也今而後庶可以報地下又七年闇生遂舉進士起家浙之海寧令再調仁和俱奉太孺人養官舍闇生早暮定省太孺人必問訟獄平反幾何流離安集幾何豪蠹搜剔幾何已而拭淚娓娓兒忍忘曩者毋子席地擁篝火相對時耶其無以一官博溫飽以是闇

生刻苦勉茹冰蘖循良之聲首冠兩浙人言內訓之力居多是母是子
不虛耳先是闇生初釋褐時卽具疏陳母苦節狀業蒙旨下部議而會
兩邑治最考滿例得貤恩父母璽書且下時太孺人已病預聞而後喜
可知也曰先孝廉下帷畢世望一第如登天今得藉手孺子易章服地
下矣因執闇生手泫然吾忍死四十五年今日歿堪瞑目兒勉旃無忘
天子恩無何太孺人竟不起闇生每涕淚汍瀾言吾母自少稱未亡人
形影相弔歷數十年中間屢遭大難矢志不折生生死死出刀俎湯火
之中心膽幾裂而心力亦已銷亡比迎養官舍又以苦念女弟神情忽
忽間如醉夢乃不孝邑務鞅掌定省外不得一娛顏色母亦邑邑無與
語而神氣日槁比榮命甫膺而遂成永訣缾罍罍恥之悲如何以解聽
其言可傷已乃闇生又言吾母臨屬纊時神爽不亂既歿而薰蕕胕蠁
時有異徵蓋太孺人居平皈依慈氏之教歷四十年暮唄朝經專致精

一豈其超然解脱乘化西歸者非乎余内子出吴氏爲太孺人羣從孫女而闇生幼從余受尙書業故太孺人内行余知爲獨詳遂不敢以不文辭而爲之述其大都稱太孺人并稱節婦從所志也

柱史氏曰余歸里中所覩閭右世家滄桑陵谷何啻奕棋怡春公之後浸微矣得闇生而復大振微太孺人力不至此太孺人於吴氏勳稱再造焉詎獨以節重哉語曰死事易成事難太孺人不爲怡春公死者怡春公以太孺人得不死矣

外父鄉進士涵泉吴公暨外母屠孺人墓誌銘

嗚呼此吾外父吴公暨外母屠孺人之墓也公昔與先君文酒論交過從無間珣始在孩乳聞客至則出索梨棗公見劇憐之每抱至膝上曰是兒也堪作吾家快壻遂以長女字焉無何而先君沒吾家道中落親朋往來者率蹙額謂公沈氏貧矣他日奈君愛女何公夷然曰吾壻在

無長貧也已而公亦棄世孤兒孤女憔悴可知而珣又以數奇屢試坎壈每與婦牛衣相對窮愁侘傺自恨負公知已淚輒涔涔下也乃今幸霑一命備員侍從婦亦與徼恩寵叨象服而公已不可起矣嗚呼傷哉蓋公之墓草已三十五宿而珣偶以休沐歸里恐盛德之竟湮也遂以不文之筆抆淚而志之曰公諱志道字時甫別號涵泉曾祖立齋公洪祖訒菴公山兩公相繼爲南北大司寇勳德並茂載在國史訒菴公生子邦杰是爲孝廉德泉公而公則德泉公季子也生而魁岸豐碩神氣嶽嶽始就外傅日誦千言德泉公喜摩其頂曰聞家兒不當爾耶弱冠補邑弟子員尋入成均成均故貴介藪公以名卿世胄一時諸父昆弟聯翩列華要衣冠之盛三吳無兩而公獨不喜爲遊閒習每言男兒負七尺功名事業在所自豎奈何席先世熏轑軒軒裘馬驕里中兒此紈錦土偶亦足羞哉以是益讀書刻勵攻苦夜中至戌咿唔聲與街鼓鄰

鷄相應卽對客豪酣衎衎酩酊席散籌鐙手一編不輟課不止所爲制科文純正爾雅不立非常格不作聱牙聲居然先輩風軌癸酉之試遂舉於鄉當是時人謂公一第且若掇乃三上公車竟阻一遇豈非命哉公幼有至性甫髫髦母顧孺人見背哀毁如成人且自傷早失怙不得一日申栝棬之養故孝事德泉公倍篤何有何無委曲承意而後母陳孺人者性卞急左右重足凛凛公百方順之竟以得其懽心處諸兄弟間終身怡怡無間言伯兄早世遺子俱幼公持其家棅督四子學不啻如己子故人沈生老而貧且多逋負値饉歲幾無以自存公割貲爲償且衣而食之者終身故公歿而沈號泣躃踊幾欲以身爲殉也其好施予爲德於鄉類如此公素負强直意有所不可髮豎齒齘目光四射而叱無少隱然表裏洞然不設城府以是里中竟稱吳季公長者始憚而終親之生平無他嗜好獨好客每長夜擊鮮觥籌交錯酒闌燭跋終不

令舉耻然家亦用是稍削公自以久不得志於名場而產且日落顛毛種種矣兒女婚嫁之累壑集意滋益無聊時仰天咄咄不勝牢騷之思竟以是疾作遂至不起悲夫公以嘉靖戊戌生以萬曆壬午卒得年僅四十有五配屠孺人宮諭公應埈孫女封比部公孟元女孺人產名家素閑內訓能爲公贊中饋鄉里稱儷德焉至其仁而逮下幾幾乎古樛木小星之風尤爲人所難云孺人小於公三歲後公十三歲而卒得年五十有五子男四而辰與宗圻尤能讀父書補博士弟子員稱吳氏白眉云則皆孺人出也餘詳家傳中不具載沈珣曰曩癸酉南都之試蓋最稱得人而吾邑尤盛若李都諫龍門家考巧寧菴儲給舍樊桐馬郡伯文泉皆後先成進士列華膴而公獨淹蹇一第也語曰不於其身則於其子孫天之所以祚公者其有待乎蓋聞公季年討諸子而訓之甚力每指兩司寇遺像誡辰等曰先世赫赫如此爲子孫者縱即日鵠起

科名猶未得遂稱肖子兒輩何以自振哉蓋所篤望於諸子如此爲之

銘曰

生世閥不可謂塞登賢書不可謂阨所惜者抱奇淵淵而不一通承明之籍井渫不食後人用汲葉澤之陽土垕而泉芳誰同穴者彼美孟光子孫其昌以永兩司寇之緒未央

古村顧君像贊

挺其質不扶而直朗其璧不炫而飾立朝爲羣彥之特居鄉爲衆人之式宜乎蕃衍其子孫而世食君之德

毛以焞字允亨號瓊山壽南第四子萬曆三十二年甲辰進士官兵部武庫司郎中

瑪瑙庵善因碑記

維摩經云法無衆生離衆生垢故法無有我離垢故黎川瑪瑙庵枕月

灣蕩而居八景之一不知創自何年傾圮于嘉靖辛酉恢復于萬曆甲申至萬曆戊子有僧正念售已田爲倡衆善信響應且有從師實齋供奉眞文研味禪理以故朱甍畫棟頽敝改觀蓮座金容葳蕤生色庵浮水面環繞淸流行僧接踵地因人勝余輩于玆焚脩有社放生有期擴庵後荒地幾笏稅庵前白水一灣又寘附庵田一畝八分爲飯佛之糧以斯薄施結此淨緣凡我同社諸友或行如白雪或名亞紅蓮不替焚脩祈生安養永久護法忻出娑婆庶庵之地仿彿七珍寶之莊嚴庵之水依稀八功德之滅澤庵之社友齊登淨土圖報佛恩可謂衆生垢及我垢不漸離耶嘗聞積塵成鉅嶽滴水漸成河余輩所施正微塵滴水爾要亦登彼岸之因也故引其端曰善因云

毛以燧字允遂號瑤山壽南第五子太學生有粲花館詩集二十卷

未見今存文賸詩賸各一卷

家譜例言

族之有譜猶國之有史上以溯其所自始下以萃其所易涣取核無取浮取備無取溢故世有遠引古先而淵源不確更有近扳勢望而派系無憑義不敢出例不敢入也

食土之毛總沐國恩矧世享其禄凡我子姓獲比於詩書禮樂之族者伊誰之賜故首載制詞次系圖志支也次系表志世也又次列概志略也而終之以列傳志詳也族本同源故圖表無遺人具差等故列概有别也

譜式兼倣廬陵眉山之舊而斟酌於禮經史記之間圖以該族勢難統括故分支以清其派溯流可以窮源表以辨序親盡遞遷故五世以定其凡後起仍依前次期不失水木之意云爾

族中履歷若生卒若葬娶若子女生人之常概得具載無徵者則闕之

中如始祖及有德位超出以至人地較殊者履歷之外別爲列傳其有行在節取事可垂戒者卽疏附本身事概之後不更立傳要期中實罔取吠聲

族有無子立嗣一本依然昭穆伯仲具在毋得攙越其圖系列概於出繼之子先於本生下列名卽註出繼某支更列名繼父之下其後子孫則但从繼支不復疏別脈絡之淸源流之合工義並存爲可也

譜以收族亦以勸族有出繼他族不仍本姓者削不書如復姓歸宗入之有敗倫犯上及甘伍奴隸貽玷先人爲公論所共擯者削不書如悔過自新入之既往不咎斷以天啓改元爲始孝子慈孫百世不改此物此志也

松陵之毛始自居吳之祖武一公迨今現在最末行凡十有一世人數誠寥寥然名德輩出而纂輯末聞侍御公始撰爲譜略六世而止後入

仕未遑卒業今日之舉僅宗先志中間有爵稱爵无爵稱號不以世次行輩示不敢專也圖表直名之者蓋譜之名其先猶史之名其君臨文不諱諱非故也

列槪序次以世輩爲先後輩均以支恐序次支派分出經緯不秩乃年庚月日既具齒己序于其中親疎既晰長幼自分故不復複列

婦以夫顯不列事行其有賢德於傳槪中附出之間有奇節可表者卽夫不必傳亦爲立傳謂夫以婦顯可也書卒不書生者非吾族也凡先後正庶出必書者傳子孫不泯其所自也

譜以紀生已命名者卽幼得書若事行必論定於易世雖有碩德生前不爲立傳以付續修之筆也其夭歿者非長殤不書

命名以五行生次爲序今既火行爲始俟木行一輩生仍豫定五字則惟族之尊而有文者主之其上字取總或從實或從虛期於畫一庶姓

字漸繁而行序不紊顧名思分尊尊親親居然見一脈之意焉

娶氏嫁女他邑則識之其在同邑不復更識族里惟始祖丁孺人表其里名者明非浙産也女之所適顯微不齊亦不復書以譜其族它非所重故也

譜者普也義取公普敍傳自不得以親疎貴賤爲隆殺第吾族自南北分支之後顯晦頓殊就北支之中興衰復異顯晦興衰者運而所以顯晦興衰者人佚美辠也溢美亦辠也人貴自脩道在不誣又烏知今日之寥寥者不轉爲它日之籍籍祇載筆之役者亦惟自盟於心它日可以告祖宗于地下斯已矣

每見世家譜乘多載碑銘傳誌等文夫譽墓愧碑自古記之既不足以取徵而徒侈耀銜爵汗漫簡編似非取信之資故不載

民生於三師道之重與君親等矧世忝科名儕于宦族揆厥所自敢泯

其人故凡榮名科第者必載其識拔之主非惟義不背本且令奕世之後知海內有世講若而家亦懷恩展舊之一端也

譜成告廟族衆已在成人之列者人給一册不惟自爲註添所以備續修之地抑且時爲繙閱亦可以觸惇本之思而鼓向上之志若有遺棄不存者非吾族類也凡我宗盟實共圖之天啓元年八世孫以燧識

家譜制詞小敍

君親等也知有親而不知有尊可乎市井艸莽皆臣也況立人本朝奕世簪纓溯其所自生而忘其所自顯可乎臣家自先學憲發跡以來三輩之中人數屢屢而登甲榜者四人登賢書者二人今蒸蒸向往者未有艾也夫飲河必思其源愛人猶歌其樹煌煌制誥聖遇國恩祖宗功德其是矣而敢不思乎敢不崇乎睹茲寵錫策名者以鼓其忠繼起者以勵其志感激思奮益大其業即繇五朝而百世可也作制詞副

家譜系圖小敘

夫宗之有圖也昉於禮也不圖則敦化之原不顯而一本日遠而日疎不圖則川流之脈不清而衆支日繁而日涣圖之所係綦重矣吾宗遠者不可復追斷自居吳之祖武一公爲始祖三世單傳至一勤公生二子長居稍南次稍北遂分南北支而子姓漸以衍矣今兩支人數猶不大相懸惟科第則専發於北豈繫風水使然則有開必先學憲公邁跡之功於是乎大自兹以往撫斯圖而不動敦族展親繩前啓後之思者非子孫也夫子孫必有藉以動其孝思者左昭右穆思敬思哀卽以當檥桷几筵亦禮教也作系圖

家譜系表小敘

自史氏之有世表年表而族表繇斯起矣夫人上之自父祖以迄於始祖下之从子若孫以至於所不可知之人爲世綦遠其間貴賤貧富强

弱亦綦遠矣然而脈絡井然精神不隔者系也莫爲之表而系或紊且淫故系之有表也表其系也吾族自始以至今水行一輩生齒誠夥夥然傳世十一不爲不遠使統系不明人知有身各親其親各子其子即更推之身所及接上至王父下逮孫曾止矣而吾身之始與一聽之分無乃日以茫昧而有遐心惟有以明之一指掌間尊者爲我祖光等者爲吾兄弟卑者爲吾子孫分之人人一其身合之人具一大身一身之中且得有遠近乎而且得有貴賤貧富强弱之異視乎是不可以無表也作系表

家譜列緊小敘

人之有生卒葬娶子女也人而是也而其中有異焉異之中更有異焉使必有詳而無略則詳者不專使必有褒而無貶則褒者不貴乃議親之典故在也亦曰人還其人善善長而惡惡短第今姑存予奪以垂勸

徵如是也則已矣然而就生卒葬娶子女之間而履歷辨矣就有無系乎生卒葬娶子女之後而梗概又辨矣往者之故轍卽來者之前車也若顯微闡幽則竊取之義於是乎在作列概

家譜系圖贊

瓜瓞惟綿根本則一培之植之以蕃以息基始涓涓式廓翼翼披圖展思庶幾無斁

汝　炌字松雅世忠孫諸生六品冠帶

縣令劉公諭鄉正書書後

伏念祖宗以孝友忠厚傳家越吾兄弟三人競競守分惟恐少墜家風白首同堂不敢有傷和氣亦祇求無忝先人耳乃辱蒙劉父母不遺小善錫之襃奬言言眞切實意盎然尤當常目在之益加惕勵者也願我子姪觸目警心一言一動總以培養元氣爲主毋暴戾毋偷薄務期家

庭之間無非太和融洽之氣則庶乎無負劉父母激勸之典亦不失祖宗傳家之意云爾

李逢節字堅侯號來吳冬米巷人萬曆三十五年丁未進士歷官兵部侍郎總督兩廣有靜觀齋集未見

古法堂觀音殿記

普門大士殿剏於漢末赤烏之朝甲子歲瓊宮琳宇玉毫法相載諸邑志鑿鑿有徵曁我世廟時海倭入寇勢豪乘釁而奪之其身亦罹慘禍今當數奇之極倚伏之期則有僧正盈者苦志焚修傾囊倒篋慨然以恢復爲己任遂卜地于堂之南鳩工聚財繆庵飾座無何而廟貌佛像一新矣余往觀嘆曰物窮則變天久自回其興替洵有時哉曩所謂炎炎者而滅奄奄者而振非造物之無常乃天心之復見良可畏也吁後之視今猶今之視昔繼此而爲宰官身吾安能屈指持籌而數然既已

身膺乎纓組則亦何惜無環堵況爲電光石火軀乾坤暫借一錐土即枯守揚雄宅愁登王粲樓亦自安身而樂業而必欲欺人罔天以爲拓不朽之基乎不知其造物無窮之孽矣倚勢夫何益因果其可誣耶余因斯堂之復建而并垂爲永鑒令其弗爲無益之圖使後人而復唉後人也時皇明崇禎元年孟秋吉旦欽差巡撫總督兩廣軍務都察院右都御史兼兵部左侍郎李逢節撰據石刻

卷四十四 完

女兒緜祥校錄

卷四十五

邑後學　陳去病　纂輯

明一人

陶朗先字元暉別號開普三都西人萬曆三十五年丁未嘉興籍進士官至登萊巡撫以閹禍被逮死有陶中丞遺集二卷今存

遣將分鎮以收鎮奠疏

口口自得遼陽屬兵嚴守以防我兵借一之圖聲犯西河以寒我軍既喪之膽而鎮江寬奠一帶切近口穴顧置之若棄疏之若不暇防者敵每用兵暗合兵法豈獨疏於此耶蓋惟其近也偵知情形把握已定其置之若棄者知鎮奠兩城雖有參將王紹勳孤軍堅守不過七百餘人欲待釜魚自斃而取之一計也其疏之若不暇防者遼陽既陷虜我文武將吏憤兵以出向彼求勝見諸將俱逃必合營於王紹勳彼亦留紹

勳爲招以誘我軍深入而□乃從老寨出其成師設伏誘致一鼓盡擒而後我之信臣精卒殲滅無餘雖我之算數全不及此而彼之勝算固自有在也又一計也臣前爲登道時初不知彼地尚有不降不走之王紹勳急而求援於臣臣即調發偏師給與同文云登萊兵力方事訓練未便大舉先接濟軍餉由迂路運至鎮江即暗添將領由間道潛至寬奠隨與朝鮮約結助我樓船水師由是憑山爲險依水爲居暫主於守待登萊兵力既全即當用攻之之法漸出而規南四衛以與河西全師其策如此乃文移去後而紹勳之浮槎已來詢之則知□以萬人攻圍東山乘勝而下寬奠寬奠軍民皆望風剃辮苟活旦夕向所謂與紹勳歃血拒□兩斬來使者舉逃入夾江奔走朝鮮而向所謂團聚義勇捐助軍餉者或死或走其地豪傑不忍紹勳而送之小獐子島隨登船而東渡也臣即移會總兵沈有容益紹勳以水師三千船艘一百五十餘

隻再益以旅順營都司嚴正中一旅之師使潛入鎮江招彼豪傑示以恢復之志泊舟義州彌串等處濟渡逃民示以不忘鎮奠并檄行義州節制司使卹我旄倪孳我馬匹以待遣舟運取過登復移知該國謂將來進兵該國應有效順之師一二萬人不俟調發自當不期而會俾知天朝之命令此臣所布置於曩時者也彼時事權未握徒託空言今則時異勢殊物情非昔在朝鮮見我初無舉動而疑臣言爲誕在鎮奠又不見我兵有何聲勢而疑臣言爲聊且塞責也臣謂宜及此時遣一廉勇之將以步騎三千駐練義州與鎮江相望俾鎮奠以內東山以北之豪傑皆知有天兵之可恃身雖在口心爲我用此機宜之大者也而一切芻餉等費登萊以時運給切不可擾及朝鮮使其樂爲我用至於徵調朝鮮之衆此時雖不即運用亦當頒給勅書先爲戒備或專遣一官或即令趙佑遄往諭以大義獎以效忠俾別立營壘勤以訓練精繕器

甲取其將領兵名册前來報命聽臨時調用以合營義州之三千渡三道江以入是義州三千人即得二萬三千之用而鎮奠東山之衆皆我之左右前後也除約結豪傑之法不但行於鎮奠臣已移會經臣（按即熊公廷弼）備言所以茲不敢洩如義州一策斷不可少而義州之將似宜即用王紹勳當諸將奔潰紹勳獨於寬奠堅守三閱月直至囗衆大至救援都絕而後詳請於督撫俟允其暫返方敢收兵以歸此其大節已自耿耿而又深得衆心至今削髮歸囗之人遇登州人船尚問紹勳所在無不歸心則雖有謀勇過於紹勳者亦不與易也臣已於六月十八日遣之往鎮江不過示鎮奠以紹勳尚在耳未授以兵無濟於事若不特鎮一將於義州則我軍我將素不與朝鮮相習朝鮮亦不見我有彈壓之人但臨事調發陽與陰貳其誰必之此又登萊休戚相關而征勦利鈍之一大窾繫也謹會同薊遼總督侍郎文球尚書熊廷弼巡撫山東右

副都御史趙彥巡撫遼東右僉都御史王化貞巡按山東監察御史王一中具題伏祈陛下亟勅部覆議如臣言果可采乞即頒勅朝鮮徵繕以待至於王紹勳容臣另選精鋭發往義州練習以維繫人心而本官堅守危地從容去就忠義謀勇傑出一時或量加職銜以明賞罰以愧逃降是在該部斟酌臣因論將而并及之臣無任悚惶待命之至

辭職疏

奏爲微臣久病難支懇求能黜仰干聖慈矜放免誤封疆大計事臣以一介踽涼十年海上計所謬戾何啻萬端而又拙於涉世自甘暴棄蒙陛下不追其既往之愆且予以後效之路值遼事危急忝撫登萊即以臣不才充其任臣聞命驚惕莫知所由感激異恩矢圖報稱初意謂天下事未有任之而人反以爲罪者亦未有爲之而仍底於無成者故受事以來巨細無擇晝夜無分恩怨弗計毀譽弗問惟肩任是務如以招

兵言無一兵之力氣技能非臣所親試也且無一兵之安家行糧營房鍋竈衣裝器械非臣所由處也以造船言無一船之大小闊狹高低長短非臣所親定也且無一船之桅錨篷索夫匠油鐵非臣所經理也以馬匹言無一馬之臕分肥瘦價值低昂非臣所目視手批也且無一馬之消長點驗支給區畫非臣所脣焦舌敝也以器甲言無一器一甲一弓一箭之材料非臣所置辦創式稱兌比量也且無一火器之寸釘尺鐵非臣所劑量開鑿也以教練言無一營一隊一進一止非臣所親自指授躬爲部署也其間勤惰生熟無一非臣之明試賞罰也以修守言無一城一垈一堠一燧非臣所相度經營也以錢糧言無一日一月而不爲唱籌量沙之策也又欲無一兵一軍而不弭其後時之怨不博其投醪之歡也於是晝作夜思心血耗竭精神疲困又最難得者金錢之湊手而憂惶歷盡最難望者同事之和衷而鬱折受盡臣之身不能不

日消月鑠以至於病也延醫療治不能取效僉謂積勞傷神積痰迷膈補之則喘息立斃消之則氣壅亦死臣今已矣夫皇上所以拔置臣於茲土者將望其奔走折衝如何壯往乃一旦至此臣之所以勞怨不辭唾詈不辨知無不言爲無不盡者亦將望之死之生如何報效今乃終至於此臣之命也獨是戎馬雜遝之地非病夫藏拙之鄉當兵食兩匱之時尤非從容臥理之日允宜亟簡賢才以接未亂之絲黜能尸素毋釀不虞之釁者當不能旦夕緩而皇上采聽至此不待臣辭之畢矣臣草疏已久早欲上聞因廣寧之敗督發水師接濟糧餉前茅既發後勁未行此際言病似屬恇怯又京師散布流言謂登萊民變兵變若將不能終日不得不扶掖料理按臣王一中於二月十四日巡歷至登親見臣病苦之狀深爲臣危尚未敢聲說也今地方安堵如故而舟師撓擾南四衛者已逼近金州宣諭朝鮮者雖有失風之驚而連日晴明想已

抵岸此後止有我兵擾口之日未見有口兵犯我之時即使進不能成功退亦可憑海而守於此而以眞病久病上塵聖聰非託故規避之陋情而亦非臣至死不變之本質也伏乞陛下以封疆起見亟敕該部速議能黜使臣抱病歸里無任激切待命之至

聽勘疏

原任巡撫登萊等處地方贊理征東軍務都察院右僉都御史前告病今聽勘臣陶朗先謹奏爲微臣因勘得疑因疑致罪謹略剖明仰祈聖鑒事臣拙劣迂愚冒叨疆寄癡腸妄想圖報主知作事以創而傷急驟物又直而兼疏大拂輿情實斂衆怨未及半年謗書盈篋致動高賢之聽交騰南北之章乃塵聖明敕差查勘慚負明時至於如此中夜靜思肝腸寸裂恨不得刳心剖腹與海內共見之也頃臣伏讀邸報見科臣查臣錢糧回奏之疏款款坐臣以罪而終不誣臣以染指明知臣之無

他而猶爲疑詞以應時人之意科臣之處此誠兩難而臣之心迹觀者亦得之語言文字之外矣臣何敢急於自明第科臣之所謂疑者皆與錢糧相干而即用此疑詞問罪追贓臣烏能俯首無說一爲蓬萊縣新知縣汪裕查出舊知縣段展錢糧五千金茫無著落裕嗚於臣而臣艴然作色禁之勿查裕欲移關段展而臣又作色拒之曰汝只管今後錢糧勿管過去錢糧此言入於科臣之耳安得而不疑然臣憶汪知縣初任時曾告臣曰吏書櫃頭皆言段知縣帶去了臣即進府廳而詢之僉云錢糧至五千誰敢帶去既吏書櫃頭爲此言未必非此曹隱蔽委咎於官也臣即以此言語本官查之一日來告臣曰吏書已招三千五百餘矣臣曰既三千五百可查不難追尋而得也又一日告臣曰前所招出者吏書又不肯認矣臣曰既如此何不移文段令取其回答即撥兵船一隻令本官取關文往查又給馬牌一紙以便遼地往來臣未嘗艴

然也該縣差人赴遼月餘杳然無信而遼陽陷段展死於事矣汪令來見愁及錢糧無據恐礙考成臣謂之曰考成以到任徵收爲始段令錢糧既不明吏書櫃頭又可疑今後自己錢糧莫聽吏書朦稟補入段令數內則前官不明者自己尚可明否則汚潔不分臣見其初試爲令忠厚有餘而教之防範下役保持令名非拒之以查前官錢糧也况從始至終臣日進孫推官而命之令其與汪令共查文册拷訊吏書謂卽段令作弊不出吏書之手必能言之勿作忽有忽無語臣因汪令中無定見而欲必得其人從未拒其清查也此事光景如在目前想汪令不能作違心之語而臣之告語言猶在耳所謂孫推官卽吏部主事孫昌齡今雖身在青雲恐亦不能作違心之語以投時好也而臣之可疑與否見矣其於商人宋登科領銀造船一事謂前後領萊庫銀二千五百兩又領買豆銀二千兩年餘不報知府林銘鼎亟索登科登科乃買破船

五隻以抵之銘鼎曰執之三臣曰宥之三銘鼎曰寧追價臣曰寧估價令同知鮑孟英估價僅責還官六百餘兩臣復准其詞而縱之登科遂幷其舟負之而走日駕南商販無忌此爲可疑口自先年馬頭嘴夜半龍鬬傷壞官船一百六七十隻計去造雇等價三萬餘金而橫屍暴骸又費優卹臣乃設法於商船之戶中審其素有身家者取其互保議令大船以五百兩爲率小船以三百兩爲率給爲造本借貸與商而其本銀則於運糧腳價內三次扣還倘有傷損商自造賠官不任受商之黠者以爲害多利少都不肯認中佚也臣果有貓鼠不肖之行何不任其逸去留爲無證之口可以藏身且亦何能自盜金錢而問人遣戍此可以理推者至謂餽臣兄三百金又陶管家三十金尤屬弘諫之遁詞臣兄弟三人而臣居長無兄止有兩弟一名明先一名曜先果有口金何不投於臣之親弟而投於渺不相干之陶國柱也臣之家訓族屬頗多鑒

於年久亂宗之害凡家僮俱令姓其本姓不許其姓陶此閭郡共知者也今宏諫云陶管家足徵未見其人也乃若魏國臣者原系廢弁海運初興船無一隻水手無一人漸至深秋海洋難渡因出示招募不論官吏軍民凡能雇覓海船者即差官押銀與彼同往而國臣投見謂征倭時曾爲經略標營守備募太倉崇明等外海沙船一百十隻領兵至朝鮮夜焚賊船袖中出經略萬世德奬勸劄付一紙幷船名花名糧餉原册一本臣驗係舊物而就中募船地方幷船工規則臣籍以頗知原委而裁節之然知其爲無根基人不敢徑給以銀每次解銀臣必移文蘇松道求其驗發太倉庫取庫收到臣爲據如遇國臣募有船隻蘇松道必令州官眼同點驗開鞘付船戶押赴登州不落國臣之手而解銀之官必令府官選擇如經歷劉一進指揮張宏驃千戶王振基見在登萊可問庫收亦黏連文卷可據蘇松道臣尹伸今在仕途可詢也而後來

國臣亦下之獄者因所報募過船三十餘隻久不到登拘來面訊俱委之風傷蓋尹仲既去之後無人爲臣稽查國臣遂從中作弊其漸有因臣非驟然揮金巨萬而不顧亦非聽信匪人濫費金錢於不問是時臣已執國臣下獄矣又疑其所侵官銀必在笥篋并其妻子行裝俱收捲到登臣離任之日尙囑登府日逐追比勿縱之去且曰勿令監斃致留疑案此皆臣之欲明心跡處也而反疑臣耶疏末一段復續坐臣以爲登道時之侵餉云查勘既竣疏將脫稿於屆行二日查點官兵始知登州水陸舊營原設九千六百餘名連年額餉俱於布政司及本府循編民屯內如數關取然實在伍者只七千一十餘名或遞年消長淘汰不一然周一歲計之不啻虛餉一萬臣竟不報俱攘之入槖矣又七千之兵有大曠小曠之例大曠報濟南府軍充餉小曠留爲地方正需或遞年逃亡事故不一然周一歲計之定有曠金一萬臣亦不報攘之入槖

任道至撫已逾五載此十萬之餉盡屬侵欺臣謹查得登州舊營官兵並無九千餘名此屈指可數者團操左營六百一十員名團操右營五百八十五員名以上俱土人月食餉九錢者也約一歲餉銀一萬四千五百四十一兩零登州後營六百九十二員名屯田中營四百六員名文登營一千五十九員名以上俱土軍馬什之三月食餉五錢步軍什之七月食餉三錢二分者也約一歲餉銀八千一百八十二兩零南陸左營五百三十八員名南陸右營五百四十員名水寨中營水寨前營水寨後營皆五百一十五員名以上俱南人月食餉自一兩八錢或一兩二三錢或九錢各不等者也截長補短約以一兩五錢爲率每月餉一兩五錢約一歲餉銀四萬七千二百一十四兩零通共南北兵六千一十一員名所食布政司餉者該南兵五營計銀止有四萬七千餘金於內有水營撥去援遼之兵一千五百名則於四萬七千餘金之內又

去南兵三千餘人一千五百金之半安得有二千人之虛籍一萬金之虛餉爲道臣之營窟也至於土軍系本地之永軍登人視當軍爲養生之本遇缺不待勾補而自來告頂甚有異姓冒充以圖食糧者謂之冒兒軍則無懸缺可知而北兵俱土人土人籍當兵以避縣重役遇有一缺出輒三四人爭來報頂既得選親戚鄰里載酒相賀謂之上差使從來成規有給道臣公費薪水之用厥後道臣王之鑰不攜家口不送書儀計一歲三百金而足用呈詳兩院捐其餘金以積穀備賑並言荒年南兵逃亡四百六十餘名亦可不補并扣其曠金存貯登州府庫以爲積穀之用兩院批令布政司計議而左布政沈蒸駁其詳文謂既明知有缺兵而司帑仍照實在發餉是藩與道道同作弊而道又與營將通同作弊也等語致王之鑰以心事不白忿悶氣成雙瞽掛冠而去此司餉與兵不准見發見之已事者舊撫臣李長庚舊按臣畢茂康可問也

之鑰既去副使陳其猷鑒於前道之欲澄清而反被疑也呈詳撫院盤將該道公費廩給吏書工食犒賞等項一并編入曠工大册遇有支用即在曠工册開支而每次領餉又立簡明便覽揭一本將實在兵丁數目逐營開坐俾觀者瞭如一月有一月之增減一季有一季之增減遇有缺無兵者布政司止照實在發餉空缺之糧即不發矣此月餉之無兵不發又見之已事者亦舊撫臣李長庚可問布政司册籍可稽也然簡明揭之所以創立者緣登營兵餉豐年時預徵在庫每季俱預先支發下季照上季之數造發下之後本季有消長不一是以有扣存之曠自大荒之後追徵不前必在登府移挪別項銀兩借給而後開其數目討取償還凡討償者官府止照實給之數開造並無虛懸之數在內安得有曠銀可扣臣去年離任時府官尚以借民屯銀二萬金放給兵糧藩司未經補到爲言足徵每年兵糧俱系借貸以得償爲幸安有餘銀

以爲大小曠且曠金從來止有一二千亦安得有萬金也登道衙門其來已久非若登撫衙門系臣草創凡事皆可罪臣者今坐臣爲攘臣則攘矣自臣溯而上之幾十人也豈無廉士卒未見每年盈餉萬金只有每年一二千金者蓋無之不能強爲有也何獨於臣而疑之乃若言兵九千者或幷年而算入團操前營團操中營而言耶此二營系兵部員外尹嘉賓招集朝議不用而存留地方者或又算入水左營水右營而言耶此二營系臣裁減兵餉餉之而添兵不添餉者以上四營對臣新招之兵言爲舊兵對登道原轄之兵言則新兵也此四營錢糧自臣未任撫時因藩庫無銀每次領餉或發或否即發亦無全季整數□現在之餉尚且不敷又何有銀可曠自臣任撫之後藩司以歸臣新兵數內食餉而月糧竟不肯發又安有曠銀之可扣耶且兵餉錢糧由府官出納不經道臣之手僅有移文過目而已臣一年攫取二萬金則有四十

鞘八十人扛擡此可掩目耶科臣蓋見譖者之口三翻四覆催之促之不得不信不得不言而不知眞情實事絕不相蒙臣一人之册籍不足憑自開國以來之爲道臣者册籍俱不足憑耶中佚且臣爲知府時以道府縣處一城出示諭民凡遇告期大事赴道小事赴縣而臣三年未曾取一贖鍰此皆取之而人不謂貪者臣尙不屑一毫索取臣救荒時兩院以登州褊小止發銀一萬四千令之賣粥而糴銀於遼大平市價裒多益寡積下納穀生儒及紳捐未用者糴糧九萬餘石造倉百十餘以備賑濟此皆可乾沒之而人不知者臣尙不忍一毫妄費臣爲道臣時見地方添兵苦於無餉議裁舊兵之餉以餉新兵上官俱不敢任而臣毅然爲之兵不敢譁亦恃其平日信義素孚也使臣而冒餉侵噉誰容臣內享厚利外施嚴政而束手歸命耶又靑州發兵援遼靑兵畏懼搴旗祭刀插血聚盟逢人卽砍以示不肯行土人不敢窺井而取汲有司

不敢開門而理事兩院委臣點發臣扶病而往單騎抵青各兵引領望臣自獻渠魁願往聽號令臣至教場半日而事竣三日而兵皆發完整旅向遼而去按臣陳于廷大異之夫臣而貪於登青人亦當有耳彼何所慕於臣而信服若是又臣兼理海運席草帆旗之類俱有節省凡有司報來即令府官登記口在青萊者聽之青萊在登州者臣以之打造銃砲增浚城池重新壁壘按臣張德修入境見軍容整肅銃砲繞城詢知皆節省所製喜而相謂曰使海内任事之人皆如該道爲朝廷幹多少實事何虞封疆不固哉夫此項錢糧亦取之而人不知者尚不屑取以自潤顧使有考之軍餉耶昔日與臣同事有見在朝端者有見在登萊者皆可質問如一字涉虚願甘寸斬豈但追贓故臣向者欲勘科不徒進道府州縣而詢之并欲其改服潛行而密察之者亦自信得過敢爲此言耳詎料今日猶以忌者之謗言箭上之飛揭爲臣之罪案也哉

科臣又罪臣以招兵買馬用若干萬而今止存似人三四千款段數百匹器械用銀若干萬而今止存器不成器料不成料造船用銀若干萬而今日出海者不可睹見泊者止若干隻據目前而責臣其言誠當然臣離任在一年之前科臣查問在一年之後其人是否原人馬之是否原匹船之何由而少器之何由而匱臣何能懸對惟記臣任時兵招到俱令道府點驗精壯然後解臣臣復自揀汰買馬亦然臣非一概混收者及都門日議散兵臣乃議分班解散然有長單發回原籍取有司收管黏卷仍聽調用文卷具在又有招而後散者乃青萊兩處當臣未爲巡撫時招爲勤王兵者臣命下後嫌其不堪而汰之以省月糧非無所因而忽聚忽散也臣之營壘除舊兵淮兵不開外在登州則有標兵營選鋒左右二營強兵中左右三營南北二遊營成山皇城團練鐵騎川兵營左右監軍道家丁營遼船千總一營修船千總一營軍器盔甲弓

箭火藥等役共一營在萊州則有招練濰遼兩營萊前萊後二營王徐營三山營新女姑營在青州則有昌樂塘頭洱河小清河濤雒石臼安東顏神各營又撥添靑州舊營兵二百八十三員名三郡新兵共三十三營因兵以設將因將以分營臣已離任而道府尚存問當日兵有無馬肤瘠船存亡彼必能言之登非馬戰之地所以買馬者經略移書到臣謂登州原是進兵一路用船渡之北岸到彼處還是陸戰故臣皆備陸戰之具腹裏之馬低小柔脆不堪戰鬬必用口外夷種方可應敵故登帥沈有容亦差人往大同甘肅買用至於陳光裕戚司宗通同作弊應追八百餘金臣已押此二犯發道府究問原牘具存臣未嘗寬用人不當臣罪何辭至於借動京邊及民屯皆因本項不來權時濟急本項一到卽可補還乃有司故意與臣相左如靑州舊守原徵有遼鎮銀兩故借京邊以解新餉一中佚戶部謂臣將京邊不許起解及部文既到臣

以本項補解不聽以糶糧補還又不聽諸如此類難以枚舉是以使臣有亂借動之名然此處有借若干彼處即有還若干不當兩處俱坐臣以費去也科臣又云臣費至六十八萬臣記之實無此數或幷梁之垣渡海之二十二萬劉國縉賑濟之十萬發毛文龍之五萬而言耶又本色中如糶價而未經臣用者如放給官軍而廩糧扣抵者如借貸民間而尚未取償者如賑濟鮮人而非軍中用者似難坐臣以花費然臣彼時〔中佚〕臣又有一種苦情不得不披瀝於聖明之前者臣濫叨巡撫雖曰一年而被論杜門暨守候交代者半年其實做事僅半年耳此半年中前三箇月兵雖招而未齊馬雖買而未到船雖造而未來色色皆空拳也後三箇月兵雖練而未熟馬雖到而未齊船雖成而未全色色皆草稿也一至杜門怠玩者既幸臣耳目不親奸貪者更幸臣代爲受過廢壞者廢壞漁侵者漁侵不結而去又件件皆未完也譬之衣然欲其適

體雖蜀錦吳綾不得不碎翦以合衿裾領袖之用迨翦矣而縫者不終責以裂繒暴殄夫復何辭譬之御然授以鞭轡即有泛駕尚可範以馳驅中道棄捐而僨轅見告責以委轡失馭亦復何辭臣之情事何以異此若謂有餉可侵貪汚不檢無論君父有急封疆剝膚何等時勢而忍心爲此即以不肖之心度臣臣子然一身四面皆敵啓口容聲尚屬罪端況敢作此殺身滅門之事以自蹈耶興言及此追思往事臣且仰天椎心淚盡而繼之以血矣伏乞聖明將臣所奏敕下廷臣從公評隲勿於臣事偏謂可疑勿於人言偏謂可信勿使眞心任事者反蒙汚垢之名勿使挺身孤立者終抱向隅之泣臣之心迹得白不特關繫一身而聖世勸懲無枉俾將來臣子不至以臣爲殷鑒倘做幾分實事所裨於陛下之封疆良非尠小也伏惟聖明鑒奪施行臣無任惶悚待命之至

逮獄候訊疏

奏爲蒙恩逮訊披雲見天國法無私孤蹤易滅謹瀝眞確之情便見寃苦之實物情世路當平天理良心難昧懇祈聖明敕下法司從公昭雪以尊主上賞罰之權以贊一代平明之治事伏念臣朗先賦性粗直一生寡交遇事敢擔知難不避一行作吏惟思竭其精力少留功業於地方以無負初心一切罪知聽之公論然惟其寡交也姓名不掛於通人如數年前薦牘滿公車而人不知臣爲何如人也近來貪聲徧朝市而人亦不知臣爲何如人也又以粗直之性樹敵孔多祇聽一二仇家暗中簸弄則通國信之俱欲殺之及至殺之則又曰國人殺之也借公典以快私心而舉世終爲所混今奉明旨付之士師畢竟欲據一確案方成爰書臣縱肝腦塗地俾世間知臣之所以死則有面目以對天下正人君子勞臣烈士有此一逮始見天日臣所謂蒙恩逮訊披雲見天者此也聖朝著立大明律例犯者無赦然內中開載條欵未嘗以莫須有

而坐人亦未許以衆怒難犯而姑且寬人也昨者劾臣李春燁回奏一疏語語坐臣以濫用匪人妄費金錢而終以矢誓神明之故本心難欺不能誣臣以染指則臣之生平已可概見乃搜求於任撫時不得則進而深求於任道時而曰於屆行二日查點官兵始知登州額兵原有九千臣止實存七千每年缺兵二千盜餉一萬又於七千人中每年有大小曠工銀臣又不報又盜銀一萬以此坐臣意若曰劾得撫任內無染已違時好若不誣以他事留爲不了之局則人又將咎我此總見臣之孤子誣之不足重輕白之適足賈禍聊爲此言以謝時人也而臣則何堪此大罪耶臣所謂國法無私孤蹤易滅者此也然以實事言之劾臣點兵之日去臣任道之時已二年矣見在兵缺嘗就見任海道詰之詰之而曰自臣缺之以侵餉然後坐臣未晚至缺兵緣由見臣後任巡撫袁可立兵餉宜明疏内開裁減舊兵俱係見任海道申詳省撫陸續奉

明文者二次共裁一千六百餘名合京操營原缺四百餘名正符二千之數皆天啓二年七月以後之事不但臣離海道任抑且離登撫任後事矣臣於何處盜其餉耶至於曠銀一節其數有册籍可稽其銀在府庫收支從來道臣絶不經手況登道衙門開國至今其來已久非若登撫衙門自臣創設而事事可以懸坐者試觀歷任道臣登記在册有一年萬金否何獨於臣遂該一年萬金無萬金即屬侵盜耶又謂臣任道五年則幷歲月而培增之矣臣任登道三年考滿後即叨冒巡撫之推内尚有半年接算驛傳道俸也既任巡撫則道事别有道臣領之且登營舊兵俱食省撫錢糧與登撫無涉臣何從侵盜然臣是時實有一片癡心不免任事本色見帶過臣巡撫衙門勇役及充投新營將官家丁者頗多舊營中人急令將官扣其掛缺月日毋使兩頭支餉新道到日遂以語之查出五千餘金貯之府庫使臣而盜餉人也何不幷盜此餉

耶又追論臣海運借動京邊十餘萬臣查此係餉臣李長庚及山東前撫臣王在晉題請動支以湊海運之數者前撫刻有撫齊疏草及餉臣憲牌可據非臣之擅動而臣待罪巡撫時於天啓二年間回覆戶部海運必難遞增咨內開載極詳俱有册籍可考咨文亦見在戶部可覆而按其銀係州縣徑自徵應臣無從經手也又追論臣私用民屯九萬餘兩臣查三年海運用新加遼鎮銀徵糴不敷舊撫王在晉疏請動支京邊而臣慮動京邊不解部累各官礙考成受參罰易致斂怨如再借以造船則斂怨愈深民屯錢糧原爲兵荒助邊之用東省凡有急需俱在此內借動其來已久臣是以動爲打造運船及製備銃礮弓箭火藥等用臣之初心待運船造竣與遼東結算自有脚費銀兩可以補還待軍旅布局粗完於軍興錢糧内清銷當有兵工兩部銀償抵則民屯依然歸庫而詎意臣始之臣不能終之也然所動止有七萬並無九萬盡動

之事該府支領册籍具在經手文武將吏亦具在所造買各物亦具在有染無染一覽了然又勘臣謂臣經手銀五十二萬兩糧四十八萬石值價十六萬兩是據各屬開報總數故咎臣以浪費六十八萬也然臣離任時曾駁各屬册云臣於天啓元年七月十三日方到任而元年四月十九日布政司發銀一萬兩係還海運借動京邊者如何作在臣收用數內臣於天啓二年六月十八日已發牌離任矣乃二年六月二十日布政司解到二萬兩二十八日解到九千三百餘兩七月初六日解到一千兩如何又作在臣收用數內又天啓元年五月間東昌府用去五千八百七十餘兩兖州府用去一千八百二十餘兩俱臣未曾推時事如何亦作在臣收用數內是時臣已離任各屬亦不回報想其造報勘科者猶然此册也則臣之數內多坐四萬七千九百九十餘金矣又如駱駝價銀三千兩米豆價銀二千九百七十餘兩係天津欠而未還

者又有未糶雜糧萊州十三萬石値銀四萬二千三百七十餘兩靑州一萬二千二百餘石値二千九百九十餘兩濱州未糶米一萬石値五千兩昌樂縣剩下銀二千九百三十餘兩又萊州府放借民間之糧抵銀還官者二千八百九十八兩商民楊本厚因停運止糶繳價還官者四千七百八十餘兩濰縣將糧糶賣候解京邊者六百四十餘兩又濰庫尙有糶存糧價一千二百八十八兩又船戶陳完赤還官三十六兩零登府支剩在庫者一萬二千八百三十餘兩其置辦各項各官繳庫者製器項下三千一百九十六兩零買馬項下四百五十一兩零招兵項下六百八兩零造船項下五千七百六十九兩零招匠項下五百四十九兩零其將糧出借扣價歸庫者登府借給舊營軍兵扣歸五千二百十七兩零又借放各衛所俸餉扣歸三千二百二十九兩又借放與各衛所官員扣歸二千二百二十一兩零又借放團操左右兩營扣歸

一百八十四兩五錢零海糧借放各州縣民間候秋成還償約值五千餘兩又於濟青萊三府海糧借放南北舊營扣歸七千六百一十七兩九錢零諸項均由登府借給又蓬萊縣借糧易銀抵還京邊者一千五百二十二兩又棲霞縣借支雜糧三千三百零石約值一千七百五十餘兩至今未還以上共存銀一十一萬九千四十六兩四錢如造册報科亦作開銷則臣數內又多坐此數合前款之四萬七千九百九十餘金是多坐臣以一十六萬七千三十六兩四錢也又如米豆海邊堆積經年濟青萊三府數內浥爛八千一百七十石二斗八升零登府數內浥爛四千三百石零二項共去價銀六千二百三十五兩零又賑濟遼人優恤貢使費糧七千五百餘石約值三千七百五十一兩零又供億鮮使一千二十三兩零又游御史項下淮兵一萬二千五百給餉半年銀九萬五千餘兩以上共去銀十萬六千九兩零不意臣兵馬之用連

前扣存繳庫之十六萬七千零三十六兩零合之共有二十七萬三千四十五兩零不當强坐於臣名下作爲銷費之數者也然則實經臣支收者止有四十一萬耳此數見前年登撫袁可立年終奏報錢糧數中開載養兵二萬一年即該費至此數而臣且於其中除給兵食外以之招兵則兵至三萬餘人以之買馬馬至二千餘匹以之造船船至一千三百五十餘隻以之造器甲器甲積四五十萬件俱祇在四十一萬之中裒益措置此可謂天下之至省况經費出之一年留於地方實爲年年不匱之用不應作爲一年內銷費也而此數項又共値銀十餘萬則臣一年所費究竟止三十一萬耳此皆有卷宗文册可査者也至於用人臣惟是兢兢業業一面差遣即一面稽査如徐宏諫魏國臣今皆累罪囚敢謂非臣誤用但當海運初興之日登地無隻船寸櫓臣差遣僱造不啻數十輩惟此二人轉輸不絶是以任之且津門造船亦嘗就

二人而下問則船務固有偏長非熟諳不能成事也然臣之給發錢糧也俟其一番船到方發一番價銀在太倉州者密託蘇松道尹伸收放稽查在津門者密託推官來斯行往來覺察後兩官相繼離任兩犯於末路遂有侵漁臣即差員役捕治屢駁遣戍久追未完即今劾臣疏內所稱執而訊之者孰非臣所監候之人劾臣疏內臚列之贓孰非臣所摘發之贓見有卷宗書册可證而謂臣庇如驕子則以告者過也究竟庇之者誰乎初時弘謀挨未追之贓投託奧援有力者居爲奇貨竟欲脱之幸府臣堅執不允臣得拘禁此囚以明心跡使臣果有兄與家人受賄何不乘此縱其出柙俾無對證而顧留以實已之罪耶臣不但無親兄且無堂兄而同胞却有兩弟一名明先一名耀先宏謀而行賄於渺無憑據之兄何不行賄於見在本有之弟乎蓋有奸弁教以誣臣其言外洩諠傳登城久矣特劾臣不知耳若糴糧一節因此糧從遼東追

回久泊海中船經風浪日見傷沈卸之海涯則上雨下浸可虞况無如許倉厫歸之民間則昔貴今賤非策亦無如許糴戶轉而賣之淮南者因彼南歸之便既無船費又償原價臣初心謂海運係臣前任内未完巨案况設撫之初即指此爛豆米作臣招兵買馬之物若不變賣安能以米豆易兵馬非如他鎮先有正項錢糧可以拱手受成者也而臣所差文武官不下十餘員非專委一二卑官未弁且給有淮上撫按咨揭原令糶之淮南未嘗令其深入姑蘇惟李應坤家住蘇城思從中作弊飼搆胡大寛以七千石賣之楓橋爲牙行所欠空船坐守水兵登岸滋事於是遷怒於臣浮謗四起然事當準理凡爲盜竊必畏人知臣果盜餉何不攫金入槖顧經由道府等多官費許多文告繞三千里海面招摇於通都大邑而取之雖病狂者不爲也况臣已兩形章疏上告君父下布海内尚可取以自匿耶且遠限不至屢行道府提究具有文卷可

取而案至臣父從來不出戶庭官司請鄉飲尚辭不赴而謂其躬持簣豆之籌如臣環堵蕭然至今猶棲於妻家之舊廬而謂構連雲甲第於姑蘇皆絕無影響之事如海運錢糧皆從州縣造印信册送府府據以造送道謂徐應元宋大魁段展三人改頭換面各縣今多爲科道矣彼時肯改頭換面否乎謂登册係改換冒糧則萊府固與臣爲難者何萊册錢糧反少節省之數千金乎勘臣既勘知其誣亦曰往事風影矣而又概之曰皆不可知是猶姑且寃之之說也他如戚思忠陳光裕買馬作弊臣巳有人偵其後迨其到也臣不暇退食卽令中軍旗鼓官施元震等押此二犯於臣署左關聖廟中誓神算帳查出虛冒八百餘金卽付理刑官鞫審不移時刻今勘臣以其渡海窮囚量追四百餘金是兩犯之幸也臣未嘗寬之也李先春之得爲都司見兵部添設大帥疏中臣時爲海防道安敢具題且先春爲總兵坐營亦總兵之鷹犬彼時張

牙露爪者千百其人而先春獨借名於臣以下之獄則先春速化之果報想應爾爾而於臣無與也徐沅事母以孝聞原非行劣黜生緣其父徐進士蓄有戚總兵刻成儀注時登鎮初設官無舊儀文武搆爭沅以其書來獻臣據此須爲定規沅今擬戍則以言取禍何必借名於臣也勘臣又設爲可疑者三一爲宋登科造船臣批令變價還官夫大戶造船已不勝累有司任性喜怒至於船傷家破者何止一登科卽以登科論因造不合式不准買用而責令變價還銀者是寬貸之耶抑峻繩之耶不必疑者一也一爲蓬邑錢糧夫蓬萊庫藏歲歲不明新令汪裕來謁首教之以查者臣也查之不明又令推官孫昌齡協查者臣也本官見在銓曹可問也協查之不得而令汪裕速移文遼東向段展取的數回話給以船票馬票促其水陸兼程而進者臣也去之兩月直至段展云亡而不知所終者非臣也況縣官交代俱取監司印信册結繳之兩

院交代不明臣與有罪何樂於不查而禁之乎不必疑者二也一爲造船糴糧所用多南人幹辦多在南地夫此指船糧兩事而言然事中北人尙居其半但臣偶爲南人耳除二事外如招丁買馬買鐵買器甲硝黃等事多用北官走北地使臣爲北人又將冒幹辦在北之疑然則世安得產於空桑者而爲登撫耶不必疑者三也臣所謂瀝陳眞確之情便見寃苦之實者此也然臣之苦非止今日然也登州設鎭原爲進勦卽臣官銜亦云策應緩急則一切整備原以待不時之需非若今日之改爲防守諸事從容也又非若舊設邊藩或有一二可因仍也臣雖愚非不知委蛇人情可以免禍亦非不知積奸巨猾臣善用之反可以延譽而臣一意急公不復回顧人方作舟中之敵國尙認爲胡越之遇風人已占風角而生心尙認爲鬩牆之禦侮譁中生激取罪良多然所爭者公事非有父兄不共之仇所差者語言文字非有傷心不解之怒今

也睚眦而報以滅名咳唾而答以被逮似可已矣必欲置之死地而後
快臣特如振落耳天下諂人少戇人多稍不如意即借力而除之恐比
肩而立者人人寒心臣所謂物情世路當平者此也以用人言征妖時
臣止調發將官蔣紹芳梁汝霖等三四員頭目黑大方王良佐等三十
餘人兵十分之一耳但見山東撫按叙功一疏將官有加升一二級者
頭目有實授千百戶者小卒有升授鎮撫總旗者此獨非臣所用之人
耶諸臣惡臣并至議裁登鎮臣解任後標下材官壯丁散之四方後見
毛文龍一疏則參謀徐鳴春守備韓文翼以屯田而升都司矣千總陳
大韶以斬獲而授遊擊矣監生王學易以收島嶼而授都司矣生員楊
殿謙以濟兵餉而授守備矣此又獨非臣所拔用之人耶而臣則以濫
用匪人逮以財用言臣招兵至三萬餘養之經年連安家行糧在內所
費止三十一萬又兵非一日而齊餉非一日而發以所節省置十餘萬

金之器甲船隻硝黃煤鐵惟人情厭恨登鎭便指此爲限丁卽如昨歲征妖臣遣兵時軍械馬匹若不隨取隨有安能濟事卽連年海上時有報捷者臣不預造船兵將豈能飛渡夫此利器用去者水陸兵各賴以稱功矣未用者收藏庫中年來取之不竭者何人所置耶而臣則以妄費金錢逮平心而論假如府官差吏押錢糧投某處交收差吏侵盜事發只究本人之罪曾幷誣府官盜取否何獨於臣而偏令代頂盜名也又如庫吏日持緍錢夜寢櫃鞘倘上人以人理待之當不至時詈以攫金疑以胠篋也臣爲皇上封疆之臣膺表率之任且餉金出入不惟不經手亦不經目而誣之訴之至府官庫吏之不如況臣數年海上四面樹敵奸人內外布置覷笑皆難卽有不肖之心其能於鍼叢劍林中染指必不到手之物耶既欲誣臣亦宜誣以理之所有也且臣任登道時薦臣爲巡撫者不曰應變長材卽曰經文緯武不曰攘夷偉略則曰駕

海雄才爲登撫二十餘日而即被劾矣自此以後劾無虚日臣之一身二十日之前何其賢二十日之後何不肖之甚則愛憎之至變也臣所謂天理良心難昧者此也漢臣之告君曰人主之尊天也其威雷霆也夫雷霆以不假借而成其威即有山妖水怪力能嘘風吐霧終不得竊雷霆而用之是以人居其下惟思循理合天不敢爲媚竈媚奥之事皇上御極以來逮訊者如劉時俊之被誣則白而舍之如口道衡之無涉則釋而用之未嘗爲人所竊但臣孤跡思剸刃於臣腹者多矣初以蓄奸細通口口羅織臣其計不售改而曰與鮮使道臣匿帑二十萬以致章滿公車仍不售又改而曰爲臣登萊兵變復章滿公車仍不售又改爲盜餉六十八萬及劾無其事更易一説以訴之曰臣任登道時盜餉十餘萬蓋至是五變其説而風聞俱爲之聳聽是使言官之得有其言也劾臣明知臣寃而不欲剖白是使劾臣之所以爲劾也陛下舉臣而

畀之法官正陛下雷霆之所在帝王勵世磨鈍僅有此耳今法官又回護自己姑且寃之是法官之得行其法即陛下之不得有其雷霆也古臣自矢以不能致吾君於堯舜爲已辜以一夫之不獲若己推而納之溝中今上有堯舜之君拊髀興思而下有孤臣孼子業被推而納之溝中又蘊祟埋瘞焉不但於諸臣宦蹟中負此傷天理壞心術之玷且令天下萬世咨嗟歎息謂天啓四年間有此寃枉不明之事究爲中興盛治之累料亦諸臣所不屑也臣所祈皇上立敕法司從公昭雪以尊陛下賞罰之權以昭一代平明之治者此也而臣又有疾痛呼天懇祈聖明者焉夫臣之罪案不在錢糧行道之人知之豈在廷諸臣獨不能知所不敢明言者緣喑中簸弄之徒先以盜餉二字爲泰山壓卵之題又以鞏金布置四字爲含血噴人之計於是護非者據以入告便欲寢皮食肉即知者亦避之若浼誰敢抱薪救焚臣所以日阽於禍而禍又與

日俱長也且以臣之家言之臣家世受國恩先人以清白貽子孫誡子孫悖者即爲不孝故歷世俱貧祖父至今猶未分析父子兄弟伯姪三十餘人所共薄田不及三百畝臣未嘗增益尺寸所有室廬器具亦宋元相傳之物不但臣未增益分毫即臣祖父亦未嘗增益也而臣一身行徑則臣祖臣母臣妻三棺在堂無以爲殯也有子年二十一歲無以爲婚也有女年已及笄無以爲嫁也夫臣而有金可輦當不至如此臣而甘心盜金亦當不至有此也以臣居官言之爲知府時以道府縣同城出示諭民大事告道小事告縣而臣三年不取一贖鍰士庶可問也又救荒時招商平糶節出糧價一萬七千餘金糴穀九萬六千餘石留之地方刊册可據也爲道臣時海運一百五十萬石約省運費三百萬金并節出篙工席墊等費令有司逐日登記積至萬金申報兩院分爲東三郡打造軍械等用有各府印册可據今太僕少卿張修德時爲按

臣巡歷至郡所目擊也此皆上官所不及知士民所不及聞者臣尙不屑取以自潤肯盜兵餉耶而軍中陋習臣摘發無遺任道之日出示禁革加意拊循是以軍民信服兵頗稱精按臣陳于廷張修德先後閱視俱相謂曰恐充邊健兒未必過此臣若缺兵二千兩按臣按册而查肯容臣當面作弊又肯薦臣邊才耶如青兵畏懼援遼搴旗作亂白日殺人城門晝閉兩院令臣攝青道以行事臣以單騎往執其渠魁殲之皆曰早知登道來吾儕必不爲此不兩日而點發出境矣今吏部侍郎陳于廷時爲按臣今臺臣胡良機時爲青令所目擊也使臣而盜餉本道之兵將手刃臣何以服青道之兵耶如萊州兵放礮擂鼓攻入城門拆毁官廨幾成涇陽之變臣以一令箭縛其戎首杖殺之兵莫敢譁今科臣薛國光時爲推官薛文周爲萊令所目擊也使臣而侵贜此禍當臣受之矣伏乞皇上一面敕行臣原籍撫按查勘臣家事總而計之可値

三四千金否是臣逋籍後增益否如有矯飾無論宋元以來相傳之物俱作爲盜餉之贓籍沒入官以爲飾詐者之戒臣死且瞑矣一面召在廷諸臣凡曾與臣同事者俱詢之臣所陳在任行徑是否眞實如有矯飾無論盜餉與否即磔臣於東市以爲欺罔者之戒臣死且瞑矣蓋臣之初心竊謂自返無愧何妨直躬即得罪世途亦惟卷懷而歸掉臂而行耳昨年勘臣至東臣欲其改服潛行而密察之以知臣之隱亦自信得過敢爲此言以質海內質勘臣也詎意爲賺得貪求白反黑乃至此哉是臣之命也是臣之命也然臣終不敢謂宇宙內無良心發見之人而諸臣處明盛之朝不仰贊平明之治也統惟聖明鑒察施行臣戴盆望天無任激切俟命之至天啓四年十月口日

新雨文

山東登州府知府陶某敬徒步祈雨敢從本道欽差整飭登州海防兼

管登萊兵巡屯田山東布政使司右參政兼按察司僉事姜之後而申詛於口口之神曰惟登窮海之濱土瘠民貧山不蒔木水不躍鱗田無溝洫地罔塍畛年書大有人必懸鶉況茲之歲水旱相因黃埃飛其蔽日火雲營兮昊旻麥大華而屏翳夜掃秫將秀而烘然晝熏川原吁其一望千里赤其如焚咽草子者毒入腸而隕命嚙樹皮者梏傷心而殘身夫以百錢而棄婦兒以斗粟而辭親維予不惠逢茲不辰靡神弗舉靡禱弗禋胡天不弔澍膏愈屯今予捐軀願爲犧騂如予有罪願殛予身勿以予故并及於民願雷霆之示譴冀靈雨而來臻

得雨謝神文

萬曆四十有三年七月朔丙午越八日步禱得雨登州府知府陶某謹從本道姜之後申謝於諸神曰地盡天末惟年之東譬諸孤孽疢疾靡痌是以民三旬而九食歲十祀而九凶卯君執令遭時之窮乙爲軋而

百穀俯札卯以歲而炎盛蘊隆萬姓叫閽天牖遠庶正奠瘞將乾封爰
諆父老移壝築宗初創訴於南墠再拜徼乎帝聽眞靡神之不舉誠自
郭而徂宮十辰乃格靈雨其濛漸至癸丑甘澍夜澡焦熇淸冷魚烙瀉
淙雖游魚其仰沫況夏畦之能農維予弗類愆和召詾天哀斯民不終
蘊崇奚云孔熯敢貪天功厥有誦言用聞在公帝朕穆穆非庸所恫萬
古歷刼無屯不通帝旣惠此方而降於秋首胡弗遷茲液而靈於夏中
事巳往矣年其可逢願自今以伊始胥十雨而一風柔毛剛鬣敢獻愚
忠尚饗

發運祭海神文

惟神至德淼穆幽玄憑雄作鎭潦日盪天維予不敏昔牧東牟洊罹饑
饉告糴鄰陬兵艘商舶無慭蛟蚪是用粒食維神之庥辭神而西歲甲
未半口口探兵聖明宵旰錄予前愆再仍舊貫戈盾旣發芻糧俱從惟

茲樓櫓時愬爾功願曜若采毋驚鼉宮南箕斂舌西畢收弓東極之杪島曰連雲蛸蜷鰌蹙接遝爨獱我舟所集此島是羣惟神威爽蔑俾紛紜既遠遝海斯倉斯箱願毋呼癸願毋乘障口口繫頸皇靈丕揚軍無拾稗道有遺糧勿揭彼柄以侵我疆民亦勞止寧俾小康神乎有心顧予之將尙饗

稟某院 己未五月二十一日

稟文守備惡灼熏天運糧員役遭其荼毒各運官稟中已悉之矣職不敢再塵台聽惟是此人一日不去運艘一日不寧職與海差之隙日深而運者與收者終成水火職不足惜遝事既壞於外侵詎堪再壞於內訌也幸台臺密切垂神又膠州恆時淮船往來歲以百十計是海運第一喫緊地也今年風聞運餉淮船雖裹足不來然招之有法撫之有恩船旦接踵而至即如今年去一木偶之姚知縣用鮑同知搜尋商船即

得船十八隻豆六萬石其明效也又福山知縣宋大奎海運一事最爲
究心兼攝寧海數日之內勸民輸納得豆三萬石又未幾而發運報完
矣神速異常殆才之難得者惜其俸已深將應遷轉倘福山去此良吏
而膠州新官又未必得人則在福既以邑小而難供海運在膠又以衝
地而坐失事機所關於運務匪小也職意欲以宋令乞補膠州以扼要
衝或加銜久任福山以終運事而撫按兩院皆新任恐職言不足取信
敢祕請台命未審此說可行否又文登主簿徐弘諫升陝西永壽縣丞
昨歲蒙台臺咨留登地而銓部至今未見塡補本官挺身任事打造遼
船已見成效且陝西之任違限已久難以復赴台臺以一小官破格咨
留彼時人情鼓舞百倍嗣後押運渡海之役遂有自來投用者眞運事
一大機括也敢乞台臺或於該部司官以公揭催之未知可否統候台
慈裁囗遵行職不勝懸切瞻依之至

稟饟部李酉卿 李名長庚時以侍郎駐天津督遼餉 庚申八月十七日

稟膠萊河之議來推官行之之意甚銳職惟恐其不成已兩次貽書促其慫恿總漕暨巡漕具題四日久不見回報想總漕新命已下無暇及此而巡漕又視總漕動靜爲行止來推官亦無如之何也職候之不至只得權宜於便文中將此河顛末并來推官條議揭稟巡餉萬院矣倘事機可乘台臺即於口院鼓舞一題則以餉務而開此河更詞嚴義正口口得沮也職見在掣肘行將隱矣又復與此議論似非所宜口口口口口口口心不敢忘台臺則不敢不心台臺身口耳伏也口塞無倫伏祈台慈原宥幸甚幸甚臨稟曷勝瞻戀之至

稟職再有瀆於台慈者職衙門係一時添設諸事草創一切文移無人應役職猶可勉强支吾惟管理本章式樣通曉本揭規制者登郡並無一人職亦不能知其詳恐不合體式貽笑海內敢於台臺戟下暫借二

人假以兩月之工教演新役隨卽送還伏祈俯允不勝感幸倘得賜之馬符嚴鈞准於數日內到登感更不可言也職臨稟倍萬顒切之至

與某光祿 辛酉十月初六日

承教深級厚愛語語皆銘之心矣昨得按臺書亦主於必□□□而又叮嚀不佞云事有專主必須先款於游而後□□□□毋使爲他人□口此乃肝膈語也門下惟速速赴淮迎晤肩老早成此事至禱至禱孫君甚善但其在科時因爲浙黨而被擠至此者近日□□□一事爲西北所惡若再用一浙人則擠排全禍俱自不佞擔之來矣故不佞亦有意而未敢動也此亦得游肩老先致書於都門而後不佞以咨通銓部不爲私耳統惟祕密幸甚

答大同撫院高第 辛酉十一月十一日

朗先最鶩下荷台臺肝鬲之愛獨深自謂三生宿緣非世間寮宷中所

易見也一從分攝景仰懷慕無時能去於心迨聞晉秉節鉞大振國威則尤所欣舞欲狂者顧不能以一介行李馳布賀忱蓋因譾才當多難之衝寢食靡暇遂自甘疏節之譏而不辭耳卽如秋間遣官市馬於仁覆之下正作數行一申積緒時方甚冗姑令員役先行而以不腆尺牘追而授之以上台臺而至今未得則劬勞萬狀眞非筆舌可形容矣台臺顧不忘遠人而特賜注存可勝感刻感刻遼東之事至不可爲矣能言者未必能行而中外以虛境爲實境能任者未必能調而中外又以實境爲虛境羣心之異愈增議論之煩日甚功罪之論既淆搆鬭之端斯啓惟憂其敗而已矣不審台臺曾聞其槪否辱台愛齒及敬布其私隆貺誼當祇承但勞人草草懼報瓊之無日敢藉歸鴻附申爵雀剖腹之感已在隰桑之卒章矣不盡謝悰統在台鑒臨緘不勝鐫鏤

答署藩司程鳳庵 壬戌二月初十日

登萊之餉深切隱慮苟翁臺以己溺己飢之心爲同室纓冠之救餉至之日兵相慶於伍民相慶於室翁臺造福直與登海俱深泰顛並崇矣黄縣截刼之事安得有此蓋好事者爲之也既徼投醪之惠復虜纍暴之驚不佞感歎交集額謝何已然今天下之兵大槪難馴此說雖甚矯誣將來未敢保必無也目下仰仗寵靈即不敢謂赴湯蹈火惟命之從而令行禁止頗稱畫一當事者朋比賣國今日曰逮登撫明日曰逮登撫恐登撫去後山以東海以南不能有此世界耳廣寧報陷軍中未免寒心不佞陽示以安閑陰激以忠義假比其武藝隨犒以牛酒而將士始有生色乃徐徐語以調發之事恐不能免大衆齊聲鼓壯但願從征軍心悅而民心亦安雖苟安非長久之計而要如近日薊保之劫將毆官陝西之乘機生變似迥不相侔也乃朝端無持正之人孤孽有獨危之苦既一面陪防其調發又一面渡海以挑釁從來無一舟一騎一盔

一甲寸鐵尺桿之給而惟責人以成功且無一絲一粟而惡聞士饑馬倒之說將來登萊之壞受病定在於此不佞不嘗議乎進剿則十萬亦不足退守則二萬已有餘今我擾南四衛無益而奴造船隻未完亦退守之候也昨趙老先生有書來詢欲調兵將若干以備勤王之用此最爲得策蓋取之數中一以免招募之緩不及事二以免增兵缺餉之虞也翁臺慮截住起運非體誠見垣一方之論不佞於心亦未所安然時勢至此別無良策計惟與戶部打成一片方可有呼必應而不佞於世爲絕物如烏之啞啞鴟之休留凡出不佞之口卽屬不祥之音又孰從而聽之亦惟借神力於翁臺轉懇趙老先生任之而不佞依其餘庇否則一方震動全省爲之不寧不但不佞之責亦同事地方者之責耳萬惟留神以必得濟事爲禱此正台教所謂守國之經也第看經撫仗倆不外一走將來山海亦復如是於斯時也手忙脚亂不知作何光景而

杞檜兇心猶欲於手忙脚亂中兼行中傷暗害之計不倖身首又不知撇在何處此則登萊之一場結局亦杞檜之一場結局而已矣近日章奏中有云只苦了皇上者誠千古之法言也國家遇有此人無亦推背圖上注定劫數尙何言哉尙何言哉臨楮不覺涕零

上高東溟書 壬戌三月初六日

醯雞井魚寸步不離海滋老公祖日月之照雨露之滋無時不在涵被中而以拙劣當多難之衝不自知手足之無所措歲月之急於流也逞承台慈錫之存問中心感刻篆結無窮每私圖另效蛇雀之忱以報崇深之萬一至於今而此身已爲四面夾攻之身逝將鼠竄荒陬與廣寧同其淪滅瞻覲色笑奉事灑掃應無日矣乃敢理其遡心馳候台端伏念老公祖挺出將入相之雄才久著內安外攘之偉伐而又當此亂極思治之時勢海內羣心靡不想望深源之一出以拯我蒼生者聖明眷

注爰宅元臣底定廓清其在旦夕朗先從此而往永籍餘庇以長爲太平之民慶幸當何如也唯是登萊用兵之法廣寧既失之後與廣寧尚在之日其道不同當事宜有主持建議者宜有眞見乃日競門户全懷欺竇借封疆爲斷送異已之長物借議論爲酬謝書帕之答儀寇已在門而不顧自己且無站脚處而不知舉國如狂若或使之天也詎人之所可挽哉朗先從此得遂魚沉鳥翔保其首領免抉目於東門視賊人之入吾國不亦幸矣但願既去之後我二三知己拾朗先罪狀而紀載之以與前後時論相券證傳之邦史俾千萬世之下知疆事之壞不在朗先斯不勝大幸也老公祖得無意乎肅潔不腆聊展闊悰深悚輶褻惟積誠既久非屬套儀伏惟老公祖鑒其誠而莞之幸感幸感臨緘曷勝瞻馳之至

上熊芝岡師 癸亥十一月初七日

謹啓朗先以認眞做事招尤速禍將至滅門殞命目前先已辱身敗名其無面目以見老師也三尺童子知之矣朗先自揣可勝憤愧欲死哉老師信其無他不即擯之宮牆之外千里存問倘欲榜以卓楔標其門爐溫言慰籍清俸下頒此乃越石父未易得之於晏嬰千古盛事何幸朗先之身親見之耶跽接之餘不覺大喜過望而感汗且交傾也迴思朗先拙鈍自信欲圖口口得之一味究心局內之事故即老師之前而寧抱闕口之歉今畢竟自投陷穽爲仇家所戮笑感恩雖深報稱無日撫時觸事欷恨何言謹以寵賜佩以周旋用當河璧苟有再覩天日之期當作師門千古快事頃見劉勿所被誣得白作存奇一書朗先此事不亦奇之口口也哉焚盥百叩望雲呼謝伏祈台慈俯鑒倘有衷曲肅布另牘統祈老師垂神伏楮曷勝感激鳴謝之至去病案自稟某院至此均照公手蹟精校

請秉公查問揭

竊惟贓罪從錢糧爲質斷錢糧以文卷爲憑據或幷經手出納之人爲證佐即坐罪追贓亦必從查算中得來未有懸虛無影而曰罪曰贓者前奉旨解任勘問幷調各項册籍以憑質對蓋欲得其贓之實以定罪也巡撫例不經理出納司道府廳州縣各有庫册文卷即招兵買馬造船置器等項亦由將吏與司道州縣經承巡撫若有私侵人卷豈能掩滅昨朗先疏辯錢糧款項與勘科查過數目毫釐不差非於所勘之外別有遁辭勘科原未嘗參朗先盜餉六十萬也惟以浪費罪朗先故辯以僅費三十一萬尚有節省九萬及現存二十七萬有奇亦即勘科册載之數非於所勘之中別有相反今勘册俱在試與勘疏比對已自矛盾蓋疏可以已意增減而册經司道府廳多官詰勘難以改抹也是盜餉六十萬之說已虛誣矣惟勘科疏尾云查算已竣疏將脫稿於屆行二日查點官兵始知登州原設兵九千六十餘名朗先止存七千或遞

年消長不一然以一歲計之不啻虛冒一萬又七千兵之中以一年計之定有曠銀一萬攘之入橐等語蓋以事無實據第虛摹其數曰不啻一萬曰定有一萬即勘科亦未有確詞也況於屆行二日查點官兵則臨行匆匆二日之內不及會官調册一一查勘亦可知矣再按勘科點兵之日距朗先任道已踰二年缺兵二千之說未知所由及見後任巡撫袁節寰事關兵餉宜明疏內開載裁減舊兵俱係海蓋道申詳省撫暨陸續奉省撫明文減汰者二次共裁一千六百餘名合之京操營原缺四百餘名正合二千之數而謂朗先私缺之以冒餉不亦寃乎至於曠銀原有成規多者湊放兵糧少者支給公費出納掌在府官從前各道登記在册朗先亦登記在册今朗先任內曠册已調取來京其從前各道册亦應調來質對如各道中有一年積得一萬者而自朗先無之即謂之侵盜可也如其不然安可獨誣朗先至於將此二項合而言之

謂朗先任道任撫五年共盜十萬不知朗先任登道三年考滿末兩月即叨巡撫之推内尚有半年接任驛傳道事而登營兵餉布政司每遲半年支給是實管兵餉止二年半即任巡撫則登道職掌登撫豈得兼攝况登道兵糧係山東省撫兼理不與登撫干涉又何從侵冒乎且任撫不滿一年今以道撫二任倍加五年坐餉十萬此而可加何不可加且其勘爲勘撫也非勘道也其勘撫分内事也有册籍奏繳而不能加以贓其勘撫不得進而吹求於道任也加之以贓而獨無册籍奏繳不知當日憑何據而參劾今日又憑何據而究追嗟嗟孤臣孽子何地可控人心天理千古常存惟台臺秉公查問據實奏聞爲無告疆臣留死後一段公案耳須至揭者天啓五年月日

剖誣揭

朗先一生孤孑半世浮萍雖在仕途實無宦術受某官只做某官之事

認得某事眞即從某事埋頭舍命而旁人之伎倆事中之禍福一則蠢而不知一則偶或有成於地方微有濟以爲天下事直須實任官亦惟實做可也故自入仕以來聘問不通於上國姓名不掛於通人自揣非涉世之具居易俟命而已迨遼陽失陷登萊震鄰議設巡撫中外同聲共舉朗先旋奉簡書非意所及且推舉朗先者惟撫按兩臺爲地方見聞其餘諸公素未相識因誤信實做未嘗無實知潛伏孔昭果有是理又思繆膺封疆之重當報特達之知必須乘口得遼而未能守之時又須藉南四衛岔口而顧內應之日速則有機緩則坐失故逢船即買遇器即置兵則必招已成之軍而驛騷有所不惜馬則必求上襄之駟而高價亦所不辭撒開金錢廣圖集事詎意戰守之議未定三岔之渡巳來直作歸馬放牛之想登鎭遂爲拇中之駢朗先尤爲眼中之丁又一局面矣由是而詰爾戎兵豈非濫費由是而課爾將士豈非匪人由是

而進以讒言豈非瓜李謂入之徑千百其途詢之輿評則又以孤立寡交莫爲排解夫黎邱有鬼能使眞子見疑於所生曾參殺人能使信母投杼於三至况朗先無曾參之孝聞而謗伎更神於黎邱之善幻耶詎不令信者疑而疑者詫耶然於其幻處可以推詳而得其眞初時不誣朗先以蓄奸細通口口者乎不售不又改而曰與鮮使道臣分帑金二十萬乎不售不又改而曰登萊兵反攻城刦庫乎不售於是改爲盜餉六十八萬之說於是敕使往勘則又未嘗盜也乃曰爲登道時盜十萬竊思之世之所以殺朗先者專云任撫時之盜餉也今又幻而爲任道時之盜餉勘科之所以坐朗先以任道時盜餉也而設撫時同聲推轂者則又因任道時之治行何幻而又幻至此哉於此知實事之未易任實官之未易做也朗先今日亦惟服膺居易俟命一語遇鑑空衡平之君子庶得其正命此來不過待死得其正命死有餘榮矣敢即勘科原

疏爲正文而逐節詳剖於左中佚以上四十一節皆就勘疏所指及者剖之朗先小疏並祈皇上敕原籍撫按或即敕勘科到臣家查勘以知臣之廉貪蓋深見仇家必欲殺朗先而後已故最初流謗即借大題目以立說不虞其屢變而不售又變而誣之於任道之時以媚權要今若勘之任道而不得必將流言曰帶道時有何事當勘也倘求之帶道時而不得又將流言曰任府時有何事當勘也朗先一日不殺勘者將奔走道路無日寧居矣今以小疏及剖誣各節謹質於君子以實罪案朗先一生獨行不念回頭原欲效忠於國家而竟自速其死命也命也復何言哉

拒扳稟稿

罪繫原任登萊巡撫陶朗先稟爲完賊無策嚴比臨危懇發單坐派以澄明旨事竊念朗先原係實心任事無志溫飽之人且緣登萊一鎮從

朗先手內創始一切置備浩繁未免費用太廣卽勘科疏册原非謂朗先侵冒入已也今將用過錢糧概不銷算竟於朗先名下追賠或是新法當然但朗先錢糧用在公家不曾入已安得有貲財打點況自反無愧何須打點朗先若欲打點何不向要地呈身打點於未參之先或往勘之際顧乃打點於既逮之後惟不會打點致有今日身攖重辟關木囊頭日受榜箠命在旦夕不知隳扳何人果有貪婪無恥需索邊臣之人不妨開示指出以全國體以保性命只因耿介自守信心聽天甘受痛楚今欲任口扳人已非素願兼傷朝廷平明之體且恐扳之不當已扳者收爲縲囚未扳者又欲揣摩株累是因朗先一人而使天下皆罪人也恐非本部持平之政并昧朗先天理之良遺穢千載死不瞑目既奉明旨謂內有訪單懇將此單發下不論虛實一一照單派追勒令完贓豈不直捷爽快庶不煩揣度不累多人并使朗先執此單以告天下

萬世知非朗先素願則政體一新理財有效罪臣口塞後世稱平至所坐贓銀既照勘科參數盡在朗先一人名下追賠則亦止朗先一人身上之事何必輾轉波累若據各府州縣册籍銷算原與坐追之數無虧幷朗先亦似可不煩拷掠而罪臣爲法受惡初非侵盜入己情節亦乞稍爲剖白以希聖鑒則朗先雖立時殞首魂魄俱安矣

血書與學贍學易兩兒

我今必死矣八月二十三日李大司寇本上票出嚴旨追比十日一回奏今十日矣鎖撫司諸公五日一回奏贓完而身終一死况我囊無一錢者哉然致死之由汝輩不可不知我事極易明白祇爲奸黨欲借我口誣害諸賢殺戮削奪恣其所爲罪則歸之我耳六次極刑不順其意及汪文言供出楊左等二十一人而殺我之念已不可解今楊左云亡慮我不死見聞獨眞來禍不小必欲殺之以滅口我一生耿介壁立無

黨知我者尙能推見至隱不知者直曰死於追比而已身死名辱夫豈甘心自内魏勒照參疏坐贓我即具勘册剖明因奉旨禁揭不敢抄遞今擇其尤要者封回凡二十四封皆有道府印信及勘科原行疏與册孰爲可憑則盜與否不言自見一爲勘科册二爲贓工册三爲民屯册四爲民屯造船册五爲登州兵馬額數册有此五册寃誣瞭然矣此我身名所繫之物汝可好存之其他家事無可言者惟祖父八旬我爲長子鹿鹿公家之急不盡定省之歡又以淸貧不能備養終罹非常之禍震驚其衰景我眞罪人也孳孳矻矻只爲公家以成今日柩歸無地可厝古有虆葬以悟君父者亦聽之置我者而已廿載忠淸可對天日天不負我汝輩當得更生勉之勉之鞠躬盡瘁死而後已死何傷哉死何傷哉天啓五年九月初三日絕筆

卷四十五 完

同邑 柳棄疾 鄭瑛 校錄

卷四十六　　邑後學　陳去病　纂輯

明四人

朱　鷺初名家棟字白民一字西空自號青浮子又稱荒史氏諸生分湖人晚隱華山壽八十餘卒有建文書法儗前編一卷正編二卷附編一卷今存

建文書法儗自序

（上闕）文皇帝法天顯比之智顧出唐宗後乎書法稍降春秋義而用其通可已必若內靖難外建文未尊先躋未遜先絀踵冠而頂履其誰是之是載筆者之任也鷺儗供執殳耳建文亡國無大變祖法削親藩兩事彙而書之今日廢某王更某事明日更某事廢某王若死其祖若刃其支亦既足振暴其罪而靖難非無偁矣迺靖難錄等書汚衊建文君若

總千古之惡擢髮不足以數者當時孝友懿行勤恤嘉理槩從滅沒不少載是口乃大傷高皇帝傳位之明而俾建文抱寃詬千載下莫昭雪也黨聞之信傳信疑傳疑史體然矣舉大瑕不掩其細瑜夫亦盛德事乎黨故搜其足予者與貶奪並存萬世下讀而太息曰夫以建文之質之美也而用人一不當坐兩事而亡也忽焉不足垂永戒乎屬載高廟實錄中者經革除後點竄又難憑以爲案矣諸建文死節臣出前古未有蓋胡運休正氣激適符高皇帝德化之速關係一代風俗甚大文皇且與建文共之矣最著曰方陳練鐵十餘臣至今長于人道之有泣下者而聖政記載方曰叩頭乞哀顚誣若爾猶謂具心腎肺腸者秉筆乎哉故知非出文皇心而秉筆諸臣忍殺他以自寛也此所謂靦然人面獸息而禽行甘沈淪永刦不出者也大哉皇上初年詔曰革除諸臣甘蹈刑戮有死無二皆我高皇帝儲養忠臣義士用褒表錫錄一一推皇

上此心肯令諸臣有一人不獲揚芳史册者乎洗誣出匿畢昭正史無
使蒙寃筆下埋照千秋鷺所願于今日又其一矣至鷺論贊種種無非
取備勸懲竭一已之識力以俟當陸班馬櫎管芟鋤非所敢望也亦曰
無負曩時侍讀冥授兩因已耳不知鷺者謂鷺何求倘或有牛鼎之意
乎則大亡恥矣鷺請矢諸天日萬曆歲甲辰春三月朔日吳郡學博士
弟子員臣朱鷺惶恐稽首書

建文書法儗後序

幼侍臣父國祥讀見靖難錄几上舉問父父道洪建永熙事歷歷如掌
鷺自是喜獵國朝書多借讀每至建文逸事輒爲動時時手錄之妄擬
獲對大廷首以復革除請不意河清難俟鴻漸無期臣父業老於儒而
臣又將以儒老一編野成聊寄初志然鷺書甫就而復年適遘亦足奇
也一萬曆甲午候試金陵偕友王在公弘濟寺祈夢在公得火龍渡江

兆鷺夢踴身白月天朗徹下方世界已忽被高皇帝命授臣四金字曰一朝表譜放榜日在公中解額鷺無聊散步憶前夢白月兆出世當學道一朝殆指建文嚮所志也獨不解表譜義卽日閉邸戶草小奏旦走謁孝陵丹垣外叩首焚之祈默啓復建文年夜輒夢高皇見大身天顔甚和懌鷺覺而驚喜不自勝謂草莽一念何遽能假皇祖在天之靈其冬書法纔成冠以年表及諸臣譜則恍然悟表譜二字着落明年九月皇上復革除之旨下矣神哉高皇帝之諭蓋先見也二然鷺成書不寧唯是兩因故進取遂睽決意長隱副學道兆一編備史采亦云不虛二十餘稔青衿公案或少裨聖化萬一當杪忽功行耳鷺同日識

攤絮迂談自序

談建文革除事也時未遑今上允復年號盛德事予音嘵嘵贅矣語又半入書法中而此復全存者不忘始也亦慮析入者調貫靡竟未得直

通鄙意耳鷺識（棄疾案擁架迂談刊入建文書法倣附編卷內）

讀遜國紀小論

鹽官鄭端簡公吾學編猶西漢司馬子長之有史記可謂鉅筆然其紀建文以遜國非也標之以遜國而建文不得列于帝紀矣名偁甚美而害于義顧曾不如仍革除革除雖害實固在也今天子允復年號而建文依然一朔矣眞大聖人作爲瞻仰萬代惜乎曉不及見之鷺識

皇太孫小論

是懿文太子之次子而高皇帝仲孫也曷稱太孫曷正儲位曰太子薨矣長孫雄英先十載卒矣是懿文出者盡可推而及也以宗法論也謂之世適臣鷺謹識

止諸王臨葬小論

止諸王臨葬計無失于此者上下從茲隙矣父子天性哀痛至情以背

棄之日而弗克躬臨其葬其誰能忍之不勝忿忿生心固然曷足怪乎當是時海宇未波堂構方宴諸王分雖尊勢雖重其必不因父喪以爲利起干戈于苦塊之間何虞之謹也明示以猜而欲人之無猜得乎齊黄短謀已見崖略加以方正學之迂貞日求更化而曾不虞難盡趣亡之器豈保定之材也特其烈烈而死不媿人臣大義無罪不贖耳夫以太祖之神聖而顧命遺臣猶然有此信乎得人難也臣鷺謹識

燕王入臨小論

難端見矣遺詔先之也父死不奔喪其何以令勅符勒歸重猜貳耳曷益乎若詔書未至而文皇先來弗可止也其不奉詔亦弗可止也臣鷺謹識

革冗員省州縣小論

撫世馭民代有機局紹洪武後而不知安靜以需至治是失局也建文

上志切養民而所爲多戾四年之間今日省州明日省縣今日并衛明日并所今日更官制明日更勳階宮門殿門名題日新雖以干戈倥傯日不暇給而曾不少休一何擾也傳曰琴瑟不調甚者乃解而更張之當時甚乎不甚乎而樂此紛紛乎此正學之過也然在後世民殘于多牧祿縻于冗員重以中官出使道路繹騷則汰官省邑二事固亦有足采者未可謂建文時政畢竟非也臣鶯謹識

執廢周王小論

人臣無將將則誅然以手足骨肉之間有異志無叛徵處之要自有道太上默銷之賈誼之衆建主父偃之推恩是也其次化諭之至再至三而後加討焉猶曰議親之辟不可過也跡周王已事第不能兢兢祇慎法叛謀未布聞也重以貪夫恣索强坐不原逼一王而諸王心戰又可禁乎相繼告變雉罹龍爭卒成大故伊誰咎也大抵齊黃計躁于削國

而慮不能遠正學志迂于法古而目不見近人事實錯誤可謂盡天意

耶臣鸞謹識

建文謚饗論

皇帝儕謚所從來久遠矣此儕年何通謚之窮也有謚儕謚無謚儕年存帝已矣夫謚以易名也仁暴興亡之主得共之亡不取焉建文何以窮于謚耶革除故年且除何問謚然而年不可不復也苟得請焉雖追謚可也臨以高皇帝在天之靈而酌之萬世人心之公是奚不可之有即被以極詬蒙之大辱固亦無傷焉曰得齒于一王之列而已矣本紀就年儕帝夫亦書法之變乎按謚法在國遭憂曰愍在國逢艱曰愍禍亂方作曰愍使民悲傷曰愍此四愍者建文幾備之矣儕愍皇帝其亦可爲敢覬嘉號我高皇制法親王一謚郡王二謚親郡王而非譴終亡弗謚也矧紹大統正南面儼然臨天下者四歲顧弗得一字之及乎哉

則是建文皇帝曾不獲列在郡王下也正恐能削其名者不能滅其實終爲欠事耳必難一謚意倣古少帝略倂即非至當義然足通也江上老人詩不曰少帝亦何尤乎此其可采者亦一義也或曰即幸而復年矣追謚矣建文居然一朝矣其於廟饗不亦難乎不與饗不成一王與饗如九廟之額何曰是無難也禮祖功宗德百世不遷非此盡遷也建文廟饗固遷列耳今其主在陵寢而入之祧廟不亦可乎祧廟三年一祭於禮非數而於九廟之額無增損焉而又可以明世系正昭穆昔者魯躋僖公以爲閔兄也閔實先僖立而春秋譏焉傳曰易神之班不祥又曰春秋不以親親廢尊尊父子兄弟不同繼而同倂世何則重統也建文非一世之昭乎安得以失國之故叔姪之嫌而擯去之去之是虛太祖之一世也是無昭也故夫建文不可以不存也雖追饗可也然而復年要也年誠復即廢謚與饗不害年不復而一代之統紀乖矣其奚

以信萬世臣鷺謹識

建文年號論

古未有君天下而不得係年者漢惠帝養他姓子爲嗣而高后立之非正也史故不載然而猶書呂氏八年何不遂以惠帝統之年所用表世傳正統紀不得而假也昌邑王賀自藩邸入不道大將軍光白太后廢之廢立在本年內又外入也故不書唐中宗嘗一貶爲廬陵王矣綱目書帝在房州武氏固不得而沒之也豈其名正實彰四歲天子如建文皇帝也而不得係年乎哉孫蒙祖號死亂生年失無大于此者以爲亡國之主與古之亡國者非一姓其誰並年而亡之以爲德不足存與顧何如桀紂桀紂固有年也況建文弱齡未壯能以興致太平爲已任躬郊視學復高年勸孝弟舉賢選能問民疾苦孜孜汲汲不少自暇逸庶幾哉守成令質乎高皇帝夙以仁孝脩之而當時政聲亦曰務寬大能

得中外心雖變亂成法而咎生于慕古雖刻削諸藩而要亦自爲社稷
計何得追滅之耶不寧惟是有天下者父爲祖則子爲宗百世不易之
理古未聞父子俱祖者而自我明始太祖以創業稱祖成祖以守兼創
而世宗皇帝追隆之亦稱祖豈不有當顧惟是有建文以間乎其間而
後二聖不妨並祖不然子父相接也而俱祖耶故以一代之首而虧一
葉非體也以子父之接而平列爲祖亦非體也明史將爲萬世觀其得
不深慮耶即不爲建文計獨不爲文皇帝地耶至哉楊文懿公之言曰
國可滅史不可滅愚亦曰位可革年不可革即當文皇帝在御不難以
義爭之況今日是非已定正聖子神孫所當幹蠱補闕時乎鄭端簡公
考昭皇帝長陵碑文稱我皇考文皇帝駐師金川門遣入奉章言所以
不得已起兵之故聞建文君自焚皇考慟哭曰臣之來也固將淸君側
之惡用寧邦家何不寤耶遂備天子禮葬書其殁曰崩是文皇名沒建

文實未嘗沒建文也其即位詔諭臣民勑封功臣勑曷嘗不俾建文文
皇自革除之而自俾之畢竟實難掩耳昭皇帝雖文皇帝子而不勝痛
惜建文之至意則天下萬世之公論從茲決矣臣鷺謹識

更定官制小論

官制祖周官夫亦慕古盛意乎獨不念高皇帝經理天下三十年百度
貞密何者不折衷于周官乎善法者師意何遽不如古而騷然變更乎
孔子俾孟莊子孝而獨難其不改臣若政建文君臣何改之忍也至其
削奪諸藩亦有動于漢晁錯計而卒用亡天下總之咎生慕古之過歟
臣鷺謹識

卜萬陳亨小論

異同之爲事利害也甚矣哉彼已相能固于堅城一水一火闞所自起
若亨萬同心一德其利斷金誰剸無間之刃哉亨既忌萬將亦有意色

可搵而嵩曾不覺何哉也志曰當發不發大賊乃作卜嵩之謂乎亨以叛全萬以忠獄寃哉其亦足以爲共事者萬世鑑矣乃江陰侯之廢頽亦類是故并及之鷺識

諭誡將士小論

是興亡一大機也内兵心忌文皇膽張此怠而彼奮此瑕而彼堅又何俟接戰覘勝負哉夾河戰後文皇直抵京師無退計挺身當前或單騎殿後上敎之也夫不忍叔父其自忍乎眞宋襄之仁義也若欲勿殺則如讓之欲兵無害則如巳之讀史至此而不啞然笑失聲慨乎當時在廷諸臣曾不出一言相難何與殆天蔽厥衷而默以相靖難之成與臣鷺識

能齊黄小論

謂能齊黄足弭靖難邪何愛二人而不以謝天下卽二人亦何愛一身

而不以存社稷授而甘心焉可也如漢景帝斬錯東市亦可也名逐而實留之欺遠損重謂國體何度文皇有心是特借二人以發難逐亦來不逐亦來又安取能二人以快敵示朝廷怯嗟乎此二人實釀亂非能賢也陽逐之陰留之至其後也旋逐之旋又欲還之幾見用人如此而國不亡者臣竊識

武弁叛走小論

人主之意嚮下所環而應也捷于蕘轉神于鵙化得其然而莫識其所以然夫高皇帝起布衣濠上奮一劍成帝業專意右武而當日干城爪牙輻輳歸命爭效死力以集事勳名爛焉方是時左班不得望幸澤而亦無短長可效不過定制度修誥章兢兢奉上旨而已及至建文皇帝注思講學恬武競文縉紳親而介冑疏于是翰苑有錫諡倚書登一品四稔之間氣若移焉而文臣莫不踴躍致身趨死如歸其凜凜著亢節

者亡慮彌百數蓋振古一創見而武臣卒懷攜貳叛附接踵其臨陣生心甘爲虜縛者多至千人皆身爲將帥都督指揮者也砥柱頽流增國壯烈自魏公輝祖父子暨謝公貴馬公宣朱公鑑外幾何人哉噫兩朝相及曾不甚遼一何文武離合之異也豈非上所化哉故夫人主治天下德澤威嚴格之或不足意嚮移之而有餘矣臣鷟謹識

享廟小論

國之大事在祀與戎建文四年間將亦有蒸嘗禘祫歲舉時舉之禮而遺編落落無考僅出征告捷兩書假廟豈以彬彬禮文之主而忽鬼神廢不享與亡其遭革除後逸而不收者多與

夾河風沙小論

謐誠已足藉敵風沙又佐敗焉于人爲亂命于天爲下石天人搆厄其可振乎國之亡也其何日之有審是齊黄可無咎也鷟識

遺人貽書燕世子小論

誘子刼父殆所謂急而走險者邪亦不念先以逆教天下與幸而無成成乃羞萬世孝孺生平以正學自遇動軌聖賢何相背之戾也仲尼曰顛沛必于是難言哉書曰遺人微之也罪孝孺也鷺識

皇少子小論

王世貞曰傳信錄併宣宗即是建文子又云文廟以宣宗爲太孫諱其實不言故英廟憲廟以來皆不自知其爲建文後也按文皇入金陵時宣宗在北平已五歲矣何誣至是荒史氏曰夫以文皇帝之爲慮淵也建文母弟三人相繼貶廢且暴死除害莫若盡勢固然耳又况建文子邪即有之文皇不解出所育宫中朝祖廟而明告之國人曰是建文子也朕以大義侷若父終不敢私天下吾子而仍畀若子有天下是堯舜再見也而顧沒沒而已乎事不足深辨錄之亦以見書不足信蓋如此

臣鷺識

泰子澄奔小論

泰奔廣德之澄奔蘇州聞變也曰徒赴死無益不如他之以爲後圖荒史氏曰何後圖之有泰子澄可無奔也仰天椎心向闕慟哭曰臣不佞誤國至此萬死不足贖四拜引佩刀立自决也其庶矣哉被執然後死雖不屈晚矣鷺識

革除年號論

方文皇帝駐師金川門猶奉章皇太后曰討賊輔成王不得已來朝耳有如建文天子誠將吏且毋用兵拒戰出九卿中官百數人城外雍雍然執旛御蓋以親王禮奉逆曰聞殿下欲法周公輔成王成王敬速以入而天子身自袞冕臨朝設周公所負扆以待文皇帝且奈何勢不得引嫌自退而必且假手必且推刃以居天下之不韙幸哉不出此也遜

去焉崩闕焉若虛位以須文皇之至而文皇得宴然有之而無所事湯武威豈非天相其間以善文皇帝之始與爲文皇計宜召父兄百官而告以骨肉不幸之意曰既不獲遂予輔成王初志予敢以高皇帝天下付非其人予不得不立則爲建文上議謚議廟饗議修實錄議封後綢繆委曲不勝哀悼之心而絕無快意一逞之迹足可有辭于天下萬世建文不失尊號文皇不失顯名豈不善始善終哉顧急急乎革除年號追廢天子此何爲者是異姓仇讎相尅之所爲而安在其爲骨肉之不幸哉且何以解靖難也夫靖難執詞庶幾天下之公義而卒疑于私則革除之爲也況文皇帝正位之日亦既發喪治葬一如天子禮矣豈其生擅天子之尊死蒙天子之葬而史獨貶而偁君年獨削而不用邪以爲建文不足存也皇明之一葉亦不足存邪我太祖高皇帝掃逐胡元再闢宇宙爲古今盛王而令一傳剝蝕四祀無主實纘而名絕之生榮

而死辱之儼然正位華夷同仰既有年矣而一旦胥名實而剷滅之辟如白日正晝而欲掩爲昏宵則誰能信且也高皇帝演沒後之年是死而生之也建文天子匿生前之號是生而死之也之死致生之生致死不兩倒哉迹疑于私而事入于倒此忠臣義士之所浩歎而深惜非惜夫建文之不存而惜夫文皇帝當日之舉之誤也嘗觀文皇帝發謀舉事往往遲疑于天命人心去留之際未之敢驟迫而後動不得已而後起上書則引祖訓執辭則除罪人諭志則曰法周公其心固曰吾一不當而萬世之惡歸之也及至城門不攻而自啓主君不校而自亡何憤不雪何怒足留而又必革除之爲快哉烏乎豈謂文皇帝之聖也而德宇若是其不寬宏耶當是時靖難諸臣必有挾淺薄之見肆殘刻之説以從臾其間者宋太宗問趙普後計普對曰太祖已誤陛下豈容再誤而太宗意遂决諸臣其少普之徒哉卽如賊臣都御史陳瑛天下平定

踰三時矣猶請追戮建文臣賴文皇帝置弗問况乃更擅之際乎又何所不至哉竊謂革除之舉必非文皇帝意卽有之必遺恨于在天之靈耳豈惟文皇帝我太祖神聖逆知皇孫之不足與守成自其新月詩覘之矣嘗屬意文皇帝而遺詔卒立太孫無動搖意太祖固曰自我創有天下葉方開而遽亂之其何以示萬世他日有庶奪嫡孽抗宗者口實我矣亂一傳而萬世之傳足慮高皇帝其忍乎哉夫一傳而亂且弗忍况舉一傳而滅之乃獨忍邪竊謂高皇帝在天之靈亦必不安此久矣釋二帝在天之憾而慰萬世人心之公以正統紀以信史册又可一日緩哉斯聖子神孫所宜亟圖者也敢無望于今日萬曆甲午冬日臣鷟謹識

建文皇帝贊

元覆明興若五夜之須天曉天實篤生高文以開南鎭北縣爲永晝而

特借建文爲靖難徙鼎之端雖有懿質其克究乎變祖制削親王起[illegible]大故而不知收求前得蹶求解得屯坐自階厲以促厥祚此所謂天益之疾也傳曰天之所壞不可支也建文之謂乎不然春秋方富銳意太平若不及如建文者眞可謂有志之主儻其佐理得人審機識局易紛更以靜守代削除以推恩朔端無事藩邸相安海內化于長厚浹于文敎雖配高世饗豈曰忝哉胡遽喪也天實有心又曷咎焉臣鷺謹識

魏國父子贊

夫女弟在燕而弗爲牽也一姓嬗命而弗爲假也棄元勳世爵之享而縲紲幽囚以死弗爲悔也豈非世臣之極忠乎胤子固乞守墓憯焉心傷儻亦有恥食周粟之思焉父子烈烈存歿生光哉世見增壽貳心以爲一門正氣遺恨不知天開中山俾南北世封以食報無窮也鷺識

王省陳思賢贊

世謂方正學死節亢出諸公上或嫌過激播毒千人皆非也身受隆遇所自樹曾不足報萬一而亂亡在目莫知救抑有助焉此詎一死可塞責者即徇九族波及交游夫亦何亢之與有如練公子寧鐵公鉉暴公昭陳公廸十數輩其烈烈而死眞亢出諸公上已然猶曰膴仕也厚任也獨怪王公省陳公思賢薄坐廣文之氈輕無城社之寄繩大義者亦何暇毛瑣以及二公而二公從容論諭爭格生徒一觸柱以糜軀一哭位而就縛直區區求不負朝廷豢養已哉隱忍苟活留憾在心彼必去此而後快而何計乎任之厚薄與夫義之緩急歟殆盡性至命之學力也儻亦建文天子敦尙禮樂廣厲敎化之效歟其時曾不盈四稔一何漸洽之深也意高皇帝鼓舞豪傑有素畜厚而騰茂歟夫建文寬慈撫世而福祚不終幾爲後世姍笑獨其人心懷戴殉節爭先勃出一時標貞千載建文若增而重焉烏乎亦旣食其報矣鷺識

龔詡儲福贊

詡方少役又在門最微也大慟去國慷慨有餘一何壯歟可愧死迎附諸臣乃其後學堪薦辟而終不忍負金川之一慟而塵埃一官又何貞也福不以行伍自鄙薄恬焉餓死以舟爲歸庶幾從容就義者哉何必采薇絕粒者之爲亢節也予特表翊書之而福以後死故附書云鷟識

梁葉諸君子贊

緇服黃冠用自活悲其志鬻書挾筴操舟悲其業衣葛傭雖冬不廢有惡與偕出不與偕返之思補鍋匠塞馬先生市哭牽衣幽吟劃壁所謂同心斷金者耶東湖樵之愕然投淵彼其心肯以負薪終哉孔子所謂殷有三仁各行其志而已矣當是時鳥舉雲匿胡可勝紀紀其可考者

鷟識

景公清贊

異哉緋衣公懷刃弗試旻象早徵一念便已千層霄耶報韓雖不成天地皆震動

王賓贊 有紀

先生字仲光號光庵吳高士也未冠父歿終身不冠偁孝子夙善姚少師少師埽墓歸吳謁仲光再閉戶不見已徒步往乃見之談良久諷仲光左右文廟仲光遽墮甌而仆口目俱欹家乘云少師三謁王不肯見從門隙窺見呼之王答曰和尚差哉蓋以鄉語應云有文集若干卷至今未刻嘗治醫故又以醫名亦其託業云

贊曰仲光先生姚公克一所降心以從士也少師烏得而辱之墮甌而仆口目俱欹此古放言自廢之故智哉庸以遂志亦以保宗孝孰大焉總角而老痛父命之不逮其小者也

壬午諸忠臣總贊

爲臣死忠莫烈壬午事致厥命血鍔膏斧五宗雖痛寸心自賈生四祀光流惜千古帝曰褒哉卬用作譜

黄華合評 有引

萬曆癸丑春二月山史潘景升在吳門約余遊黄山同日發舟山史既抵家省侍余逾年乃始得至山史怪之余曰吾先太華游耳大信不必敢以華游紀呈笑山史喜曰恆正有意乎太華也勝孰與黄山比余游黄山下亟問狀且索紀余曰黄山不可紀也紀以貌勝勝至筆弗能貌我有貌華山筆顧獨無貌黄山筆山史大喜曰我固意之果爾耶雖然子之游歷多矣東遡海北浮河西入秦中入洛秣陵之藏具區之蓄武林之兩目鄢郢之嵾上豫章之匡廬畢羅胸次都有紀詠黄山獨難一筆耶豈可無説而處于此其爲我略評黄華可乎余唯唯作華嶽黄山合評

評曰黃華並奇骨也華雄黃秀華大黃散收雄大行其巔目盪胸開一眺而飽擷秀散踵所至憐心醉魄在在飲人太華如磊落丈夫氣概壓羣所少幽致黃山如文采學士流映四出轉覺多姿太華如天大將軍身一現而羣魈滅沒黃山如百千天女妙莊嚴相臨凡而冶豔都慚太華如四天王大分親須彌頂日月游行出其下黃山如羣仙會燕瑤池閬苑三島十洲集其前若乃以杙陟以郎當度猿猱苦之險以成其奇太華然黃山否也四五月瑤草瑤花彌滿峯谷盛夏如春山爲增麗焉黃山然太華否也太華三峯确而少理但驚陡上黃山諸峯纖皴巧斲盡可盤桓太華一石動橫長畝多如覆敦黃山無盡藏石豎立橫蹲備諸幻肖太華之松僅六七虬柯凌霜上古黃山之松千柯千態畢王石端不寧惟是太華三代以前之鎭獄尊天祠神不供養佛黃山近闢靈區精動三宮輒獲迎奉毗盧如來及十二願佛大悲文殊普賢諸大菩

薩一一黃金寶相得未曾有太華羽流香火高者爲全眞黃山皆比丘焚誦次亦優婆塞行師普門超然法器堪與微語商向上事一乘師首開師子林爲西偏賢山主游屨至非師林不能安食寢也品量略以陳矣或言黃山有虎跡霧晝月夕不能安步若爾諸勝華山者此亦足相當要自兩間奇峙未敢於中置甲乙也山史讀評而軒髯笑曰夫亦猶得紀也又贏一華遂書以散諸同游同游爲張季黃方若淵若繩往返浹旬八晴二雨適也季黃力疾上文殊嶺膽股俱壯勉之還二方日總雙髻後先杖屨共池浴共登峯共汎雲海共攝身光于飛來石旁之攝光塢攝光塢予所命也季後一日上仲先一日下山史潘景升以逼小祥程申之以事宛廊䙡中張韋玉以初下帷曹氏館弗偕游繆太貿寄聲黃山秋以爲期歲甲寅夏四月之十二日識黃山志云先生建文書法儗南史筆也黃華合評猶有不阿之遺風焉

毘盧佛頌

稽首毘盧尊面面殊勝相七座非參層四列無背向圓滿極光明橫豎徧華藏佛佛從此出刼刼無餘長名義融顯密性海表無量以何大因緣黃海獲供養比丘福慧力安受三宮貺黃金爲莊嚴法寶同憑仗乍得抉靈區終令永瞻仰黃山志

羅漢級頌

離欲尊者五百示現山級偶符表以企善奮步無住越堦無羨原無首尾一骨同奐脫下則樂上出而晏山史作倡贊以羣彥亡日登登我行斯便胥踵諦思出塵石面黃山志

蓮花峯頂不立名字广記

黃山峯數第九曰蓮華峯頂石嶙起若蓮瓣簇故名又是峯中處羣峯迤邐相嚮成一大蓮華故其高九百仞陡上鮮有陟者又兒建豎行師

普門搜冥淩絶經累月相之躬爲抉其竇塞通其霤罅高高下下宛轉上尋得殊勝致稍挾濟勝之具便可躋而升也方拮据數椽欲广其上予適來山中師一目予卽契遽拉同登曰是第一來試陟者先引至新鑿池厥泉滿冽爲題勝水池三字稱師旨師言蓮非水不生經有勝蓮華之稱云广基當頂石下縱橫可二十笏佐之定方向得寅申局朱砂當膺光明負背天都腋左大悲頂之兩金剛腋右見大奇特予問广成當何名師曰正不欲安名字予瞬師師亦瞬予相視而笑少憩縱步頂旁下臂二鋭石離立各虛一仞許闊高可三十仞絶似華瓣欲出遒峭可人顧無緣接莫能度予奮躍度其一師曰居士乃能去耶予答我不來也師笑曰好好只怕恁要來予不應又睥睨第二鋭師曰更能去不予曰只去一不去二師肯首既下覯匠作斲柱卜詰朝立柱也爲萬曆甲寅夏四月之三日予探囊得賣墨竹貲修字號者勞匠師同游方若

淵若繩私問予不立名字意予直應曰此表法也大清淨心蓮華爲喻是相卽幻是名卽假是峯居衆峯之巔是广居衆广之上向上一着言思不載名字安着師婆心熱切便欲借此接上根提下根矣二方莫逆舉以似同人潘景升張季黃程申之孫石鄰張韋玉皆莫逆遂書爲紀致普門師師曰又多乎哉是第一來試陟者據黃山志

報山史潘景升

太華直磊落氣可驚四筵不耐獨坐黃山奇秀日出一石一松足了一生足快千古同上

致雲來箴

許久不晤爲念適有華山住持新肩事者卽寒山白輿上人也以積勞生痔用醫乖誤今復從患處起毒朽謂此非吾丈眞天醫具法眼一鑒定不可寒山因發勇猛心願延駕卽刻觀其大勢而救起之吾丈生平

不輕舉動而手到必成神効于杇分上特慨然冒暑而出深感道誼骨肉之雅也但到寒山老杇自來晤面亦定不敢要丈白白布施也一笑眷杇朱鷺頓首雲來道丈足下廿六酉時筆（去病案此書手蹟今藏邑人沈廷鏞所）

致朗癯牋

客歲奉答一書謝枕瓢之示近命兒子致台蕩紀游想俱到宅第未審曾入覽耳適見兄念佛六偈念後掃踪絶跡念前無點無埃驚喜甚兄便已證念佛三昧耶弟仗佛緣已安住徑山方向法藏海中了夙願向上事正在中流未濟也敢不借潤先證獨晤言未卜眷焉與懷亮同之也聞兄有法螺之約畢竟踐否頗憶凡夫望兄眞切然已往事矣默孫諸兄相見或便間幸爲弟致聲秋閒以嫁女緣一還吳門道便或當作半日晤耳法弟朱鷺頓首朗癯道兄（同上）

與張異度札

數欲寓書候安不敢以寒溫套瀆聽覽耳且知吾兄定力日堅眼界日闊一切冰炭苦甘日平等決不隨波浪轉念也如此則受用不如此則不受用天下決不謂張異度不堪薪櫍材何足介介耶不肖弟今歲奮游太華于陝匡廬于江右每當窮脅時輒以此身置之度外竟以此得力完其傀骨而歸願吾兄勿以畏途役我自護心也不肖幸甚諸相知幸甚不肖制弟朱鷺稽首拜異度吾兄足下去病案右札眞跡藏沈廷鏞家都行草十七行

墨竹跋

數枝得十有八此余初見寒山長筆也枝葉離奇以不求工翻不入俗調耳合前册十二成三十大幀且得與觀大士百四十尊像同藏悉曇閣便是大悲菩薩現坐紫竹林中離爲二實合爲一矣獨計年久迸不無歲月之感云天啓壬戌夏五鷺跋去病案此畫眞跡今藏邑子柳公望所

朱　鴻字叔堅又稱一簣山人鷺弟

劍掃跋

昔人讚坡公胸中有萬卷書下筆無半點塵予謂破萬卷易絶點塵難讀友人湘客劍掃編故知慧根入於舌間不作錚錚響一種醒世熱腸良獨切矣字挾風霜聲協金石試之馬上當與新語並行較諸雲中足稱文賦媲美予捧之爲枕中祕適寒山趙凡夫暨余家兄白民闖而請閲之共爲賞鑒予因以冷語結之曰湘客業已劍掃矣願以此劍倚天外一蕢山人朱鴻跋

秦道一字鶴埜黎里人萬曆三十七年己酉貢士上海訓導

瑪瑙庵膳田碑記

蓋聞竺乾氏之旨崇虛無重普濟而遺身世乃眞禪實行政不必毀常滅性夢幻人世故或欲伸報劬勞捐已有爲佛門溉常住業總爲以虛無心行普濟法吾里西滸爲瑪瑙庵中供大士夙因湫隘且傾圮蓋因

常住無尺寸業故居是者卒同傳舍日就荒蕪萬曆甲申歲得僧實齋爰居之信道嚴篤有向時伉儷唐氏亦知皈依相與披荊闢草遂爲茲庵開山其子普思上人以父爲師益脩戒行奉行衆善雖樸實不事周旋而拙誠苦行自足感人里中善信翕然敬事庵中規模日廣煥然改觀則尤上人建樹力也然時移歲久安保萬年一日於是罄所積置其大鈔字圩四坵內田三畝六分以爲庵中常住用意欲藉此以報罔極恩蓋上人既出世其置田之資固非世俗營求亦非檀越施捨悉其朝夕頂禮與衆懺悔而爲人所樂酬銖積寸累用能畢其志而有是舉猶念旋置旋廢可虞因謀立記以圖不朽俾後人與俗姓均不得擅更易此非欲彰已之能抑實爲庵中存遠慮耳今世釋氏往往外蔑萬有陰便已私上人獨念身所從出建可久之利爲後來永賴不離身世自證明通是眞虛無眞普濟也于是里中諸善信慶斯庵之永垂嘉上人

之善行爰勒之石而紀其實如此據拓本

中五常字一孺號景玉萬曆三十九年辛亥貢士

跋吳氏族譜

夫國史家譜世並右之輒饒文而鮮質㢦山川土俗出不必異成不必同務當於有物有則閱吳氏譜斌斌質有其文物則當矣按吳雖緜讓王錫氏苗裔炳烜刺史公以其無徵迺從趙宋間武安武順兩王勛伐忠貞流輝宋史而卒以讒廢自宋季而勝國隱德代有何減讓王遺烈迨我朝存仁公嚮意宗盟藏譜以爲家寶思深哉木本水源之令圖哉刺史公實其曾孫解於肅皇帝之甲子秋大魁於穆皇帝之辛未春聲於比部循良於劇郡致其政以河潤梓里立譜收族集存仁公之緒業而務存實錄因勒貞珉以藏石室蓋知上世敍譜盛心垂諸萬禩其大者以質勝而文自饒焉若王龜齡公手書至寶墨妙如新而敍傳讚銘

如王文公朱文公尹和靖張無垢文信公許魯齋吳艸廬藻譔雲蒸霞蔚眞至寶哉三吳冠族所鮮覯者不佞生也晚何幸獲觀希世上珍不遜而跋其牘尾以識刺史公永思云吳人申五常一孺子謹跋

張世偉字異度萬曆四十年壬子長洲籍舉人崇禎初舉賢良方正弘光朝贈翰林院待詔門人私謚孝節先生有自廣齋集未見

題宋遺民鄭所南井中書後

余少涉獵紀載見所紀宋遺民鄭所南事畫蘭不畫地又孤行不時過人偶過人見有項笠左袵者輒咄咄不顧去然未細考其生平也崇禎戊寅冬忽傳承天寺浚井獲一鐵函中有書所載多宋德祐已後事卒卒忘之約略記留文彥可先生所越明年秋八月丘天民過我談及書爲鄭所南筆余咤曰是宋遺民鄭所南耶問其概併計其紙費自是時時在心憓甚卜日乃將唔維斗楊子而後造文因與楊子商之楊子曰

是書副本在此蓋書出後陸丈子垂亟過文先生索錄謀刻苦于無資將屬楊子跋之以上諸名公其期迫甚余曰余亦附題數行何如楊子曰甚慰余遂懷之歸竟日力終卷勞極灑灑夜不成寐早據案書之曰宋亡能以遺民矢滅虜之志者如此公有幾哉德祐止二年至至元癸未二十餘年矣是二十年間與不共戴天之仇雠比屋而居聯突而爨而中心所存必欲滅此朝食每一憤發聲斷氣噎而不可號于人此二十餘年間心事何如哉若久藏祕書如家中壁間所得間有繆戾正史者而此無一繆或微疑謝枋得事不合余曰所南正氣其推有宋諸忠臣無一紕繆傳文丞相而曰諸奸臣妬文完名傳信國有袞颯語皆非實錄當不信黃冠故鄉之對而況大元革命萬物維新猶類詭辭以免者乎味其言揚虜醜思宋德不肯書元一字蓋不禁痛哭罵詈之切至也書此公之同人計諸名公必有慨然會心者可令井中沈櫝炤耀于

光天白日矣雖然余則怠矣前冬不知著書何人若遺若棄迨知爲所南先生而矜奮若斯也孰謂紀載及藝苑雜事可漫不省識乎崇禎己卯中秋日

華山三高祠記

吳郡由楓橋以西舍舟登陸皆山也諸山中華山最勝直蓮子峯下開平隖立精藍晉支公禪院名焉萬曆癸卯甲辰間突起爭端久之方定名乃滋著文人韻士日益往來像設日益增飭鐫鑿營構殆無虛歲寺以莊嚴弘麗著稱寺門左方拾級數仞而止獨有白屋三楹踞焉中設蒲團木几石像香爐顏之曰西空蓋白氏朱先生游息處方先生存時有時日發月明飄鬚癯顏逍遙曳杖其間見者皆目爲仙人游戲若夫雨雪嵐霧掩關不出朝烟夜燈唄梵金石從下望之若恍若惚名之隔凡不誣矣先生歿於崇禎壬申踰二期郡人競崇學宮鄉賢祀諸顯榮

高膴勿論間及韻士文人有議舉先生者余昌言曰先生自有祀處姑無從衆夫松陵之祀三忠也配三忠而祀三高也豈故軒輊同異之哉亦各有攸當焉耳且故閣學文公之誌先生也既言之矣其言曰當吾世有友三人焉曰趙凡夫宧光曰王芥庵在公曰朱白民鷺也是三先生皆負忠孝大節皆讀聖賢書爲經生皆蟬蛻世味而以隱自高凡夫爲親築墓廬居靑山足不入城府翛然高寄垂三十年芥庵以鄉舉官郡丞一朝挂冠皈依竺乾修比丘行而白民以諸生有聲棄去結茆華山蓮子峯下亦二十餘年非力不食蓋皆我吳卓然之品足使烟霞生色泉石增輝冠冕人倫衿領士類甲子凡夫卒丙寅芥庵卒至今歲壬申而白民卒自三先生相繼棄世吾吳風雅盡矣能無悼乎其言云然夫悼之斯傳之矣傳之斯祠之矣况白民實荒此居棲神必安凡夫芥庵時過從徘徊留之一葬竺隖一葬寒山先生葬此山之足咫尺相望

是宜並祀無疑也僉議翕然遂即請故處題之爲三高祠云是舉也朱先生之孫旦實經紀焉才志足勝其任家貧無甄石不審庖湢門廡之加修不一而足費將安從余因作記而諗於同好者

祭葉仲子聲期文

維崇禎八年二月二十有四日分湖葉仲子聲期夭卒嚴命訃於崑山顧氏泌園老人張世偉顧之外祖父也越月以女紘矢志將有嫁殤之舉先五日壬戌命仲男弈走慰略次第始末爲文而告之靈曰嗟乎世有情已至而義不足以達其情者欲哭則不敢欲泣則近婦人吾乃不圖俠丈夫評量千古絶蹯斷腕不怪而忽不能自解於身有如今日秀令夭折屬吾眷姻分湖葉氏吳江世望乃祖乃父皆名縉紳惟爾仲子有聲舞象擇妃得崑之顧也式維其倫覷張之自出伊余視爾同諸孫之振振往歲締盟年方二六踰七稔而六禮未成實繇爾父貴而能貧

何意爾童子試之暫躓遂令爾男兒氣之不伸溘逝來計語粘於唇慮
聞之者或悠悠如行路或默默而痗心而茲竟引爲分體之親搤吭絕
粒裂背毀巾余自律頗峻持物最平不强人以情之所不出而義之所
可因抑揚譬解而終不易其口角之斷斷余乃諭而外父以達於而翁
曰此事本身既苦尊行倍辛今爲母者識女性之高明不妨激烈爲父
者酌禮經之中正勉就從容總不出從一之義而余第識之以德鄰雖
弱女子之矢志似無益於夫君而夫君更藉之不泯兒爾貧稟天授文
章有神宜乎爲祖母父母之鍾愛而是舉也交游兄弟且得攘臂而議
曰生者不愧死者復生不悔不必俯斸地而仰呼旻蓋純乎置情殉義
余亦得放聲長慟不徒爲無疾之呻嗚呼哀哉

祭葉夫人沈安人文

維崇禎八年乙亥九月十有九日通家張世偉率男弈孫邕謹以淸酌

瓣香束帛之儀致祭於靈曰嗟乎余於分湖葉氏一家之內一歲之中而馳哀詞者三焉在懿戚旁觀已劇酸辛又況身丁其遘者乎惟春之仲孽孫仲子美秀而文鍾愛王母誼感所聘余之女外孫顧未歸稱未亡人焉甫臨喪王母爲之一慟遽殞余是以有扶匐之役曾幾何時母安人亦罹此鞠凶哉往歲二才女之慼一刻期而嫁一既嫁而寧皆卒於茲寢母安人已不勝心碎神傷試讀哭女諸什直是一字一淚而況浹月間既哭仲兒又哭殤兒又終哭嫁而母撫之孀姑夫寧直眘眘爲一兒也安人孝慈天植即未經此變謝道蘊之文采曹大家之儀刑已隆隆流布人間一以爲女士一以爲婦宗方之古人且皆壽考樂康爲有家宗主何奪之獨遽毋乃夫子媲德貴與賢併褘笄相莊更爲人天所妒疾邪嗟乎嗟乎已矣已矣余哀些啫慰之詞亦已窮矣屬纊次日訃及顧氏女孫篤疾中厥然而告其母趣舟會斂僉謂不能臨哭乃號

咷如禮又扶掖循行喪次庶幾屑立比歸仍僵仆床簀嗟乎分爲葉家婦匪特自矢之天實命之即今奄奄餘息不遠相從益痛安人存時爲潔除丙舍位置楚楚不能一日安於其間以奉湯藥也嗟乎嗟乎已矣無所置余言矣靈其鑒之否邪哀哉

卷四十六 完

女兒緜祥校錄

卷四十七　邑後學　陳去病　纂輯

明一人

周宗建字季侯號來玉用曾孫萬曆四十一年癸丑進士歷官福建道監察御史巡按湖廣以閹禍被逮死崇禎初贈太僕寺卿弘光朝追謚忠毅有尙書講義評定廿一史紀事本末八識規矩頌一作註略文選右編評詩文雜集俱未見論語商二卷道德經解二卷奏議四卷重訂奏議二卷裔孫麟書輯奏議補遺一卷詩文殘集二卷今存

白祖寃疏

候補御史臣周宗建謹奏爲先朝矜恤未沾隔世沉寃未豁懇乞聖明比例昭雪以廣仁恩以終孝道事臣以一介書生荷蒙皇上拔置西臺

方當需次之時未有涓埃之獻何敢遽達下情以干天聽第臣躬逢浩
蕩正千載一時而臣今所陳乃臣祖數十年未瞑之冤倘不及今上懇
以孤曠典將臣祖冥中實糾臣以不孝而皇上他日又安取此不孝之
臣爲也臣用是敢爲皇上披瀝陳之臣曾祖先臣周用歷仕三朝効有
勞績至晚事世宗肅皇帝每評廷臣輒以剛直見褒過蒙簡畀累遷掌
憲遂晉銓宰時方大計先臣用感激知遇矢公藎瘁計典甫完嘔血而
卒肅皇帝爲之嗟悼終日賜葬錫廕易名恭肅事載國史兼垂志乘蓋
先臣用籌國訓家無日不以忠孝相砥故臣祖式南幼讀父書即思自
立十四而餼于庠輒有萬言之賦三十而領鄉薦已成俠士之名於時
臣祖追念父業未終國恩未報一意攻苦於一切家人生產捐讓而不
居朋友窮逋焚券而不問一生博極羣書自勵名節蓋毅然欲效古烈
丈夫以自見且思成一家言以不朽自謂遭際明時展其夙抱當不後

於先臣而不意命與禍會至來墨吏易可久之猜毒緣可久在任之日汗垢百端殘賊萬狀衆心嗷嗷各不聊生一時民間有身短手長貌陋心險之謠郡邑士紳習爲笑柄而可久乃誤疑臣祖曾爲傳播且有墨官小人巧借臣祖爲獻諂囑託之資可久之愚不復揣度遂日圖所以中臣祖之計反謬與臣祖爲歡而臣祖骯髒之骨不習趍附可久愈密而臣祖愈疎臣祖方坦胸直意自謂與人無爭而不知談笑歘洽之中可久之戈矛已四集矣會臣祖計偕北上有僮奴楊奎犯姦婢妾之事臣祖歸而責之隨自身殞臣祖業已付之相忘而可久伺得此影以爲緣此可以中傷乃密呼奴父許以重犒令其告訐然猶止及家人未敢一涉臣祖可久復授之計堅其誣誑遂欲坐臣祖以毆殺巧比引徒羅織深刻致礙前程累申上官累蒙批駁可久以此釁既成勢同騎虎必欲擠臣祖而後已於是每當審讞必多方讒阻致令讞官明知其冤而

礙於可久沉束不理使臣祖一身牽掛支離無從遽白公車屢失淹抑自傷雖有名卿碩士痛此無辜而懼觸兇機徒有短氣臣祖計無復之值皇祖神宗顯皇帝登極之初因自洒血草疏令屬周銓叩閽呼籲冀求速勘以便赴舉時蒙皇祖矜念先臣之後隨得明旨下都察院當有院劄轉行蘇松按臣限期結案臣祖頂戴聖恩自謂覆盆可照桑榆可收而不料可久心戰胆寒恐緣奉旨之後公論頓明且慮臣祖辯復之餘一朝獲雋可久罪案無地可逃遂乃窮謀走險每遇上官及有司到任輒先投以橐帖陰陽閃爍沮遏千方遷延累歲莫與歸結幸遇恤刑范郎中洞了此情隨批開豁而諸司受囑挨脫相循止以側目可久一人遂使朝廷矜勘之仁反爲下官淹阻之具俾臣祖功名路隔跼蹐無聊憤恚之極吐血心傷而臣祖遂奄然逝矣嗟乎嗟乎一婦銜寃能使三年不雨而不能使賊吏之迴心匹夫含痛能令六月隕霜而不能令

讒夫之易而痛念臣祖生平以古人自期以文章氣節自任止以賦性慨直不耐小人爲緣遂以僕隸無妄之事竟陷殘虐鬼蜮之謀使生前乖用世之懷垂没負傷心之痛一生請纓投筆之文翻作賦鵩弔湘之草嗟乎嗟乎畫地爲獄議不入臣祖非有事與獄會也刻木爲吏期不對臣祖非有意與吏狎也天外窮兕意中不料夙生寃對異世相逢臣祖已矣臣父臣母今俱七十有餘相距臣祖去世之年已垂四紀顧時時向臣談及祖寃終朝嗚咽雪涕無從臣獨何心堪此幽痛臣少讀春秋齊桓雪九世之仇聖人義之矧臣祖爲墨吏所殘飲恨而没臣今幸遭聖世讀聖賢書臣獨何人顧能默默已乎臣又伏觀先朝有士人盧柟以簡傲隙于縣令鍛鍊重辟其友布衣謝榛遍訴當道爲出其罪至今人高其義又臣鄉先臣王世貞世懋痛其父爲奸相所謟訟寃穆宗莊皇帝爲白其辜卹贈有加又臣近查臣鄉刑部郎中朱本洽疏陳其

父被誣累戍蒙皇祖神宗下部昭豁臣幸得被皇上知遇簡列侍從且伏讀恩詔内一欵有舉監生儒吏員人等詿誤被革公論共惜者許其自辯奏請定奪臣祖之寃正與此例相合若不及今申控將臣之視祖反不如布衣異姓之交臣父臣母且謂臣上負聖明之恩典下冒忘祖之大愆豈直臣祖九原之下永痛公道之未伸卽易可久先年貪尅工料傾圮皇陵種種重誅至今昭布獨於臣祖一事奸魂久冷猶未得彰著其惡於天下失今不言臣之不孝視臣同鄉前後三臣負媿何極臣用是瀝血疏陳伏乞皇上察臣至情無一字之敢欺勅下該部院特與臣祖式南昭豁此寃復還科目使皇祖初年恩旨得大伸於今日臣祖數十載沉痛得吐氣于幽冥臣之一身捐報有盡臣之世世環草無窮臣無任激切哀懇待命之至萬曆四十八年十二月初四日具題初八日奉聖旨該部院知道

請四先生易名疏

候補御史臣周宗建謹題爲直抒公論闡發貞忠祈仰勑議易名以光謚典事臣聞人臣事君義取致身明主擇臣無先讜直臣間以此評次古今貞臣烈士或絶脰以鳴忠或剖心而見志或袒刃而進說或就烹而陳詞未嘗不掩卷太息低徊想慕惟恐其名之不彰讚歎之不盡豈謂世實有如此人顧忍使其名湮氏沒淪落於冷煙寒莽之墟沉埋於敗壘殘函之內使貞魂寂寞化碧棲燐而肥身保妻子之輩反得起而傲以一日浮榮笑其百年共盡此豈宜見於激勵大行之日聖明臨御之初者哉臣幸遭逢聖世目擊新政凡先年披鱗洒血諸臣多蒙僃𢌿近荷皇上復允禮臣之請一朝予謚者四十餘人凡在臣子無不洒然易慮欣欣然有不得爲忠之恐而臣顧猶有言者在已謚諸臣品既定于沒世名合享于千年議者綦難受者無愧獨間有未經廷議者非名空於子姓之彫殘即論格於好惡之未察或事散諸編而不及攷或時

經易代而未及詳將使一段精忠無人齒及聖朝盛典掛漏不光臣實
痛之惜之臣未暇遠引姑就臣考據最眞耳目最著平日耿耿胸中而
不能自已者若臣鄉先臣太僕寺卿顧存仁中嘉靖壬辰進士授餘姚
令以異等拜禮科給事中十五年丙申蜀藩與閫司訐奏興大獄特簡
存仁往按存仁爲持平各以不寃朝論韙之十七年戊戌疏上肅皇帝
爲廣曠蕩抑邪佞五事申救楊愼馬錄呂經馮恩諸臣指斥吳璋葉凝
素邵眞人等肅皇帝震怒廷杖六十編管保安州爲民臣嘗攷故實傳
其草疏之夕鵄啼戶上鬼嘯榻前禍將叵測竟不顧其被杖時已死有
神人挾丸一七得甦甦而褁創至戍所爲流人者幾三十年衆室孤居
布冠苴履授經終歲間以所得發之歌詠忠厚悱惻絶無懟心至今關
外有上谷書院所著有六哀五幸四欲五憶諸篇可考也莊皇帝卽位
下詔召諸言事者存仁起爲通政司參議歷太僕寺卿益自努力於馬

政諸弊掊釐殆盡所修太僕寺誌見在冏寺時海內嚮注直臣宰相且
以大用示存仁而存仁誓不受指遂自請老都人士傾都送之擬之二
疏既老家居每朔望必朝服望闕拜示不忘君又家故薄產獨置田六
百畝贍族又以田二百畝贍諸貧生又以田百畝建介石書院祠子游
終日引諸生講讀其中勉以忠孝大義尤好談性命時時與羅洪先唐
順之輩往復商論其在塞上有夜坐諸篇傳行于世既以病卒家無餘
貲至不能具喪葬而今且子孫單謝坏土荒涼忠義之魂長淪凄草嗟
嗟藎臣鯁士何代蔑有要以或激于名或矜于氣計其所樹尚足不朽
矧如存仁一生砥礪萬行繇衷其爲令則有茹冰之守其立朝則有碎
首之危絕漠大荒則有絃歌誦讀之娛長緺玄纁則有懸車急退之勇
自起家至九卿全節完名無片疵之可摘里有賢祠官留名宦有臣如
此顧乃不得一被易名之榮徒使人追弔咨嗟聞風增感謂聖世實有

未暢之孤忠皇家實有未揚之盛典此臣所爲拊心横涕而不能已於長吁者也方今正直登朝如鄒元標王德完諸人剖血當年賜環今日一時義激天地爲開有如存仁生當此時倘亦元標德完諸人之所甘爲讓席者也皇上能録生者于今豈獨難卹死者于往不惜巍冠大纓褒直臣于巉巖久錮之餘豈獨靳片字單詞揚忠魂於蓋棺論定之後尋崖望壑激濁揚清臣所望于聖明者久矣若此外應謚之臣如先臣光禄少卿顧憲成理探的派忠貫青霄文章氣節之俱全淑世修身之無忝先臣國子監祭酒陶望齡素心遠韻勁節孤標歷仕同邁璞之明乞身有陽城之孝先臣南刑部尚書王世貞文空百代氣盛千秋標持無媿于古人著述有功於當世之三臣者品各不同並堪不朽卽有疑憲成者或訾其門風太廣而臣謂受小人之欺者原無傷君子之品疑望齡者或訾其宗風大冷而臣謂當此附熱投炎之世何可無此餐霞

飲露之人疑世貞者或嘗其終多後來一出而臣謂鯀殛禹興聖賢家法仇君避世臣子難容觀人者當觀其大論世者須論其眞如必苛求毛舉一一以俗法繩之則必周公孔子而後可入謚林卽周公孔子恐亦難免于俗議聖世錄人不應若是之刻也臣聞謚者先王之所爲名教也皇上以名教扶天下而臣之所舉皆有裨名教之人在存仁名字久湮松楸將老臣故言之獨詳若憲成三臣氣韻尙新見聞未遠故臣不妨大略言之伏乞皇上勑下禮部如果臣言不欺將顧存仁等應得謚名從公議覆俾得與四十餘臣共邀盛舉則諸臣身雖往而忠胆如生骨雖冷而香名常在臣工師濟豈無慕諸臣而爭起者皇上卽借諸臣以鼓舞天下之効忠者有餘術矣臣無任惶悚待命之至天啓元年正月十二日具題十四日奉聖旨禮部知道

爲四先生請謚揭附

候補御史周宗建謹揭日有小疏為顧東白諸先生請易名大路已具疏中敢再一詳列以備君子採擇方肅皇帝時坐大禮大獄得罪羣臣庾死大半而方士邵眞人葉凝素等且隆貴有寵東白先生輒左右扼腕抗言得失當時人人危先生無生卽先生亦自分必死卒被杖幸為流人夫人至死生不顧又何論身後名其難一也國家建言被譎諸臣間至戍所幸或被赦而先生長流垂三十年得不死始歸見故園其難二也八臣一被直聲卽所在傲睨多為悲歌感慨自託離憂而先生久居塞外惟授經講學足不出戶不一交邊吏為高名其難三也人至碎首闕廷靡切貴近出百死于震驚掊擊之餘一旦得志未嘗不心期大任而先生出不三年不肯受相臣指於彈冠日持急流之勇其難四也有此四大難而平生之飭躬砥行學道施義及早年作令歲減民賦幾萬緡既老起召歲清問弊幾萬兩覺一生家居宦轍纖疵無間事多散見于實錄及皇明通紀明政統宗永昭二陵史王弇州合集李于鱗歸太僕王文肅集居庸關志太僕寺志餘姚縣志暨諸傳誌中此眞世廟時第一流人物也若顧毗陵初授戶曹寸銖不苟既調吏部風軌峻潔所請留部南皐諸公朝論翕然稱服會後爭何起鳴事直言被譎後以時望再秉銓政岳岳自持其銓選人才務別邪正明貪廉抑競躁一時號為清正三王並封議起先生抗疏爭之凜凜千言至相臣心動累揭陳懇議亦覺罷而先生遂以會推事忤旨削籍歸而杜門講學一以程朱為宗務根實際所著有四書箚記諸書傳習於人雖世有走名之徒妄相依附而光明磊落無傷其大皇祖戊申歲用薦起光祿少卿累辭不赴海內知與不知無不心儀先生比之李元禮楊伯起一流人則逕陽先生之梗概如此若陶會稽賦性恬約而中饒勁節方妖書事起屬有細人

拂其事語連郭明龍先生上方震怒且莫測先生曰奈何以莫須有事成大獄人臣不足惜如朝廷何反覆訟言之當事者事乃得解甲辰再乞骸歸驗年詔起國子監祭酒復上疏以母老乞身求如陽城生徒歸養之例詔允其請會哭母過傷嘔血死距母歿僅百日雖居官無殊猷而清冷壁立孜孜好學士林重之多擬之鄧文潔則石簣先生之梗概如此若王弇山方盛名時相嵩欲收致諸名士令子世蕃相結納弇山獨骯髒不爲下會椒山先生論嵩十罪坐死先生爲楊夫人草疏求代已復爲治其喪嵩銜之搆其父獄下重典先生坐救父難去官歸嵩敗爲訟父冤復故官尋詔起大名兵備郎抗疏論宗藩兵制八事尋陞參政歷都御史陳言兵戎之弊及請增荆州三衞言多慨直他如刷軍政請屯田諸事皆具有實用未幾丁內艱復再起歷南刑部尙書有議其學雜二氏遂乞骸歸不久卒詔贈祭葬如例其於書上窺三五下窮百家其文于諸體無不備尤究心當世掌故所著外別集足稱一代良史尤諸文人所絕無則鳳洲先生之梗概如此四先生者即不易名未嘗不食名千載第國家既有此盛典何賢者獨缺此顯榮且四先生門戶彫殘烏衣半謝獨逕陽先生有二子能讀父書亦復索居不與人間事燃灰久冷門雀長羅誰復有敦歲寒之盟而伸集枯之義者哉故職不惜誦言爲一申其生平秉彝在性直道難磨倘世有不盡知四先生者請覓四先生書清夜端坐而讀之當必有爽然者無煩職再言之矣謹揭

請謚公揭附

福建道監察御史周宗建等謹揭爲合闡忠直名賢以光易名大典事國家易名之典凡以風勵人心而于忠義一途尤所加意若夫直

節自矢百折不回甘以其身碎首投荒而不恤者此其浩氣剛腸直當扶植千古而光顯聖朝諒採風君子所亟欲得而發揚者也職等敢就大江以南忠直之最著者與海內貞臣義士共評而賞之蓋世廟時有太僕寺卿顧東白先生者云先生名存仁中嘉靖十一年壬辰進士授餘姚令一絲不染爲邑中均覈賦額歲減窮戶萬金載在名宦志可考也及徵拜禮科給事中十五年丙申蜀藩與闔司訐奏輿大獄特簡先生往按先生爲持平各以不冤朝論韙之十七年戊戌疏上肅皇帝爲廣曠蕩抑邪佞五事申救馬錄呂經馮恩諸直臣指斥妖人吳環葉凝素邵眞人等累數千言語甚慨切肅皇帝震怒廷杖六十隨謫戍保安州卽夕舁出城嘗考故實傳其草疏之夕鴉啼戶上鬼嘯榻前禍將叵測覺不顧其被杖時已死有神人長十尺餘者挾丸一七授之始得甦已遍覓其人不得至今鄉里傳爲奇事既褒創至戍所垂三十年未嘗輕歸築室孤居布冠苴履終歲授書爲諸生儒陳說經義示以忠孝仍遍覽塞上形勢諮討故實爲居庸關志數卷野評三十篇至今關外有上谷書院表忠祠卽先生向時讀書處也莊皇帝卽位下詔召諸言事者先生首起爲通政司參議歷京兆丞遷太僕卿時先生居絕塞久初登進用益自努力報効數上疏條議馬政諸弊搜釐殆盡所省冏寺金數十萬著有太僕寺志數十卷現在寺中時海內方向注直臣新鄭當國且以大用示先生而先生誓不受指且數多規正遂自請老都人士傾都送之爭頌其高擬之二疏既老家居每朔望必朝服望闕拜示不忘君又家故薄產獨置田六百畝贍族又以二百畝贍諸貧生又以田百畝建介石書院祠子游終日引諸生講誦其中勉以大義有鄒東廓張崌崍李于鱗諸公碑傳可徵焉又好談性命時時與羅念菴唐荊川鄒東廓諸

賢往復商論其在寡上有夜坐諸詠及順德篇諸刻傳行于世既以疾卒家無餘資至不能具喪葬今且門戶單謝坏十荒涼數椽之居
己爲他有其子孫至不免衣褐負薪蓋職等于先生誠不能無咨咨感焉至今鄉人拜賢祠者無不低徊慨慕推頌先生爲首凡詩事蹟
多散見于實錄及皇明通紀明政統宗名臣紀獻徵錄王弇州李于鱗歸太僕王文肅集餘姚縣志暨諸傳誌中此眞世廟時節一流人
物議易名于今日似無有逾先生者也至近者若王弇州先生其文章爲一代盟主其于書上窺千古下窮百家爲國朝諸大家之首而
其立朝大節如直拒分宜之羅致力護楊忠愍于死亡皆表表著人覩記至其官轍所至著有異績居鄉敦厚施義不私生產皆非諸文
人所可及此又諡譜中一冠冕也又若顧涇陽先生其學足爲大儒師表而忠言讜論所扶植在國本所救正在世風癸巳大計今總憲
趙公以考功當事秉正執法忽有中旨罷去先生疏請同罷其事人猶傳之蓋標軌峻潔而宗旨淵深此又諡譜中一龍象也又若吳復
菴先生名中行者當萬曆丁丑歲江陵奪情事起廷臣交章保留先生以史官上植綱常明大義疏言婉而刺隨奉旨杖六十罷爲民江
陵沒起原官累遷諭德復以建言乞歸久之薦起侍讀學士掌南翰林院先生不赴未幾卒易簀時猶自作輓詩四章正衣冠危坐而逝
蓋其磊落大節得之性成此又諡譜中一奇特也至稍遠則有侍御黃公名正色者以論列權倖逮獄戍遼幾歷三紀不一離伍後乃召
用歷官至南冏卿而旋卽高尙有中丞朱公名紈者力盪倭氛功著閩海無人不知而卒以讒死有侍御蔣公名欽者三進直言三被廷
杖卒死闕下顧皆僅得贈卹而未列諡林此又易名中一缺典也諸先生事皆先有疏勑禮部議覆已登諡冊而職等猶不惜共言之以

質公論者蓋議論法得採之官評鄉評職等合國人而言之固三代直道之遺行也若此外賢者尙多表章宜及職等且以覩世之有清議矣謹揭

鑒往持平疏

福建道監察御史臣周宗建謹題爲竆數案小人之變借爲今日持議之衡請勅諸臣各捐習見共砥身名以襄盛治事臣嘗槪觀往昔冲主之朝紀綱未整議論多紛嘗恨其時不得一挺立不囘之臣爲斬其藤擾破其成心以至君子小人兩歸銷盡如有宋熙寗紹聖故事今日者幸得身事聖主倘不以素所盟心者仰報君父而猶拾涎取唾甘負明時臣之大恥孰過於斯故臣不敢以時之所喜道者爲獻而願平心爲我皇上陳之臣聞國家之治治繇公論而公論多出於光明正大之塗國家之亂亂由偏論而偏論多起於紛紜幽隱之路一出光明則敷陳了達無所不折而一涉幽隱則揣摩懸度搆𨷖轉深此于老成之主

猶恐眩惑矧當變態幾更之後適聖主沖幼之年顧可潛滋暗伏以貽
一後來不了之局面哉臣無論往事請論自皇祖戊申以後方故相沈
一貫未敗之時其時在朝者豈曰盡無君子而惟一雜以小人則沈鯉
可逐郭正域可𡨚察典可壞大獄可興時則有錢夢皐康丕揚等爲之
首雖有善訣者不能不謂之小人也庚戌辛亥之交其時在朝者亦豈
盡無君子而惟一雜以小人則大貪之淮撫可保極險之銓佐可阿直
節可摧清流可放時則有史記事徐紹芳等爲之首雖有善訣者亦不
能不謂之小人也壬子癸丑之交其時在朝者亦豈盡無君子而惟一
雜以小人則學差可擠考選可排吏兵之說事可日試以爲常察事之
把持可一網以爲穽時則有亓詩教趙興邦等爲之首雖有善訣者亦
不能不謂之小人也夫有一番小人之滅度卽有一番小人之現身有
一番小人之種毒卽有一番小人之罪案計其時爲君子者有心難昧

有行難捐豈不欲一顧其終而無奈此諸小人占風息影擇便投擅不問國家之利害不思事理之有無不審寸心之安危不計後來之破敗惟擇一時尙題目據爲睫下靈符苟有不合于時者輒舉而入之羅中而一時無識之士又復神迷步亂爭先取憐勢在浙輔則趨浙輔勢在秦淮則趨秦淮勢在齊則趨齊勢在楚則趨楚十年以來兩經變換雖其人前後不同柔猛不一而要其根氣貪庸識力汙暗則此數小人者實所以聚一時之君子而使之共盡者也夫此數番諸人方其意得之時車可塡門金堪成穴官常任其把握仕路信其雌黄儘足自謂英雄而迨乎一朝垂盡焰冷光殘平時之辣手化爲糞土之凍蠅不身死于賤行辱人即魂銷于蛇行鼠伏嗟嗟諸人夫亦何益之有哉有如今日三咨並進衆正齊登葦門之光影漸開啓事之揄揚幾遍臣謂君子進庸之盛無踰今日矣而臣顧欲借往事爲衡者非謂今日遽有已甚之

事而臣竊欲諸臣之先事而慮其萌也姑以用人一案言之如前後諸臣所引高攀龍董應舉史孟麟李邦華熊明遇魏雲中等不下二十餘人類皆磊落奇才風霜老骨在舉者光明洞達各諒無他在用者直捷了當無嫌旁摘如必借此爲題爭相濫引若積横之貪邪亦思梯榮于月旦窮兇之醜類尚留春夢于寒灰將朝廷大公之盛舉翻作臣子市德之私緣欲廣彙升反開破綻此臣之所爲不得不慮者也又以移宮一案言之凡前後諸臣所申論者如方震孺毛士龍等不下十有餘章闡發既明人言且已在科臣楊漣潔志遠嫌自當聽召用於他日臺臣賈繼春持議解紛亦不妨付定論於國人若復據此爲名再生譏諷將侈談羽翼者益添臣子之不安追憶几筵者復來事外之億逆各欲高其聲價翻似失其初懷欲掃疑端愈增枝蔓此又臣之所爲不得不慮者也夫臣以四虛獨立之衷旁觀冷覷早已有此二慮而况一涉有心

之人過爲弓影之揣牽連纏擾又當何如諸臣明而熟於計者豈其見
尙未到此哉臣曾兩讀臣同官張愼言之疏一則爲用人發而曰恐墮
前人之窠臼一則爲漣與繼春發而曰恐開日後之爭端旨哉斯言實
與臣合臣今請約言之以告諸臣曰銓除在吏部自非眞才眞品毋容
夾雜以同升朝論在輿評自非大枉大寃毋輕出言以佐闢國家畢竟
以邊事爲第一緊着當共圖殺賊毋日起室內之戈朝廷畢竟以君德
爲第一本根當共思酬主毋徒爲將順之節胸中淨絕筆底空明此臣
于同事諸臣願進之以藥石者也臣又請平言之以告諸臣曰一語偶
歧正可爲參互之藉一人互異不妨酌衆論之中凡一切理外之揣摩
盡可歸之說夢即金錢之影子亦不必留之筆端一掃虛疑各歸坦蕩
此臣于東西南北諸臣願進之以藥石者也臣更請廣言之以告諸臣
曰時本無事毋爲意外之張皇用既獲伸毋添過去之孤憤德業以虛

而彌廣聲名以淡而彌長臣姑不暇遠引即以今日自況亦有夾日孤忠聞其家居絕口不言廷杖一事亦有一生學道早歲投荒直聲動天下者而習其貌一如書生好儒觀此諸賢足爲師法諸臣竿頭更進豈可護此爲家珍朋友絕頂相期豈肯限人於故步此臣於已用將用諸臣願進之以藥石者也臣需次三冬靜觀頗定姑未暇及他端而先以此清淨簡淡之說進臣非不知臣言一出必謂臣何慮之太蚤而不知外臣之說則氣或有時盛衰局且有時成壞誠如臣說則公道常伸無憂閒沮仕路甚廣何懼旁撓可保諸臣一生收正人之譽國家亦得享數十年寧靜之福以此報聖明而消弊俗不誠宇宙間一大快事也哉臣言若此臣誠不忍當此英主沖年之日羣工師濟明旨如流爲二十年來夢想不到之世界際此良時忍復相負將前此諸臣猶可借皇祖之靜攝爲百事藏拙之門今日臣等又復何所借以謝過于我皇上哉

臣爲此言可以對朋友而告君父可以叩鬼神而質聖賢忠義勉爲其眞志識須圖其大臣之數奉教于君子者久矣伏乞皇上察臣之愚明示諸臣閒心定氣細味臣言脱有以臣言爲未然者臣且樂聞其說令更進一言以加于臣説之上臣請退三舍避之不復敢與之共日而論也臣愚無任惶悚待命之至天啓元年二月初十日具題十四日奉聖旨該部院一併議覆

酌議邊餉疏

福建等道監察御史等官臣周宗建等謹題爲邊餉本色宜寛經費弊端宜塞敬陳流通樽節之規以裨國計以實邊儲事臣等伏讀户部邊餉一議窮思極慮幾于寸心欲嘔百孔俱掺竊怪從古國家之貧未有甚於今日者然而國家非眞貧也多取而不能盡多取之用則取愈煩而愈窮日入而不能當日出之支則入愈多而愈耗號理財者不從肯綮之處酌其利便觀其會通而惟欲削下以求盈叩閽而告急一有不

應則有攢眉相向以爲天下第一難措手事噫亦弗思之甚矣臣等請即以遣餉言之遣兵現在十三萬餘歲應支銀二百五十萬兩支米八十八萬石有奇而此外將士之蘇及牛騾之費復不與焉數不爲不多矣然而金錢之輸非饑能食而寒能衣者也聞遣左每米一石須銀六兩即其市斗較寬以内地之斗較之亦不下每石四兩矣夫以四兩而償一石之價以四倍而當一倍之供則是驗銀百萬僅足抵二十餘萬之用即使兵士之食取足内輓而民無餘粟可以相通其視粟既重則其視銀反輕口腹之給既難則百物之市皆貴衆兵即日得銀五六分亦僅足當内地一二分之鬻買國家即日費萬金亦僅足當平時二三千金之分給夫以窮搜極索萬難萬痛之金錢而賤而用之一至於此徒使上有竭澤之漁而下無濟邊之實不亦大可惜也哉則臣等有說于此臣觀江南楚浙江右諸處所不足者非米粟也請以諸處加派之

銀即于本地一準時値糴之民間約銀五六錢便可得米一石小民捆載求沽適足便其市糶之願樂歲粒米狼戾正宜收之豐稔之餘于和糴之中而寓轉輸之術即使歲有凶穰地分荒熟要亦可常得米數十萬石資爲邊備臣請即於每年漕艘之便以五十担囊爲五十每艘量令加帶交頓天津仍量給以脚耗五担計漕卒往來挈帶私貨即量添此米不足抵其一二而又恤以脚力又何苦而不從天津海道旣通渡遼費當無幾常使遼陽一帶每歲輙添數十萬之米粟即不妨平價而授而一倍自可收兩倍之利且使本色流行諸價各減衆兵得一分受一分之實惠而國家養一兵有一兵之歡呼士馬飽騰軍聲自壯此于守遼實爲至計而況此法一定可以備山東一時召買之窮可以免淮上截漕渡海之患可使新經臣坐展赤心籌虜之效可使遼人永破閉城枵腹之虞一轉易間諸利具興計臣又何計不及此臣等所謂流通

之説者此議是也至於經費之孔自京國以迄郡縣自腹裏以迄邊圉自官廪以迄雜需自外供以迄內庫自上侵以迄下冒自吏隱以迄民逋種種諸端皆爲弊藪而臣所最惜者則無如夏稅綿絹一項歲費銀一十四萬八千有奇黄白蠟茶一項歲費銀三萬四千有奇甲字庫之顏料歲費銀二萬七千有奇丙字庫之額絲歲費銀一萬二千有奇丁字庫之顏料歲費銀二萬七千有奇乙字庫之皮張約諸省直卒歲費銀數萬有奇南京諸庫之絲絹花布約歲費銀十萬一千有奇而浙直之綾紗京師之夫匠約歲又可減銀數萬有奇各項之水脚諸費約歲又可減銀十餘萬有奇夫此數者使果歲歲盡登天府一一無有侵漁亦足見國家有預蓄之饒定額有難破之例今則名雖隸于內庫大半蝕于奸民臣爲令時親見各處包攬大奸於前此諸欵盡侵入已至三四年足影不一涉于長安而所謂綾紗一項則萬曆四十年前者尚堆

貯于通州臣曾親訊其事堪爲浩嘆皇上試召問諸內監歲歲之入果如額否則奈何當此國用告窘之日令此數十百萬之金錢上不在國下不在民中亦不在中官而獨盡飽于郡邑巨奸之腹不亦深可惜也哉即各監所心悕而不願折者止以鋪墊諸小費臣請折納之歲明以此費歸之如科臣周希令所疏陳者豈不公私兩便即諸內監亦有何害而不一爲之至若此外有驛傳宜清曠軍宜核冗官宜汰屯糧宜查如近日計臣所條畫者歲復不下數十萬金合之皆可以佐國家之急臣等所謂樽節之說者此議是也即此兩說一則轉賤而爲貴以暗補其貧一則化虛而爲實以明濟其乏臣謂國家非眞貧者非空說也乃臣等又竊有疑者先年加增兵餉一欵原爲征倭征播而設事平之後累奉詔書蠲除已久獨臣鄉江南至今輸納計蘇松四郡已不下幾萬金近經撫臣力欲清查而以道臣請告未及竣事即近聞海上有增添

之兵不過千人僅消萬兩亦可以別項緩徵相抵何至以此遂爲定額
使東南民力既欲使其應遂兵之加派復不令其被詔旨之寬除是國
家常若有一倭一播一口併困東南此賦額中之最不平者此亦可以
流通之意而推豁之者也乃臣等又竊有疑者近如大婚一費即不能
如皇祖朝之省儉五六倍之亦不過三四十萬而止而御用承運二監
所請幾至百萬有餘縱金珠禮不可缺而臣恐費雖累萬買無二三則
奈何以敲骨吸髓之民財而供烏有子虛之冒破臣等查皇祖開採以
來各方稅監歲進金珠甚多即經兩朝賜賚之後其存恐亦不少留之
宮中正爲長物何不一賜簡發可免召買之半刬此大費計部度不能
應勢必請之內帑臣謂即內帑亦自可惜何不留爲皇上異日軍國大
計之需而必欲耽耽爭嗜耗累年之封藏而後愉快此亦可以樽節之
意而推行之者也臣聞天下之財止有此數善理財者固不能使天雨

栗鬼輸錢也即號殷富之國不能使錙銖之取爲泥沙之用也昔管仲相齊首通輕重之權齊遂以霸李悝相魏取有餘以補不足雖遇水旱饑饉糴不貴而民不散魏卒富强劉晏主唐計變通有無曲盡其妙使國獲利而無甚貴甚賤之憂此三臣者皆不言聚斂而言流通又臣聞宋陳恕爲三司使俾商人各條利害恕爲次第三等曰下等滅裂無取上等取利太深惟中等公私皆濟吾裁損之可以經久行之數年國用以給又王堯臣爲三司使時元昊寇邊軍興用廣言利者率主厚賦暴斂用益不足堯臣曰國與民皆弊矣拜命之後乃推其財利出入盈縮計其本末先後一一爲條目使就法度期年公用足而民富實此二臣者又皆不主加增而主撙節此亦今日制國用者得失之大較矣臣等少等讀貨殖傳其言曰不加賦而用自足始甚鄙之及今而知其言之確有所本非復後世腐儒之所可及今天下財用竭矣若不如臣等前說

而第欲沾沾焉爲一切剝取如鬻爵賣儒度僧抽典之類要皆瑣屑寒陋非天子經理一世之規又如纏纏焉爲一切美論如部議所謂算存留查里甲清課價索牙錢諸如此類言之可聽行之實難經國大臣須酌天下之大血脈而均調之使上下相濟方稱善術若必竭流而取使絲毫盡入于成額紙上便畫爲金銀豈特百姓零逋勢所難免抑且世間利孔忌于無餘臣等久習爲令知之頗眞凡若此者皆非臣等之所謂足國者也計臣心盡力窮其于議餉諸欵臣等深服其詳然半引其議而尤半爲參酌以仰告之君父亦欲借聖明之睿算及宰相之遠謀可以破積弊而洗濫觴會大通而規長久臣等之心猶之計臣之心也用敢合詞以進惟皇上採擇行之將歷年負貫一朝可充九塞空虛立時可轉上無損于內庭之借下不礙于典禮之費當事者又何憚而不爲也臣等無任懇切待命之至天啓元年閏二月初四日具題初七日奉聖旨該部酌議具覆

中救三御史疏

福建道監察御史臣周宗建謹題爲謹因遵旨會議仰見睿慮周詳懇乞聖明更賜平懷以昭新政以全盛美事臣幸逢皇上初登寶位運履中興凡有敷陳悉蒙圜轉聖心廣大無不踴躍至于追思聖母純孝自天一時臣子捧觀聖諭誰不悽其欲痛念聖衷之久鬱思藎播于羣心豈復有人敢懷異議而屬者天威斯赫嚴旨中頒臺臣賈繼春既以狂愚致干聖怒張愼言高弘圖兩臣復以息爭亦蒙切責然止一令會議一着回話仰見沖懷詳愼欲採衆論于大庭睿慮寬平必不多求于臣子側窺聖意敢不仰承而竊有微衷更欲一吐臣聞君猶天也天不以匹夫之憾而增威君猶父母也父母不以子之失言而遽怒故輕言誤信者臣下之無知棄過匿瑕者君人之大度若使一物偶乖遂至明威震疊以天子而與人相較反若爲臣分過以聖主而兼忘愚昧適足表

我能容臣所心祈正無窮盡臣又聞如絲如綸王言有體矧皇上初政聿興人情瞻仰一言之播關係匪輕倘有微激便煩嚴示綸音之下有失春溫人惕霆威事求將順恐於聖世似屬非宜且我皇上篤孝之誠舉朝既爲感涕當日移宮之事臣子久已分明卽繼春風聞致誤語涉疎率小臣之愚亦何足計至於愼言弘圖二臣之心正恐後來議論借此生端故特出一言兩爲分剖本爲息紛初非佐鬬此其仰體聖孝默護科臣尤爲洞了在臣等外庭方幸此疏一出藤蔓俱除猶妄意皇上俯鑒二臣之忱憐其用意之苦豈期明旨翻爲惑聽是使二臣一片杜羃去攖之赤心反爲旁觀冷視者所竊笑設使後來國有大疑朝有紛辯皆將指二臣以爲戒箝口不言其於人臣持祿養安自爲身計則甚便矣其如皇上之國事何哉皇上于顧命大臣義同一體今聞外庭頗咎相臣不能從中調護謂失票擬之權未盡回天之力使其無詞以對

羣下皇上誠念憑几之託何忍貽之外議聖慮躊躇終當不安則臣于今日又不止爲皇上惜且爲皇上之待相臣惜矣臣叨受皇上拔擢之知恨無髮膚可報又心知聖明無已之孝誰無母子至情顧臣不爲三臣起念而爲聖主深思終覺平心付之者於前此之聖諭更自悽然可想危詞壓之者於如天之聖度反以缺陷不完臣俯仰再三終難自默用敢披瀝愚悃干冒宸嚴伏乞皇上察臣之言非專救解仍將臣言并勑會議其于初政所全實多葵藿微忠不敢不盡臣無任戰慄待命之至天啓元年閏二月十二日具題

請修實錄疏

福建道監察御史臣周宗建謹題爲史局因循已久纂修綜覈宜詳懇乞預定事宜以垂不朽事臣惟國之有史猶家之有乘人之有誌且傳也民閒有子爲其父狀生平猶不惜寸題尺累冀無遺行而後卽安矧

以臣而詠君以天子而揚祖而令抽匱啓縢之日坐歎徵文考獻之窮此亦龍門柱下之羞而聖子神孫所不忍道也我明列聖重興鴻猷殊蹟史不絕書至於享國長久號稱獨盛前有世廟後有神宗歷年既永朝事多端其爲神聖大略相似臣考世廟實錄成于萬曆初年其時參核頗詳所載事宜班班具在今當皇上御極之初首允輔臣之請纂修皇祖實錄計輔臣留心掌故必有規畫授之史官而臣乃側聞朝家故事湮廢者多史局條章因循且久閣中之私記僅託筆於執事之人聖明之舉動半銷沒于禁庭之祕起居之職徒懸風影之傳失實凡如此類闕略爲多而況四十八年之內時移局換議雜羣分若初政之勵精中年之獨攬晚歲之幽深政不一也若册立妃封之緩急妖書楚獄之陰陽四明淮上之爭執論不一也若大相巨閹之威福稅璫礦使之誅求罪帥囚臣之禍國變不一也若東朝之數有震驚衆諫之頻干嚴譴

藩封外戚之屢有煩言疑不一也至於大警大災大兵大費若兩宮三殿之炎灰地北江南之水旱兩巷會落一救東藩北受虜王之臣中更口口之叛敗檄鐃聲動書罪狀凡此數案更僕難詳加以二十餘年之靜攝公車之言率歸高閣其所下六垣者不啻十中之一今欲總集諸奏牘括成書而寥寥若此又何所據剡所下之章諸吏積偷苟且抄塞而西臺之草六尙書之牘南北諸曹之陳列往往寂莫無聞積習若此又安望其大壁小璣左言右事上爲掞天揭日之文而下有金版玉書之頌哉今聞論者求其備而不得則有爲採訪之說者臣謂採訪之役必先擇人文學少年一經使命優游自喜過家上冢强半閒銷求其咨討正復不易臣請於中行儀部中擇其博雅端詳者分地而往務令幽遐之壤孝子貞女逸士高流悉討其實拾之囊中而又間詢故老核之名家悉錄其書以備闕見使五紀之內淒巖欲暖潛德爲光亦一快也

則又有爲專官之說者方今承明著作之庭雖稱濟濟多才而學有專門事難兼習如星曆樂律河渠三項非藉講求終難虛課則有臣所知若邢雲路之究心天文李宗延之研精律呂于仕廉陶朗先之熟習河漕或就其人訪其故實或收其書以佐參核使星躔再整宮徵重諧而水脈河源按圖可譜又一快也則又有言求野之宜公者臣謂皇祖歷年既久中間事變傳聞不一豈無稗官小乘自託名山遷客畸人私稱不朽及今不爲攷定後將滋惑無窮則請悉收其書明爲訂辨務令野之所信合于朝之所徵墓誌無靈齊諧息響又一快也則又有言邸牘之宜查者嘉靖初修武宗實錄曾取正德中留中章奏盡付纂修臣以爲皇祖末年所留諸疏藏在禁府定無散逸與其求之腐牘時有魯魚亥豕之訛何如請諸封事宣付史館使感時慨論者既得盡見而任情附會者毋得輕淆以今日之公是公非達皇祖之不聞不見又一快也

則又有言立傳之有體者攷國制大臣三品以上乃得立傳臣謂史以褒貶人倫豈論顯晦若令一遵官級將高門者跖蹻亦書寒退者夷鰌並屈以此垂後何益勸懲則請從大僚而下倘有奇節特行不妨並爲序次聞有大讒大穢亦復著其情形蕙蕕共列衮鉞平懸又一快也則又有言編次之有期者間聞史館諸臣隱心于督催之取怨習成于人衆之相推每至遷延動經歲月白首汗青幾何不爲劉知幾所歎乎臣考萬曆初年纂修二廟實錄輔臣請立程限每月各纂修官務編成一年之事送總裁參詳月終諸總裁官務改完一年之事送相臣删潤一時諸臣含毫吮筆無敢乞私差而圖自便者今應仍持此格卽四年之內神廟實錄刻限可成又一快也則又有言總裁之宜專者編纂之事草剏修飾潤色討論工夫不斷乃能成書要其緊要全在總裁顧或心分部務身直經幃事既難兼終成兩誤今請略倣萬曆初年責令總裁

諸臣分年專任示以畫一其秉直諸臣志在分黎不妨稍減其帙使有餘閒總統一專程期易了又一快也有此七者而後純疵纖巨犁然畢陳主德臣猷確然有準即千百世而後復有如遷如固如曄者出有不稱爲一代良史臣不信也抑臣因是更有進焉臣等日覩皇上臨御以來天表端凝禁庭嚴肅相聞講席諦聽潛心間有諭答周詳和雅人卜中興天開英哲倘非備極紀載奚以闡發休明臣請講筵之上日輪講官一員專注起居其朝廷政事見于諸司章奏者今之編纂止據科抄不無闊略合請另行申勅責令文學素優史官專意精詳無同故套其遇視朝御門即輪該日起居史官四員親近御座俾得傾聽玉音便于記注以倣古螭頭載筆入直紀事之意至於不時宣召及造膝密陳者但令入對大臣自紀本末封送史局以此爲恆庶新政爛焉可攷不復更有缺遺即千秋萬年所爲勒琬琰而書竹素者此已思過其半又何

至茫然索之敗楮而拾之耳傳哉此尤臣所願爲今日預獻以成一代之盛者也臣學淺才疎自知無當於史而目擊纂修在近不敢不陳其略惟皇上採擇施行臣不勝幸甚待命之至天啓元年三月初四日具題

論遼事在用人疏

福建道監察御史臣周宗建謹題爲軍國主持宜定廟算用人爲先懇乞急持宸斷以保大計事臣自備員以來拊膺揮涕日夕所憂惶而不釋者惟有遼陽一事臣曾首以爲言愚臣之衷知有敗報者久矣乃日聞瀋陽一陷臣心欲碎猶謂皇上御朝之日定有大臣面陳方略皇上動色勑諸臣以戮力詢大計于羣謀作何等驚汗躁仄之狀具何等痛哭嘔心之猷而靜俟崇朝倏無定晝豈諸大臣中尚有以不必張皇之說進者耶瀋陽既去虜馬如風往來倏忽倘令遼城一下山海之地不復可守山海一危登萊一帶盡在虜轂奴賊既乘于東大虜復逼于西

廣寧一帶又非復我有矣各處皆危而都城之內有何可恃市棍成羣
奸宄萬狀一有緩急言之寒心此此之危直剝床之災非僅震隣之恐也
而諸大臣中猶復泄泄相視莫肯爲朝廷用一破格之人莫肯爲朝廷
擔一任怨之事意欲言而瞻顧於旁人之掣肘心欲吐而趦趄於言路
之摧殘嗟乎嗟乎誰非臣子誰無肺腸而忍視我皇上之孤立而不一
援身被我皇上之恩遇而不一報扶顚持危能無深痛誠爲今計初無
奇策惟有用人一着爲目前第一緊要百凡防禦總藉人爲而臣所欲
用之人非猶夫人之所謂用人也平時之人橫金結綬赴闕生歡今所
欲用之人必被髮纓冠誓身死國者也平時之人安車緩轡徐徐吾行
今所欲用之人必擊楫枕戈矍鑠自薦者也平時之人小廉小謹標格
自持今所欲用之人必不衫不履不傍時趍者也平時之人求封求廕
晝錦在懷今所欲用之人必仗劍出門不與妻兒作别者也以如此事

任如此人而旁揣者猶爲之銖銖而較曰某向以某事而退某向以某人而歸某曾經駁于彈文某曾身掛於察典某爲習氣之未除某爲功過之不掩不徘徊于銓司即旁撓于私口嗟乎嗟乎抑何其忍於忘君父之封疆哉臣謂今日之事愈急勢愈難矣求人於今日亦太晚矣若復悠悠緩緩於所當用之人不從片時立決如張鶴鳴之却步未前熊廷弼之擬議未用即前此論兩臣者人咸服其無心而猶欲聽部覆以相延猶欲稱引疾爲罪案臣不知其解也即兩臣一山一水豈不欲求自適而臣爲國家計不得復爲兩臣惜也兩臣爲國家計亦不得自爲惜也計惟速招之來並集輦下使人心有所恃以爲壯而事急亦有所藉以爲謀如己巳之變城中有一于謙調度而城外亦賴有石亨石彪之策應庚戌之變城中有一徐階主持而城外亦賴有仇鸞等之聲援當日臣子雖多未聞此時便忌亨等之成功也又如原任吏部郎趙邦

淸者其人即素稱任氣然臣嘗觀其治滕諸狀及讀其論遼三書似有成畫以此人而置之危地即不敢必其有何奇績而死守勿去可以立保與其欲留爲別用何如即轄之遼陽臣不知朝家一尺之組與數百里之封疆果孰重而孰輕也又如董應舉之先幾遠識能預料遼事於二十年前臣亦嘗觀其策遼諸牘於後來之事了然如見則急宜優之京秩資其謀議而不得遽推塡撫賔之遐方又如徐光啓之精心考究於一切兵甲器仗火車火工城守攻禦之具無不具有成製即其人近儒習不必責之戎行而自可召還以備顧問又如韓萬象之綽具才鋒劉時俊之饒有心計即其人一棄山林一經近擿不敢輕言重用而要其赤膽熱腸定可以資半臂國家當此大危大難之日不急急爲樹人之計而猶復斤斤爲平時株守恒格恐一越格而人言及之惴惴焉畏譏彈如畏虎亦何見之太淺矣雖然臣所列者皆棄而不用及用而猶

被言者也若臣前所舉如王在晉涂宗濬熊明遇李邦華朱光祚等此其名姓久歸衆望惟在用之各當其才又若臣所確知科臣楊漣其沈謀遠識足壓一時尤宜亟賁其幹濟而現前卿座如林郎階如積其間眞才眞膽正自有人臣卽不敢並列其名計掄才者必當懸鏡而精求之矣從古天下事皆仗天下人爲之樂毅以一人興燕廉頗以一人存趙郭子儀以一人定安史之危李晟以一人平朱泚之亂裴度以一人成功于雪夜寇準以一人決策于澶淵卽我先朝臣謙以一人成復辟之功臣守仁以一人破逆濠之叛臣宗憲以一人勦大寇之倭獨有宋之衰可恃惟李綱一人而棄而不用至後韓岳諸臣痛心恢復竟不免于賊臣之剸刃當時邪黨尙有議岳家軍爲太橫頌檜賊之能解三將兵者徒令千古而下咨嗟歎悼欲起讒賊而鞭之而奈何以堂堂昭代顧有人焉欲蹈此奸魂之積孽也哉抑臣又有說焉新經臣袁應泰縱

橫雖短志節可鑒雖有近事之失猶應憐其誓死之忠此與楊鎬之貪罔禍國實難同日而語人臣當效古人同舟之助不宜效後世倖災之心併膽一力如救頭然則臣願輔臣冢臣及樞臣終日相聚而謀勿再優游袖視勿再顧忌人情當思屐齒欲折之深心勿學圍棋賭墅之虛貌更願諸臣當思有事時求人甚艱毋於事定後責人太易當思今日只有此事之驚危毋於他日再多小事之爭執此尤今時救邊第一根本義也臣目擊心憤不敢不言顧終不出臣前疏用人之説他如防西虜練京營備山海護糧餉搜廢將調家丁其説不一總之得人則件件俱得失人則件件俱失臣不敢以紙上之方略而附賈生之哭涕也伏乞皇上特示嚴勑立賜施行宗社幸甚臣愚幸甚臣不勝激切待命之至天啓元年三月十七日具題十九日奉聖旨該部一併議覆

議恢復河東疏

福建道監察御史臣周宗建謹題爲直述狡虜可伐之情請堅恢復河東之志毋專言退守毋再延捱以貽誤國大戮事臣聞天下强弱之勢譬之相搏我進彼退決無中立矧一當久勝日鼓則日前一當屢挫日怯則日縮狃其縮而安焉計當一無所之忿其縮而奮焉一呼可以立振猶之犇且仆者蹶然自立挺然向前站立一定而逐者亦止此今日東事得失之大勢也朝廷昔年銳意勦滅輕率喪師今見虜勢披猖陷我遼左逼我門庭漸迫而進反欲漸退而守惴惴焉不思爲捲土恢復之計則是口口李永芳之逆謀所以愚我中國者乃欲以此自愚也且今日之勢不可不恢復者其說有三可以恢復者其說亦有三而計必出于恢復者其說又有二國家連年斷送幾千萬生命于遼陽斷送幾千萬金錢于口口斷送幾百員貞臣烈將于沙場匹夫有恨尙思報復何況大國便自包羞此不可不議復者一也前此失一城一堡尙不勝

憤憒而有三路之舉有十八萬之集今一朝而喪祖宗數百里之封疆顧乃束手歎氣視若固然一棄之後何所不棄臣子何以仰對君父皇上何以上慰列祖此不可不議復者二也國家氣運全在人爲安史之變天下去而復來奉天之厄宗社危而復定轉危撥亂從古已然豈一狡虜遂甘退讓此不可不議復者三也當時遼民苦西兵苦降虜苦車運輒有詛望之心今遭虜戮更慘更毒怨氣所結豈遂消沈洛邑頑民田橫義士山間海上豈曰無人此可議恢復者一也當時虜巢深密險惡難前今口以遼左爲巢地廣力分衆心未集彼方求守之之策而我乃爲擾之之謀道里遼闊勢難照應虎狼雖猛離穴易擒此可議恢復者二也川兵一鼓殲及萬人儒生一椎殺及頭領口口之兵豈眞如神如鬼有異於人但使我肯向前彼自決然退避事由人做有志竟成此可議恢復者三也且今日計欲結連西虜牽掣東虜必使堅圖恢復我

無畏虜之心而後勁氣不衰始可得西虜之用倘令畏虜如虎甘心棄地豈惟虜欲難厭亦且西虜生心東西交困何以自存此勢之不得不恢復者一也且隔河一線我不過東則虜必渡西彼無大挫必求大逞廣寧不已漸而山海山海不已漸而神京卽欲自守何以爲國此勢之不得不恢復者二也夫以不可不復之恨有此可以恢復之機而又處不得不恢復之勢顧不著著上緊事事奮揚必待虜計已成聯絡牢固乃欲借一河一海恃爲鴻溝臣恐謀國大臣雖有百身肉不堪食也誠爲今計請急督兵三萬發三岔河鎭守以兵三萬發登萊鎭守以兵一萬發天津鎭守若云一時調募未足則請以五十萬金付王化貞自募以五十萬金付登萊道臣自募以二十萬金付畢自嚴自募朝廷視此百萬何啻錙銖事在剝膚豈容慳惜再倈川兵併集浙兵齊來聯絡十萬之師以四萬從登萊渡以攻虜之後以六萬從三岔河渡以擣虜之

前使其腹背受敵支吾不及卽未必繫□之頸而遂□遠去仍可得遼爲鎭因而進取殺□可期正未可以今日一敗遽爾索氣也乃臣所痛惜者密勿輔臣不能爲中流柁師主張國事本兵重地如憨如醉一籌不展更可笑者以大司馬帷幄之寄亦自派于坐守一門而其自謂拮据者則惟搜覽朝報日昃不遑如同官張捷所言中朝有如此等人亦足羞殺當世士大夫之氣矣乃猶欲仗之折衝禦侮動以舊經臣之更換爲戒是有一袁應泰之誤國將使土寓木偶終長據而不易是當局大臣明明以國事爲戲恐金甌天下不壞于□□而壞于二三大臣之迷晤矣臣忠憤所激敢直言之以壯中國臣子之志請我皇上立斷而行臣不勝憤切待命之至天啓元年四月十九日具題二十二日奉聖旨遼陽自當恢復然須厚集兵力逼所奏著該部議覆去病案此疏因袁應泰新敗而發

議弔恤遼亡將士疏

福建道監察御史臣周宗建謹題爲援兵必不可緩弔恤萬不可無懇
乞勅募調使臣加意撫恤以紓愁慘以鼓義忿事臣竊觀國家連年用
兵率以寡謀屢經敗衂家家痛哭戶戶招魂愁怨之氣日月爲晴比者
遼瀋繼陷殺氣連天風雲滲黯愁結萬里臣意聞報之日不知朝廷當
有何等忿惻何等哀痛而乍聞驚訝旋卽遺忘匝月以來不聞下一紙
弔恤之文不聞出一句慘怛之語河邊枯骨不能博黃泉一陌之文野
哭千家不得被天朝銖兩之惠視其就戮若爲固然在死者飲恨幽冥
無從告訴卽其家妻兒腸斷亦復呑聲獨使旁睨之人心懷私憤誰不
謂朝家如此寡恩耳聽淒聲誰不謂諸人空効死力旣足陰干天怒亦
且冷落雄心日者調兵不應募兵不前效已明見於此矣今見朝中又
復急調川浙之兵但一開口幾萬幾千何等容易而所謂黃沙白艸之
頭髑風嘯雨號之怒氣猶然不見議一垂恤示之矜憐夫財帛者人之

所重乃欲其立時慷慨不一躊躇此亦世間大不情之甚毋論朝家法
令到此必窮卽揆之造物感召之常亦不應有敢死輕生之報此臣所
爲日夜隱惻不能不一呼之皇上者也今請皇上特布明詔申寫哀痛
於三岔河口布壇設祭收集幽魂仍於調川兵日卽着臣同官李達科
臣明時舉齋帶祭金幾萬細查陣亡諸家厚爲周給再查陳策童仲揆
秦邦屏鄧起龍周敦吉等十餘人贈官錄子尤錫勞秦氏幷厚蔭邦屏
之子秦拱明以勉其一家殉國之忠其浙中召募亦乞勅撫按查爲一
體賑恤庶皇恩所激幽忿爲之一開義聲所鼓衆兵各思爭奮此實議
調募中第一鼓舞之法諸臣言調言募似猶未及乎此故敢直吐其臆
伏惟皇上立賜施行仍勅各臣刻期集兵毋致耽延以遲殺賊至於司
臣劉時俊素懷心膽尤諳兵略其於土司情形知之更悉脫使鎭江鴨
綠之間早如時俊昨年之計牽掣口肘必無今日則調蜀兵而因收蜀

中之才尤國家急封疆而寬議論之一端也敢因調兵而併及之以備
皇上採擇臣不勝激切待命之至天啓元年四月二十一日具題二十四日奉聖旨這所奏知道了劉時俊
著該部議用

卷四十七完

同邑柳棨疾鄭瑛校錄

卷四十八　　　　邑後學　陳去病　纂輯

明一八

周宗建 見上

嚴奸細疏

福建道監察御史臣周宗建謹題爲請特勅山海守臣重加防察內奸以絕口謀事臣覩奴賊連年專用奸細自剋撫順剋開原剋鐵嶺以至剋瀋陽遼陽皆以此輩得力近賊復用此計窺伺內地傳聞口口李永芳有謀主李伯龍專以水滸相傳之狡策巧裝醫藥各色之奸徒近既以降夷得計安知不卽以降兵放歸流布寬以赦死懸以重賞置之有意無意之間任其半或逋歸半或報効此種小人儘有墮其迷惑而不覺者今所擒獲之人如降兇彭坤直等雖其堅口抵賴而中情終似叵

測在內地者既經奉旨嚴緝而臣思此輩出入皆繇山海關或從一片石偷渡若守關之吏不爲著意嚴防止取虛文唐塞恐此輩入而復出潛透情形其害又有不忍言者今請皇上嚴敕山海關主事及在鎭諸臣于一片石等處加意防察果能擒獲出關奸細者官爲紀録人給厚賞倘有疎虞重加罰究以爲不職者戒此亦陰絶口謀之一端也臣因審鞫降卒而併慮及此伏乞立敕施行天啓元年四月二十四日具題二十七日奉聖旨奸細內外出入宜嚴加盤詰依議行山海部臣幷各官一體申飭該部知道

設防天津登萊疏

福建道監察御史臣周宗建謹題爲天津登萊之防萬不可緩懇卽議添兵將以伐敵謀事臣覩口口既陷遼陽奄有河東口口之噬貪厭無窮兼以叛賊多方狡幻不可測量今聞旅順之去天津三日夜可到其去登萊一日夜可到雖口口性不習水而叛臣賊子降服者多且海蓋

四州既皆懾服即用其土人揚帆跨海千里之道一葦航之即未遽能横行兩地而刼取糧餉抄掠民貲不知兩地孱民弱卒其能與之抗否臣念及此中宵蹶起不能貼席今天津雖設撫臣畢自嚴而登萊尚未聞一慮及且天津現在水兵僅足成隊尚須廣集義勇以壯軍聲而登萊全無預備雖道臣陶朗先可資謀略而徒手孑身豈能殺賊合請多募壯兵統以大將俾扼海口之要使一時壁壘赫然改觀庶□□雖狡亦苦望洋且兩兵一設時出游艇潛行偵探聲言恢復暗示搗巢使□有内顧之疑亦可掣其入犯之肘此實今日扼吭擣虚第一要著至於三岔河口增兵壘營事在剝膚患同呼吸倘令此地不守雖有山海斷不可恃相臣樞臣所當專一料理無逾此三事者遼陷以來又將一月時日易銷□謀益急伏乞皇上即勅畢自嚴速赴天津責成調度仍問兵部作何防禦登萊更問現今三岔河口作何防守保無□馬渡河

立勒回話毋令臣言又復沈之部議臣無任迫切懇望之至天啓元年□月□□日具題□□日奉聖旨這所奏水陸防禦事宜該部作速議行去病案此疏當在四五月間所上

酌裁兵餉疏

福建道監察御史臣周宗建謹題爲議餉須清用餉之源議兵先酌用兵之地謹請詳言近勢以期樞計大臣實心謀國事竊惟國家自有遼事來策兵策餉諸凡見於條陳者不啻舌敝墨渝卒未嘗有畫一之法可裨實用者但知興利而不知除弊但知添兵而不知用兵無惑乎終日議餉而餉愈不足也獨戶科都給事中周希令核餉一疏言多石畫臣嘗再三讀而嘆曰令主餉者盡遵此說何至仰屋攢眉至付之無可奈何之地哉臣因謹將近事不可解之故條爲數端與樞計諸大臣商之夫兵之與食不可相離之物也今主兵者皆言某處應用兵若干某處應添兵若干而獨不言某處之兵應以何處之餉某項之兵應以何

項之銀兵同聚米而餉若鏤空此臣之所爲不可解者一也即主餉者亦皆言某項可興利若干某事可生財若干而獨不言某項之可減者若干某事之可豁者若干入同珠玉而出等泥沙此又臣之所爲不可解者一也然此特僅言其槩也更有近事之不可解者山東之地沮河濱海登萊一帶則山東之邊壘也護山東者宜莫急登萊矧有三方布置之說則登萊一路又廣寧之要道也即撫廣寧者亦莫急登萊今於山東內地突議添兵五萬僅議割五之一以佐登萊即撫臣趙彦精心碩畫必有遠見第以今日之勢而相度齊右之形則屯濟上者不過爲萬一不虞之備而備登萊者乃爲今日必救之着今登萊之兵既不可減而復添此四萬內地之兵則添兵一萬即有一萬之安家即有一萬之器具即有一萬之車馬衣甲即有一萬之官員將領必得二十餘萬之餉始足以供一萬之兵合四萬計之當得百有餘萬之餉不知此餉

從何取給譬之救饑寒者不急目前衣食之需而先爲倉箱積谷之計其計非不良而不稍迂乎此臣之所爲不可解者一也督臣王象乾以皤皤老臣急國赴邊自不可無貔貅之旅壯其行色第當此多方窘竭之時而酌緩急有無之用則得萬人爲隊添其壁壘亦已足矣今聞招募之議多至四萬夫添兵四萬則必添餉百萬夫此百萬之餉不用爲進取之資而姑設爲防守之備不猶之救疾病者不急目前瘵死之劑而廣搜苓朮爲延年計其爲計非不良而不稍迂乎此又臣之所爲不可解者一也至于廣寧之兵斗米千錢日苦枵腹如按臣方震孺所備述者其言甚痛第臣反覆思之諸兵之食仰給官家官家之粟運從海上遼陷以來聞督餉侍郎之海運者不啻幾十萬矣即寬計之亦當足十萬人數月之糧何至各兵疲餓煩糴買於民間至以帑金一兩而僅易一斗粟哉頃見經臣近疏始知米豆多積海岸半至浥爛夫以巨浪

驚濤千辛萬苦之餉而竟以轉運不接使有餉不以飽兵士而以委風
沙是他方之憂憂貧而無策而河西之憂憂富而無策也此又臣之所
爲不可解者一也夫此諸不可解者秉軸大臣或別有大計而不及言
樞計大臣或念有顧忌而不敢言臣久藏于中欲一言之今更不言又
何時言也以臣計之所議山東五萬之兵合請停募止將現募之數分
撥登津而登于進取更近則當盡撥浙閩之兵合之江淮之數付之撫
臣使不苦于坐困則一酌晝間而減去四萬之兵卽可減去百有餘萬
之餉矣合以所議薊鎭之兵量足一萬以壯督臣其餘悉請停募則減
去三萬之兵卽可減去七十餘萬之餉矣現在川兵將至毛兵已來合
以此數盡發廣寧此兵既齊則現在之兵如按臣所云似人似鬼涕泣
不前者約可汰三四萬則汰三四萬之疲兵卽可減去八九十萬之實
餉朝廷原非開一大養濟院於遼西決無取象人塗馬空糜財賦又非

發一點名册於口口又何必使殘骸頽魄湊數沙場此即經臣近汰疲兵之法諒必不以爲不然者也今使樞計諸臣蒿目竭心不能歲添百萬之財何如一舉筆間便可減去三百餘萬之餉不猶之言興利者坐增國家以三百萬之財也哉而直是漫置不理豈其恐傷撫臣趙彦之心不知彦之素守急公必不以此爲嫌又豈其恐傷督臣象乾之心不知象乾老成謀國亦必不以此爲訝也夫治天下猶理家然當家事紛紜之日不從一切無益塞其滲漏而終日告逋典債東索西求則雖日入千金必不能抵漏卮之潰今不核兵酌餉而徒事搜求即使天地爲罏滄海爲府其能歲供一千餘萬之財爲我五年十年之用哉勢必不能則惟有坐嘆立槁叩閽而乞內帑內帑終有盡時恐不煩口兵三四年間天下大亂作矣臣目擊時勢躊躇隱憂不敢不詳言其端伏惟皇上即下戶兵兩部立時具覆實見施行仍勑督餉侍郎專意料理本色

接濟河西併議海岸搬運或倣董摶霄人運之法或仍酌派車牛從長計議以成畫一之規以爲兵食之準以助經撫諸臣進取之用區區之愚頗有裨益實非空言臣不勝惶悚待命之至天啓元年九月十三日具題十六日奉聖旨該部酌議具覆

首劾客氏疏

福建道監察御史臣周宗建謹題爲朝廷之信義難輕宮禁之舉動難褻仰乞聖明急割小恩以昭大斷以愼大防事臣聞開國承家小人勿用所以謹其始也而于左右近習爲尤甚履霜堅冰漸不可長所以謹其細也而于内外防維爲尤甚我皇上御極以來早朝晏罷廣採博收無事不善即近者于魏進忠之濫敍既收成命于客氏之出復不逾時一時臣子無不歡喜踊躍拳舞而頌我皇上英睿之性終始不渝信義之昭四時不易從此近習無不肅清乃昨忽聞皇上復有宣召之命仍

令客氏進宮諸臣得之爭相疑訝豈我皇上眞眷眷于乳哺之恩而不忍一決哉臣于客氏之侍皇上誠不知其何狀第即皇上近日宣示之言及外庭所以揣度客氏之行計不過以推燥居溼之勤告勞苦于皇上之前而已計不過以婉孌煦愉之態効懇懃于皇上之側而已計不過以巧伺嚬笑之智善將迎于左右以嬉諧諂諛之習工媚悅于燕閒而已夫此數者微勞薄行有何足恃客氏而得以此蒙優卹于清禁飾錦綺于周身賜重土田名班一品所被亦既奢矣乃猶欲久圖內侍戀戀不舍客氏之意欲何爲乎臣聞小忠者大忠之賊也小信者大信之殘也芻豢進者藥石之所不能嘗也便嬖習者忠讜之所不易入也以我皇上天倪初諧前星將朗三宮之內叶吉承歡而乃使有客氏者私恩小謹日進于前令色甘言日陳于近將恐心移于燕暱者或反覺淑愼之疎念動于細言者或易開譏搆之釁即使聖明天挺究竟終無此

事而顧此倖萌曲贇豈四郊多難之日所當親近習細娛豈弓劍初藏
之後所當近婦言女謁豈聽受經史之時所宜分玩愒優游豈獨總萬
幾之朝所宜及皇上誠瞿然省念惕然猛思則凡客氏之所以取憐固
寵者方將厭且棄之不暇而何乃日習日親至褻清禁之嚴爲保母報
勞之地哉且皇上于客氏既已涓吉治行大小臣工共聞且見細民巷
語亦各歡呼乃出不逾宿而寵命復臨兩日之閒乍出乍入人且謂天
子成言有同兒戲法宮禁地僅類民家無論聖明之舉動有乖亦恐內
外之防閑甚褻今既無以信衆後將何以令人所關聖政豈復渺小卽
皇上今日或謂堦前寸土不足爲意婦人女子束縛何難不知此輩無
知一叨恩格便思逾涯從此而後狎暱忘紀漸成驕恣人之多言靡所
不至必謂皇上溺愛近習故狥其苟得之情重割小恩遂忘其私昵之
讒釁孽漸起寵競日繁皇上于此時而始悔今日之優柔思始事之不

斷雖欲追挽亦將何及臣誠慮此能復顧此輩之私嗔而不一告之我
皇上哉昔漢楊震于靈帝初年爭執王聖之弄權左雄于安帝初年極諫宋娥之專寵齊世祖天唐初年以陸令萱之蠱惑卒至大亂其國凡此三君召尤致咎皆繇保婦主既無終彼亦自禍原其事始皆謂無傷迨乎末流遂成兩敗迴思恩寵反作禍胎往轍若斯千古痛息伏乞皇
上深鑒積漸之難開重念禁防之宜慎內庭儼肅非可借以濫庇私人
主德剛强必不安于私加小輩仍將客氏一依成命仍賜出外則所裁于一時者似彰大斷而所保全其終始者實見深恩所謹于客氏一人者似小而所昭示於天下臣民者甚大臣用敢不避斧鉞謹吐其愚惟願皇上蚤持明斷立勑施行臣不勝惶悚待命之至（天啓元年九月二十日具題）

論遝事責成輔臣疏

福建道監察御史臣周宗建謹題爲制虜全無成局算勝專在廟堂懇

勑輔臣蚤持定識以保危疆事臣竊觀東口發難以來兩度調兵三番易帥疲竭天下困弊中原於口無亡矢遺鏃之害而遼陽片土半沒腥羶三年於茲迄無成算而臣以爲遼事之壞不壞于無兵不壞于無餉不壞于經略將帥之無人而獨壞于大臣之無識何以明其然也方撫順失事之後特簡楊鎬授之尙方十萬之師徵集塞下誠于此時先築撫順修我封疆俟其再入殲之境上此定着也乃當國者漫無定見徒使暗濁卑流呶呶出議而輔臣因以爲票擬之準鎬賊遂以爲進兵之符一言督戰全鋭俱亡則宰臣之無識誤之也既敗之後馬林尙未全沒李如柏且已掣還此時惟有嚴備開原聯絡北關爲死守計此又一定着也而當國者復漫無定見所票明旨全無經畫二三庸流惟推一紈袴之李如楨疎莽之劉國縉倚爲長城而鎬乃眼迷心亂茫然無措使開鐵繼陷屬夷淪亡則又宰臣之無識誤之也既而起熊廷弼于田

間再徵兵于海內此時口以方張之銳視遼陽如掌中廷弼乃決計自强槃濠峻堞使人有固志而後乃城瀋陽屯奉集相形勢布聲援致口口心疑未敢深入獨此較爲得着而閱視一遣復亂人志用夷之言不效同舟之劍遽與當國者復漫無定見徒使去一經臣用一經臣而或戰或守尙無定算則又宰臣之無識誤之也至于今日新臣受事壁壘初更臣計此時惟有固其膽志多其峻防守廷弼已效之規絕口賊中土之市使其退則憂于饑疲進不至于大掠一破攖城自守之譏洗明廷弼孤忿不平之氣持之幾年虜無大利我無大害口終心希中國市賞之利而悔禍求服當有定期此又今日不易之定着也乃當國者復漫然不見一主持不聞一料理人言兵十八萬則亦曰十八萬人言餉九百萬則亦曰九百萬人言撫順可城則亦曰撫順可城隨人高下一無短長日者入犯一報口已浸浸薄上國矣于此尙不急急布置而猶

從容迂緩爲太平宰相之貌一旦有警計無所之則惟有如前歲之早閉九門而已嗚呼大臣無識若此尚可與談天下事哉臣聞宰相者上佐天子下平四海謂其有大識大力照見天下之大勢而屹然持之始成爲眞宰相若今日遼陽大勢則固曉然易見矣一同之地戟影相交非若世宗朝之倭酋神宗朝之關白有航海阻濤之遠也又非若先年之孛酋播酋僅據彈丸其力有盡其勢易衰也彼以新鋭之强憑蓄饒之後計聯西虜情熟叛臣儼然大敵而謂二三年間可能結局臣不信也即使今者入犯暫復退去而其入犯者仍在也即更三年五年未必長驅而其可長驅者仍在也即令現兵十四萬外再加兵十四萬而口之勦絶終不敢必也爲相臣者誠知其大勢而確然以定議持之此議一定不妨明示經臣以保守明計兵食於久長使經臣不至戒心于廷弼之被言不必借城撫順之説以自白灼其孰爲勝着則雖盈廷紛議

衆口譁然羣指我以爲怯而堅不動也灼知其孰爲敗着則雖高談介子侈論終軍日賈我以慷慨之氣而亦堅不動也夫此堅不動者則大臣謀國之遠識非諸曹小臣所可得而及者也以此收遝之局卽不能出于犂庭之上策猶不失爲綢繆之中計脫復去此而紛紜旁雜條而口退遽言進取條而口來便思退避常使縧籠反在口手而進退我無可據不幾爲趙宋之覆轍也哉臣請輔臣自今以後須先知平章軍國乃宰相第一緊事料理人才乃宰相第一忠猷使全遝形勢常悉于胸中卽局外犳如誰得而亂吾之謀使海內人才素諳於平昔卽衆言互異誰得而熒吾之聽使兵食大計盡經於思算卽道旁殊議誰得而易吾之畫以言議兵而十三萬餘之外益以一萬餘之家丁更無煩於再議也以言議餉而十四萬餘之兵應以五百餘萬之加派大略相當部議之多至九百萬者可細爲之簡汰也以言用人而熊廷弼之氣吞驕

虜張鶴鳴之戮力行間王在晉之精析牛毛涂宗濬之胸羅紫塞熊明遇之奇翻八陣李邦華之思入重淵朱光祚之才足追風楊鶴之忠堪矢日俱可促而備緩急之用也此又今日一定之急着也故臣願相臣之早持定識也相臣能具此識而後任事者有恃無恐持議者無得旁撓相臣所以輔新主而中興者斷無外此一事矣臣願相臣急圖之今日能主張遼事安穩無虞即他有闕遺可從寬略畢竟爲天啓朝第一名臣今日不能主張遼事復蹈舊日之轍使邊城再陷危及都邑即使一批一對事事協人一身一家件件清謹要亦爲相譜中第一罪案相臣念此宜何從焉自古及今有臥薪嘗胆之恨然後有沼吳之霸業有起舞擊楫之忿然後有江左之中興有力決過河之勇然後有澶淵之凱奏有熱血欲灑之痛然後有英廟之復辟有一日數札飛騎屢通如拱如居正之留心邊事然後有隆萬五十餘年之欵貢國家當大疑大

難之日不仗大臣決策而欲依違築舍俛仰人言以僥倖于無敗不幾羞宮保而貽宗社之憂哉臣忠心所激義不能默然不欲繩相臣以難爲而獨規相臣以定識相臣識定而遂之殘局尚可收拾也嗟乎遂事危矣相臣不任誰復任者皇上不責相臣又誰責者願皇上早勑二輔急圖遂事毋再迂迴毋再推諉知臣罪臣所不計也臣不知忌諱披瀝愚誠惟皇上垂察焉臣無任惶悚待命之至天啓元年十二月十八日具題二十日奉聖旨軍國大計廟堂自宜主持閫外機宜仍當參合畫一還所奏裁定兵餉固志峻防以待□□悔禍及熊廷弼等着該部詳確具奏

請恤東南加派疏

福建道監察御史臣周宗建謹題爲東南民力已窮加派疊增可憫乞勑戶部加意查核以甦積困以平偏累事臣惟民爲邦本而東南一帶則尤國家根本之本也聞者□□發難以來四方徵調處處驛騷遍地加編家家坐困而三吳幾郡每畝九釐等之海內凡茲小民目擊君父

之難共有頭目之援卽罄髓以供自不敢後乃近見憂民艱者有照銀加派之議臣固深服其恫瘝一念眞堪流涕而第其事有難概于臣鄉三吳者臣請得詳言之臣嘗考海內賦額東南居其大半而蘇松常三郡又居東南之大半三郡之中蘇又居其大半人但知三郡賦甲天下而不知此非祖宗制憲本意也當國初僞吳僭竊之時東吳平定獨後諸地高皇帝忿其久據遂悉取民間租額準爲賦額名爲官田而此後開墾民田仍以五升起科本以示懲一時初非持爲永則後因成祖靖難征討四行財力殫殘未及更定後宣德間撫臣周忱痛念吳民獨當偏重因奏請官民兩田裒益多寡稍得適均然計其賦額每畝約納本色者一斗八升八合有奇而兌軍之加贈不與焉納折銀者一錢三釐有奇而收納之羨耗不與焉納丁徭者一分二釐有奇而白糧細布櫃頭諸役之費不與焉合計一畝所輸較之他省上者不啻五六畝下者

不啻一二十畝矣夫以一畝而當一二十畝之輸必使其田獨稱上上則可而臣按三郡之地于土爲塗泥于田惟下下於畝額則止二百餘步於歲入則止有秋一收則所爲地之種者非有兩岐數穗獨奢於他地之穫也其所爲人之力者非有神工鬼斧獨異於他方之人也獨以揚越之人性耐勞苦汙瀦之地人習河經筴筴小民既迫于生之無資不得不畢命於耕種而又束于上之厚斂不得不剜肉以上供二百餘年來若共習此爲上天獨降之凶莫可如何要其眼盼心懸固無日而不望朝廷之賜蠲無日而不思周恤之再起也若他方之人不悉其因遂認以爲膏腴之壤其賦應多則不均不平之嘆在他方猶在加徵之日而在三吳已在派額之初他方之苦不均不平也謂以輕額而同並重之科而三吳之苦不均不平也正謂以並土而獨受十倍之賦臣方將追訴偏枯之困于當年而倘欲益重偏枯之病於今日是亦古今來

未有之不平矣且皇上亦知三吳近來凋瘁乎臣嘗詢問父老謂吳中三四十年前絕非今日風景向猶肩摩轂擊今則戶冷門衰矣向猶鬭采競奢今則捉衿露肘矣向猶樂施好義今則自救不贍矣向猶春煙秋水逐隊而餍無筭之錢今則老雨酸風閉戶而講無聊之計矣貌似日趨而儉人實日削而憊要其所由初無難解向者網疏目闊生意儘多今則政密事繁利途已盡也向者散逋零欠猶可容於法内今則銖筭毛吹且頻求於法外也向者三年五年尙思逢赦今則一日二日莫從措足也向者源大物饒子母易辦今則息微害重稱貸無門也以如此情事如此淒涼而宦其地者或未及察至以一市紛囂掩却四郊之慘以積愁重歛反來殷實之稱遂使饒名獨著而衡財賦者不見憐焉斯不亦寃之甚哉臣請設爲兩喻有兩担夫于此一担五十斤一担百斤苟不量其力之本齊而漫爲担重者仍當議重担輕者仍當議輕則

此一夫者雖少受稍輕之利而彼一夫者不將令其絕肋折脅而就斃哉如臣之愚則眞有直捷之法于此如全楚一省即不敢望多蠲但視地之下者直請少輕其派計一省所蠲不過幾萬在國家收之僅供逃兵一二日之破冒庸弁二三輩之貪漁正使少加清核何必爭此零星此法之宜請量豁者也又如三吳諸郡即不敢望求減但臣查前此倭播所加兵餉每畝二釐諸省盡蒙恩詔蠲免臣鄉仍獨私徵使得扣抵援遼亦可少省一二即近該撫臣胡應台疏稱防倭增兵無所取辦而臣查臣鄉賦額存留甚寬往往多乾沒于猾胥老掾之手每當事敗莫可追求何不從中量抽緩解以充前費如近者蘇州知府沈萃楨華亭知縣章允儒設法惠民人皆尸祝此豈遠事何難倣行此法之宜請量扣者也有此簡捷之法既不妨餉又不累民主計者又何惜一言調停而不一救此嗷嗷無限之赤子哉臣目擊天下東西交訌所在告警獨

東吳一區從來柔順莫敢梗化誠不忍其日就塗炭獨當海內之釁故敢爲皇上陳之伏乞皇上念三郡根本之重憫小民偏累之艱勑示戶部將恩詔久免倭播兵餉扣抵援遼餘仍從長酌議以濟全楚之窮庶加派各安而人獲稍甦東南百萬生靈且世世頌皇仁于千萬年無窮矣臣不勝惻惕待命之至天啓元年十二月十九日具題廿二日奉聖旨該部酌議具覆

請更置邊方有司疏

福建道監察御史臣周宗建謹題爲邊警日危需人日急乞議臨邊要地選擇有司以固疆圉事臣惟天下治亂關於有司矧在邊地尤爲吃緊嘗考漢世虜數犯邊不能爲患如廉范守雲中耿恭守蒲城皆踰年不下卒至全安其時有急卒多發張掖酒泉敦煌三郡之兵應之乃知古昔責專守令其任特重故時平則賴其撫安遇警則責之調度固未嘗舍近事遠重內輕外以邊方遼遠之地寄之年老途窮之人俾其以

官爲市以國爲戲也國家近日臨邊諸地多用乙科間有明經卒屬耄年形既衰憊志亦灰短百事支吾盡成廢弛差幸薄遷視爲常套選曹青眼不及遐方遂使沿邊一帶竟同遷謫之鄉間有賢者風霜獨苦得調如常惋歎知希天高莫問蓋邊地有司之弊與有司之苦大略相當脫令此輩一遭警急不爲棄城之逋客卽爲泉下之死人縱有千羣不當一用譬之人身臍背腰脅之處緣非當面遂置不理及其爲害奚止眉睫臣觀穆廟初年先臣高拱曾有議處邊方有司一疏內云薊遼山陜沿邊有司雖是牧民之官實有疆場之寄其條畫諸欵誠爲石畫現在西川之變逃官種種聯邑成墟求如張振德之死殉翁登彥之卻賊指不多屈此亦有司庸耄不忠之明效矣今者口口歷境羣虜窺伺人心易搖內盜思起若使近邊有司仍不從新更置則此輩望風相靡遂成故事迨其事敗誅之既不勝誅卽盡誅亦無益於破壞言念及此實

可寒心臣以爲趁今大計之時各官鱗集賢否星懸合請勑下吏部選擇甲科有司年力精强才氣超邁者摘出沿邊各府州縣悉更其人不得混雜調簡之格仍須專責之以團練鄉兵固結民力繕城整器積草儲糧務令一城壯實隱然金湯之固其能稱職者定以賞格陞轉之期仍比內地半俸超遷其別有捍禦奇勞者復如軍功不次擢用後遇邊道巡撫之缺即從此擇用不爲過也倘有粉飾浮具及觀望推委以致誤事者立時斥逐輕之內地罰亦加等賞罰既懸勸懲自倍諸有司中豈少殊才異能之人自樂功名之會矧有信賞明罰之令敢懷退避之心但使一城可守足勝幾萬之兵城城如此聯絡無虞既可使地方安戢羣盜潛消即令猝遇大警可以徐待策應外藉聲援集衆人忠義之氣成內地鞏固之形此實方今第一急務即無口氛自當首議況迫邊警豈容緩圖伏乞勑部即日酌將任淺賢官開列邊地盡爲更置以後

凡遇邊缺卽從新甲科中擇選務使人無規避各盡其長庶彊圉可固而聖世人才不至終以文飾壞事其爲補救良非淺鮮伏乞聖裁立斷施行天啓二年正月二十九日具題

申救文鄭兩史官疏

福建道監察御史臣周宗建謹題爲時屆嵩呼之會請開嚮納之懷仰乞收還成命以新觀聽以光盛美事臣竊覩我皇上以首出聖明初登寶極開科取士而賜文震孟等四百人及第有差蓋前此未有之盛典也榜下之日兒童婦女無不交相謳舞以爲一甲三人夙名時彥適副龍飛首科之舉既復弘開妙選廣取庶常至三十六人以此卜我皇上中興丕業人才蔚起卽震孟等亦無不人爭濯磨各思奮翼用以仰答聖恩上酬知遇不意頃者震孟以抗言時事遽蒙嚴譴降謫外補而吉士鄭鄤以申救震孟亦復並謫夫人臣事君如子事父生成予奪皆由

君命皇上既以狀元吉士榮之而復以外補辱之即兩臣敢不自懺其安甘受如飴第念皇上欲以外補挫兩臣而人乃反憐兩臣之贛數日以來街傳巷語輒各喜談震孟一事反若以其外補爲榮是皇上之所爲辱兩臣者乃外論之所謂榮夫使兩臣得狀元吉士之榮未足而更益以外論之榮將使書生之名反重而皇上以不能容一書生其威反輕臣爲聖德計已覺此舉萬非所宜矧又非獨關聖德也明旨不云首科取士乎凡士之進率由諸臣等置而狀元獨爲天子所賜故雖一人進退每關氣運盛衰追念神祖末年丙辰以贋鼎貽羞已未以詿誤淹抑一時人情大爲惋恨以爲晦塞之占今幸龍德初升羣英果聚皇上既親拔一夙名之震孟而賜之乃復以語言之微疵而謫之是皇上于龍飛之始方見休徵復來否兆在震孟狀元之名易世而不奪而皇上于首科顧獨受棄失狀元之名且當此嵩呼萬歲時四方諸臣鱗集輻

輳方將舞手蹈足伸眉豁眼共仰聖朝有非常盛舉一快其胸中積想而今所見者乃一斥逐狀元之事使其傳之天下皆謂狀元外補爲累朝未有之典相與咨嗟欷嘆共惜盛事之無終而轉惜聖明之有憾其何以聳觀聽而新海内乎故臣爲皇上計莫如召還震孟并復鄭鄤之選或量加薄罰俾兩臣悔其狂直仍柔之以史局之閒且得奪其忠名仍予之以科名之格是皇上之所以寬兩臣者反所以詘兩臣所以伸兩臣之官者反所以貶兩臣之價即爲皇上懲兩臣計法亦無善於此且臣觀明旨重譴之意止以震孟比擬失倫致干聖怒而不知震孟原疏止因痛忿臣下精神不貫故有取譬之言其疏見在可以覆按固未嘗敢指及君父也古諍臣論列人主人主尚優容之而皇上乃代爲臣下震此雷霆且代爲臣下受虧損聖度之名非臣心之所安也日見閣臣屢揭請救未蒙鑒允臣等叨居言責顧未見有一人爲皇上申言此

義以助閣臣之請者臣竊恥之故臣敢以此進惟願皇上乘此臨軒受賀之日大開霽納示以優容俾諸臣子快覩兩臣之還歡欣告報轉頌聖明譬之靑霄之下迅雷偶作忽爾祥雲景曜復滿太虛其爲精彩更自萬倍區區之忱誠爲皇上非爲兩臣惟聖明實垂諒焉臣不勝激切待命之至天啓二年口月口口日具題口口口日奉聖旨已有旨了不必黨救周宗建如何又來瀆擾該部知道

爲興文令請卹典疏

福建等道監察御史等官臣周宗建等謹題爲懇乞亟旌仗節死義之臣以快人心以激士氣事臣等竊觀今天下臣節薄於依囘士心劘於貪戀禮義廉恥之概不能奪其功名富貴之心而報君殉國之誠不能奪其全軀保妻子之念數年以來逋臣逃吏各以走爲上策無肯爲朝廷捐七尺以自効者如近者顧曾之變賊兵所指望風而奔者不下二三十邑求其死心抗賊如翁登彥輩寥寥無幾乃有興文縣知縣張振

德者闔門死義其事獨奇臣等初得邸報心竊壯之迨近讀其子哀慟之詞及川中諸臣所傳述將使白日爲黯而鬼神爲號臣等爲之腐心隕涕竊悲振德之所遭不辰又嘆我祖宗養士之報至於斗大荒城亦復有九死不移如振德者出而妝點國家忠義之譜也蓋振德爲臣等鄉人竊聞其幼即以名節自勵長爲青衿有名所交多賢豪長者相與講忠義之事迨舉鄉貢授徒餬口敝廬數椽風雨不蔽既謁選得縣令遠走巴蜀一家相隨啖蔬茹菜常祿輒盡不持一文歸家嘗三署邑篆三有尸祝至今蜀人思之猶能談述其遺事者乃不幸一旦當逆酋之變其時振德甫出棘闈急趨還邑纔三日而賊兵奄至督戰力盡慟哭入城遂率其妻錢氏長媳顧氏次子張緄及其女淑安淑慶北向羅拜盡投烈炬其時僮僕嚴英顧美等長幼二十一人亦各慷慨憤激同時殉死止長子諸生張紀以應試先歸幸存一息嗟乎嗟乎死生之際豪

傑所難矧當萃邑奔竄之時共作苟且逃生之計而振德獨能挺然自異矢志殉節至于舉家投燼婢僕捐生合忠義在一門等九死如一葉此不亦疾風中之勁草而末流中之孤柱也哉臣等與振德義屬同井聞其壯節毛髮爲竦且目擊其子紀孤煢孑影一線餘生無食無衣哀號於市時過臣邸黯慘無言涕洟交下臣等掩淚相見不能爲情姑強以好語慰藉之謂皇家必有破格之異恩造物必有憐忠之冥報而紀乃嗚咽更深且語臣等將即繭足萬里旁招父母弟妹妻子之魂以自託于啼血之鵑華表之鶴而臣等且無能爲之解也吁嗟噫嘻紀眞天下之窮人無歸凡臣等之有父有母有六親者其忍覩之而不一爲之洒泣哉矧我皇上方以忠臣孝子鼓舞海內如近者何廷魁赴井高邦佐自焚及其妾僕之殉主聖心惻然重加憫恤賜祠賜謚無不且悲且快相與憑而弔之今振德之死較之邦佐更烈而其舉家殉義更千古

所希聞觸于聖衷當更悽惻皇上誠思在廷諸臣果能盡如振德之心何賊不摧何事不集皇上即奪百庸臣之賞以賞振德分百庸臣之食以食振德之子竊謂于國家之數不爲過也抑臣等尤有慨者人率謂臣鄉三吳風氣文弱而臣觀先臣以磊磊丰節見者代不乏人乃有蓋棺已久論定可徵而卒以子孫衰謝未遂表揚其在先朝若中丞朱紈之力盪倭氛功著閩海若御史蔣欽之三遭廷笞身殞闕前若太僕卿顧存仁之拜杖投荒長編絕塞凡此三臣雖經卹錄未及易名追于近世若顧憲成之忠貞篤學而死若薛敷教于孔兼之直言三黜而死若沈璟之抗疏妃封而死若華鈺之忤璫詔獄而死若張棟葉初春之並爭國本而死以彼其人固皆所謂落落君子願忠于主者而一經身沒遂不得與起廢諸臣並沐嚮用臣等心竊悲之夫先進者後進之模楷也有父兄之倡帥而後有子弟之應和有先民前輩之風軌而後有後

生末學之步趨則因振德一人而還慰諸臣大節其亟當旌勵又何疑焉臣等事關忠義目擊其眞用敢合詞以請伏乞卽勑禮部於振德之死准照高邦佐例破格垂恤賜予諡廕其妻若媳併其一子兩女准照何廷魁義妾例並賜褒旌仍勑合祠本縣再祠蜀中其僕嚴英顧美等亦乞照高邦佐義僕例從優並恤得附振德祠旁以無沒其殉主之義至于先後之臣應諡應贈自有公論無庸臣贅夫旌死者于前卽以勸生者于後此以方之近來陳乞恩賞之濫正未可同年而語也臣等無任激切待命之至天啓二年四月二十一日具題二十四日奉聖旨張振德闔門死義着從優議恤朱紈等另行查議該部知道

歷陳陰象首劾逆璫魏進忠疏

福建道監察御史臣周宗建謹題爲目擊時事之非謹列四端以獻仰祈採納以迓天眷事臣聞天地之和氣必先聚於朝廷而後天表之應應之以祥天地之沴氣亦必先聚於朝廷而後天表之應應之以異近

者入春以來連月暵旱草木爲枯伏遇皇上側身憂惕甘雨忽零人皆謂聖德格天有禱卽應顧臣未敢言賀而言憂者竊見未雨之前先降大雹一時蔬麥半見殘落臣隨考天占盛陽雨水陰氣脅之則轉而爲雹雹者陰象也陰爲臣下爲小人爲夷狄陰之勝陽爲臣侵君下凌上小人乘君子夷狄窺中國昔魯僖昭之際冬春雨雹解者尚以爲陰脅陽臣逼君之象漢季春夏連見霜雹褱楷抗疏而諫本朝天順弘治元年或四月雨雹或五月雨雹其時皆惕勵修省遣官祭告矧今當奴虜交訌川黔告變之時乃于盛夏陽長之日大雹忽作推之人事豈爲無因臣且未暇遠指姑以近事推測略將大臣小臣內臣外臣條爲四端凡此皆朝廷陰氣之所聚也伏乞皇上俯賜觀覽立與消除庶根本一端卽元氣俱爲協應內蠹一祛卽外憂漸見敉寧扶陽遏陰實關天道臣卽冒愚戇之嫌有不惜矣一曰大臣名節宜重臣惟大臣者小臣之

表也大臣公則小臣自不敢以私見大臣正則小臣自不敢以私干大臣剛決自任則小臣自不敢優游取適大臣高尙自矢則小臣自不敢耽戀求容乃今所謂大臣者位極宰輔而忠赤徒懸寵列公孤而委蛇隨衆至于一席之地彈抨四集而恬然入直曾無戒心豈唾面自乾之義可長借以護身而笑啼不敢之狀可翻留以謝衆夫人臣委身用世止有此氣此氣一折萬事俱靡乃以詬辱之餘自甘頽耗即此行徑豈復能伸眉昂首再談天下之事又何顏長呵迂步領袖百僚之前此陰象之在綸閣者法宜扶之以名節者也去病案明史此節專譏大學士沈潅一曰小臣忠告宜寬臣惟國家廣設諸臣有官守者課之官守有言責者課之言責苟有寸衷可效豈難觸忌取嫌而近者諫草甫投讒呵隨下數日之內疊遭摧折在明旨豈不持之有故而側聞外論皆謂參劾輔臣之故皇上先有成心而後因事而發倘使其中機括果如所揣是皇上之震疊

爲左右之機鋒皇上之威靈適成左右之袒護上之厭薄愈堅則下之猜度轉盛將使一言一政皆堪假竊以行而一喜一嗔盡可蔽煬而出朝端之上壅蔽將成聲影之通流毒何已此陰象之在言路者法宜開之以忠告者也（此節請寬建言廢黜諸臣）一曰內臣窺伺宜防祖宗朝內臣干預之禁勒在成憲後漸疎防釀成二正茲幸皇上英明天挺自當獨斷獨行而近見朝廷處分一二章奏外庭嘖嘖咸謂奧窔之中莫可測識諭旨之下有物憑焉臣即未敢盡信而千人所指如魏進忠者目既不解一丁心復不諳大義竭其志慮有何遠謀皇上試思細旃之暇此輩趨蹌其能迪皇上以祖宗之法進皇上以講習之勤勤皇上以憂危之苦規皇上以是非實乎度必之不能則耳目嚬笑之暱漸與相親宮庭禮法之事漸覺相苦一切用人行政墮于其說必且東西易向而不知邪正顛倒而不覺縱使密勿之內原無成心如近者衡文之特簡司空之用

陪倘煩幾許之下度必至積久而後知脫若更有他事復如斯類將使內庭之成見與外庭之公論互相水火而內庭之借端與外庭之投合復互相需同甚而巧立虛名上無顧忌離閒之漸起于蠅營讒搆之端生于長舌其爲隱禍豈不堪憂此陰象之在中禁者法宜振之以嚴明者也此節專攻魏閹

一曰外臣傷讒宜化我皇上御極之初日照月臨人各有心誰敢不効乃近者河西再陷罪案甚明兩袒之分既息一網之穽何爲乃至黃髮老臣更欲尋端于理外勾夷大獄再思羅織于爰書大僚既搆此爲新題而宵人遂雜附以譖語噴血之口任旁唾而不悛而吠堯之聲愈顛迷而難解眼觀斯輩正復可憐不思古人意見何嘗不左議論時亦相爭司馬光曾論韓琦不聞幸災任福之敗宋郊曾論范仲淹不聞窮追元昊之書今不學兩君子之公虛而欲效賈豎子之攻訐將使千載而下復驚心于樂羊之謗書再灑涕于李晟之伐竹鬼神可

畏靑史難磨此陰象之在士紳者法宜消之以融化者也（此節言廷弼已有定案不當因此羅織朝士陰刺兵部尙書張鶴鳴給事中郭鞏）夫此四者近在人事何必遠徵之天而臣觀從古天人相感實有斯理誠使皇上明示臣語卽與剖判應去者去應留者留應肅淸者肅淸使天下曉然知朝廷之上所重在風軌則所輕在浮榮所重在忠規則所輕在僉佞所重在賢士大夫則所輕在左右近習所重在光明正大則所輕在曖昧幽深從此陰氣一掃卽陽氣頓升凡臣所言皆陰陽消長一大氣運也毋論聖德感通自當力爲旋轉卽輔臣道在燮理諸臣職在交修可謂臣言無與天道而僅僅以膚寸之澤便足了修省實事乎昔申豐對季武子曰聖人在上則無雹雖有不爲災太祖高皇帝嘗勑侍臣曰朕在位來常勤惕自克待旦而朝夜卧不安席每披衣起觀乾象見一星失次卽中爲憂惕因圖政事當行者次第條記之遲明立見施行又嘗得雷斧命內官捧以前御朝置

叅上得顧視時儆焉今日之異此亦聖人警心惕慮之一助而法祖敬
天之一會也故臣于羣陰方盛舋蘖漸生之日敢以此進惟皇上默體
天意仰遵聖祖下察狂愚臣無任惶悚待命之至天啓二年四月二十九日具題

論收天下大勢疏

福建道監察御史臣周宗建謹題爲欲收天下之大勢須先定立國之規模敬陳轉害爲利轉弱爲强之術以祈早決廟算事臣竊謂今之天下以爲極破敗之日矣又未始非極可收拾之日以爲大虛耗之世矣又未嘗非大可整頓之世何以明其然也方□事之初發難也我方有除兇雪恥之憤而又習見皇祖初年有東蕩西平之勇于時言犁庭掃穴者則躍然起言老成慎重者輒咈然怒虛張一泰山壓卵之象以行其鹵莽滅裂之謀故雖明知其遽難收拾而不得不爲虛耗以自大明知其遽難整頓而不得不爲破壞以輕嘗譬之大家巨室見侮小人不

惜傾貲破産以殉之以爲爭吾祖宗之體面此當日已敗之規模也實當日之勢使之然也若今日之事可謂破壞極矣而臣以爲反可收拾可謂虛耗極矣而臣以爲反可整頓者何也蓋自有遼事來徵兵索餉海内騷然至于遼陽之役議兵十八萬議餉八百萬廣寧之役議兵三十萬議餉千餘萬于是兵則募之各邊募之齊楚募之蜀募之浙募之江淮閩廣之間餉則索之内帑索之加派索之事例索之抽扣及一切苟且之政而又且徵車牛徵器甲徵火藥徵馬草徵米豆而又且爲登萊運爲天津運日率數千百人從事于驚濤颶浪之中與海若爭一日之命凡此皆前史所稀見之擾九有所未經之毒而國家皆盡爲之略計五年之間消耗餉金者不啻五六千萬戕傷人命者不啻幾十百萬而究竟兩河俱亡一邊遂失然則我之困于一口耗于一隅者言之眞不堪痛哭矣然臣謂國家雖不幸而丁此挫折爲我極敗極辱之時臣

猶謂幸而敗且辱者及今早見尚未發于五年十年之後使我之物力雖匱而尚未盡匱兵力雖空而尚未盡空人心雖散而尚未盡散臣紀雖衰而尚未盡衰從今圖之天下之大勢正可借此以收而國家之精神正可從此而復口之困我者未必非所以利我而我之見弱者未必非所以見强則臣請畢臣之説焉往遼陽一鎮額兵八萬一千九百戰馬四萬一千八百年例主客兵餉數十餘萬又加以將吏之費不知凡幾今遼陽去而所需之兵有數矣山海十六里之邊牆及喜峯一片石諸口即多計之不過七八萬兵而足矣加以永平添鎮又不過一二萬而止矣又加以通州之五千天津之一萬登萊設防之二萬總合兵之大數不過十三萬而止又加以山海各鎮之馬匹不過三四萬而止較之往日額兵之外所添不過四萬餘耳由此而計十三萬人之餉絜輕補重每兵約二十金不過二百六十萬餉而足矣若馬草之需與遼陽

之費相抵固無煩于增加也又由此而統計將領之費每兵百名設隊將一每千設裨將一每五千設參遊一每萬設大將一比而約之爲百夫長者不過一千三百爲千夫長者不過一百三十爲參遊者僅二十有六爲大將者僅十有三而足矣即寬計其費而長百夫者食五六人之糧長千夫者食十五人之糧參遊食三十人之糧大將食百人之糧又不過二十萬之餉足矣較之往日額餉之外所添不過一百八九十萬餘耳此則今日兵餉之定數也以此而較年來議兵議餉之數不過十中之二而已夫使連年之費止存其二是年年可以損出七八百萬之財力年年可以損出二十餘萬之兵力是口雖陷我兩河而我未嘗不受失兩河之益我雖棄地千里而未嘗不受棄千里之利失地喪師雖負祖宗莫贖之恥而省兵節餉未嘗不爲今日保守之資蓋因其困我而轉借以爲利因其敗我而轉借以爲强從來英雄豪傑遇窮地而

反通佰絕地而反生者往往有之此臣所謂雖破敗而反可收拾雖虛耗而反可整頓者此今日一定之規模也則今日之勢宜然也乃臣所可痛惜者天下實有可收拾而無如自趨於破壞天下實有可整頓而無如自促於虛耗又何以明其然也兵部日事兵矣而不計某處之兵應幾何某處之兵存幾何某不足應補某有餘應裁某人之募者應用某人之募者應消止以多寡去留聽之旁論而已且無定算焉此兵事之無規模者一也戶部日事餉矣而不計某處之額餉幾何某處之額缺幾何但計入之分數而不復酌算其出但計出之分數而不復清核其消止以有無盈詘聽之陳請而已且無定則焉此餉事之無規模者又一也夫兵與餉天下之兩大權也今使樞計大臣已且先無把柄何所據以核人已且先無册籍何所憑以革弊尤可怪者九邊之臣方其告無兵也則曰兵以援遝空矣及其告無餉也則又曰餉有故額存矣

在兵部則處處之兵皆虚在户部則處處之餉皆滿臣終不得其解也夫治天下猶理家然僮奴千指無不欲相欺相利以蒙主人乃爲之家督者復無一定之算持而課之第任其自往自來自支自豁不一過而問焉則家衆安得不懈而家事安得不消此臣所謂有可收拾而無如其敗壞有可整頓而無如其虚耗者也以臣爲今日計誠急取兵而核之兵則一如臣所定之額急取餉而核之餉則一如臣所定之額急取將吏而核之將吏亦一如臣所定之額其畫爲式也若棊之置子必不容其增損若鼎之鑄書必不容爲游移若方圓之就規矩必不容爲改易使邊臣持以爲則而不敢妄冀于意外廷臣信以爲準而不敢妄議于局中一切突起之變修築之費欵虜之賞則姑以内帑應之而不得中分于額内由是取軍伍而肅之而散亂者汰精果者庸取國紀而明之而游談者誅欺罔者逐取一切冒濫之恩數而除之毋再市恩而布

利取工部諸商之冒破而塞之毋再中飽而旁漁取一時諸才望爲巡撫而久任之毋再輕轉于朞月取一時諸進士爲州守縣令而就近選之毋使其避危而騖遠取一時諸才臣爲備兵使者而隨地任之毋使其樂內而苦外更取天下之加派而酌之當蠲者蠲當減者減約足與一歲之增餉相抵毋使其混派而横徵由是大頒聖諭以收拾節約之意明布告于中外以示聖主一意休養生息之仁使天下曉然知朝廷不重此一塊土以再擾百姓使百姓曉然知國家即失此一塊土原無損威靈君臣上下條然有準而軍民内外寛然有餘如此而三年五年卒遇大有爲之才遘機恢復固自可期即由此十年二十年無隙可圖而審時量力我圉已固此誠今日一定不易之規模臣所謂賊不能困我而反以利我我不爲賊弱而反以賊强者在人聞之似以爲駭聽而臣則斟酌天下之大勢而决度今日之廟謨恐雖有智者不能不如臣

之所算者也夫臣之言平常簡易之言也然如臣之言而天下尚無損其爲天下脫不如臣言而高者輕談恢復卽使廣寧果得而顧此既空之城不知又從何處聚十萬之雄兵又從何處措幾百萬之糧餉欲並關守之必無此兩倍之物力欲棄關守之又恐如王化貞之潰逃若下者專事欵虜而虜不可恃虜且卽爲口以苦我虜果可恃我已分伐口之半以事虜使天下依然受害如前日將終歸于無可奈何之地而一決必不可收一敗必不可復則天下之大勢盡去而金甌之壞恐正不煩口之內犯矣臣嘗見治廢家者取房舍之頹破者而易置之取荒蕪之賠補者而割去之其主若督習勞忍怨汰冗去浮毅然盡改其平日之孟浪而數年之內家復大振此亦今日立國之罕譬也臣目見人心無定大業將危而又念其勢正在可爲之日故敢直吐其愚望當事者覩臣言而一改圖焉毋曰此書生之常談而不足聽也臣愚幸甚天下

幸甚臣無任惶悚待命之至天啓二年七月初九日具題十一日奉聖旨這本說得是戶兵二部酌議具奏

請接應榆關疏

福建道監察御史臣周宗建謹題爲關門甚危而外論似安賊謀甚深而人情似忽邊備甚急而內應似緩謹述邊臣之苦情追念會推之光景乞勅共圖接應以忠社稷事臣伏見河西陷沒以來京師震駭舉國張皇若凜凜有不能及夕之慮至於經略一推有同赴穽撫臣解經邦固雅有物望者且謂此天下古今第一重任而一疏再疏疾呼求免豈不謂榆關一綫宗社所倚惴惴焉有不能自必其勝任者哉乃近者經督兩臣同心協濟關門形勢稍有端緒中朝之人驚喘少定正須迴首追思長見此艱危在目而兩月以來似已稍有易心側聞人言且有輕談守關之易而逆料奴之必不來者果如此易不知會推集議之日何以相顧而却步而衆人推轂之會何以反憾爲相傾又不知廣寧游騎

何以往來未退三岔河浮橋何以不日告成前次開鐵之後數月而入遼陽遼陽之後數月而入廣寧當時諸臣豈不亦謂□終戀巢未必深入而卒然一舉潰逃不支然則今日之策□者亦遼陽廣寧之已事也所謂本危而安扭之者此是也至於□□設謀甚陰布着甚巧近見經臣疏稱□且數遣人與歹青都令議婚又數遣人與抽扣諸酋議和諸酋且明言姑且從之而願効守哨如猍暈大罕孛羅丹金台吉者復又相繼物故是虜欵既未可固而□計終不可測卒之犬羊同類勢必相投虜且陽爲好言以愚我陰受□利以賣我卽不然而中收兩家之賂以弄我而我乃日在虎狼交噬之中將暗入其牢籠而不自覺而論者乃曰□□勢必不容必無引賊自禍之理是必予虜以劉備孫權之智而不逆虜以虞公齊王建之愚必保虜以日逐呼韓之親附而不料虜以吐蕃突厥之反覆其果智且忠也我能恃以自固其或愚且譎也我

又何所恃以自堅所謂本深而淺忽之者此是也而臣尤有異于內應之緩者日經臣王在晉之議請班軍助工也議請收築障塞也既不敢爲大聲之呼又不敢如科臣幾百萬之議但一據實以陳而班軍則撤之東省矣經費則限之二十萬矣且有謂邊牆之築爲多事者矣夫以九廟神京最危最喫緊之地而絜輕較重反不若捕盜賊者之緊嚴問所給發反出逍遙召募坐糜四十餘萬者之下其何以服邊臣之心而副危疆之望哉臣嘗查遼陽之役不過年餘而餉至數百萬廣寧之役不及十月而餉亦至數百萬其時經撫尚時時有罄竭之告而人不怪之今者賊患日逼修備日嚴幾幾以天子守邊以重臣主戶而廟堂之上所以應之者反不如遼陽廣寧之什一焉臣所謂本急而緩視之者此是也臣竊以此有感於今天下事之難爲也游談無根者大言可以誑金錢而節約者或反疑爲冒費虛憍恐喝者危言可以聳君父而鎮

定者或反見爲平常招搖樹交者朋言可以脅朝廷而孤子者或反忽爲易與以今經臣在關夙興宵寐無事不親聞與諸道將相商往往漏下二三鼓而後別近又閲其循行山海一疏指畫關隘跋履甚周此亦其髯枯血盡之時矣脫使當事者猶然視爲泛常不思急爲呼應將使老成之實事反不若欺罔之空言盡瘁之勞人反不如推避之巧智邊臣一身不足惜其如皇上之國事何哉伏乞皇上灼然遠覽亟令班軍仍盡赴山海修築卽云二東妖賊滋蔓料此輩白徒決不至如東口西虜之毒縱云翦滅貴早亦無取此荷鍤持版之徒此之當決無煩再言至于所請帑金仍乞皇上酌其所請更賜多發聞經臣每事節縮如近者汰官四百汰兵盈萬早已省朝却廷幾十萬之內帑卽使其所請者盡數予之亦似一半出其節省當軸大臣又何不以此直告皇上顧猶僅僅以二十萬示耶至于欵虜之費既難驟減又難太奢現經廷臣集

議自有定則雖不宜持太平之話專主譏駁而虜情叵測逼事難憑往歲助兵之故轍難信恐所云進兵給餉之說未可遂持爲實數也臣自已未入京初經三路之敗人猶志存痛忿迄今兩年兩經敗衂似已相習如慣漸已成忘臣恐從此再壞而天下大事藎矣故臣敢略述邊臣之急追溯會推之難爲泄泄者下一鍼焉若夫立今日之規模收天下之大勢爲國家久遠之畫者則臣又有另疏陳之惟皇上立賜垂擇見之施行臣無任激切待命之至天啓二年七月初九日具題十二日奉聖旨該部酌議具覆

卷四十八完

女兒繇祥校錄

卷四十九

邑後學　陳去病　纂輯

明一人

周宗建見上

請與鄒馮兩總憲並去疏

福建道監察御史臣周宗建謹題爲大臣求去既堅小臣義當並去懇乞聖明准賜同籍以安愚分事日臣堂官鄒元標馮從吾以講學一事屢疏乞能一時老成聯翩引避無不咨嗟慨歎相與惜之臣以小臣不能強挽其留豈敢妄援其去第臣自窮居授書嘗慨晚近以來學術不眞人心好異學士大夫喜爲一種賣名市譽之事外飾町畦中藏巧捷心竊非之近見元標兩臣古心質行雅志率人在元標忠孝大節夙著海内臣固嘗淑其著述望如靈光而從吾一意躬行規言矩動不欺暗

室不入時情所謂古慥慥君子也臣聞與諸臣私評無不心服其高企爲難及適其公餘會講苦無棲坐欲于中西兩城擇地之稍遠市者葺一講堂時臣同官馬逢皐楊新期相繼巡視西城曾爲覓有一房從吾以爲逼于官署不樂居之適臣接巡中城併諭及臣久之不得其處偶于城隙存有官房數間倘無售主臣因舉以相復而從吾不嫌湫隘出價相償遂命司務臣呂克孝鳩工改葺臣亦竊聞其議今其房現在僅十餘間所費出諸臺臣所共醵不能逾幾百金之微以今緇宮道苑相次如鱗酒社楡盟紛錯如繡而兩臣以區區數椽遂來指摘嗟乎兩臣修身力學幾盡一生何處青山不可自適而臣以偶值巡城之時實曾與聞此役輔臣葉向高作文記之亦曾附有臣名使兩臣欲去而臣不同之是一事而去留相背亦大非臣平生集枯不集菀之本心矣昔宋治平間趙鼎傅堯俞以嘗與呂誨爭濮王之議疏乞同罷慶曆間尹洙

亦願與范仲淹同逐臣卽自媿疏愚不知學問念居言路不敢聽講然而禁學之疏既發在起葺講堂之後則兩臣拂衣之日正臣竊比古人之日也伏乞皇上察臣愚悃放臣歸籍俾臣以踽涼寒骨復還窮居授書本色臣雖跧伏田里有餘幸矣臣不勝惶悚待命之至天啓二年十月十四日具

題十六日奉聖旨講學已有屢旨周宗建以該城與事何必求去着照舊供職該部知道

參張我續疏

福建道監察御史臣周宗建謹題爲國法原無游移之案督臣忽開安意之條謹據事剖陳以質公論以昭聖斷事臣惟人臣之惡至於叛逆而極國家之法至於討叛逆而止故使其人誠冒大逆罪在不赦則誅之惟恐其不嚴伐之惟恐其不急除君之惡惟力是視亦復何忌何嫌脫使其人原無大罪而鑿空而談懸虛而坐意所欲重則重之意所欲輕則輕之將使朝廷之法可上可下於告密者之口而人臣之罪可擒

可縱於轉換者之心則其視國法太戲而視天下亦太無人矣若督臣張我續之初逐布政周著也心忌其存城之功而妄誣以浮躁之罪舉朝之人無不謂其良心盡喪恣意顛倒一時公論業已大明其繼劾原任少卿劉時俊也始既敘述樊龍訴詞歸之賊人之私忿既又述其軍中販賣歸之時俊之姑息似已早成一公案矣乃近見其敬剖良心一疏則又忽而坐時俊以卑汚入二子以通販且又祈皇上以解網而曰臣之妄意若此臣乃讀而嘆曰夫我續奈何以妄意兩字又欲擅出入人罪也臣請得爲皇上一一剖之夫法者緣人之罪而定者也人之罪則又以罪之證而定者也今我續謂川人之詆時俊者曰賀奢寅曰稱千歲曰受其知生帖此其所據爲卑汚者也臣則謂時俊而果賀奢寅也果受其知生帖也果稱千歲也此卽可謂之叛逆不可謂之卑汚我續自當直陳其賀奢寅也誰見之其稱千歲也誰聞之其持知生帖也

誰得之不得混混曰川人之詆時俊而已也卽川人有詆時俊者亦當直陳其誰姓誰名不當混混曰川之人而已也乃前後兩疏止消歸於川人而直以己意斷之曰卑汚曰非大逆則是我續止聽提弄於川人而已全無主張也若曰因無實據而姑以卑汚之微罪坐之聊以此快一二川人之私忿則是我續以督臣而代一二川人報睚眦之恨借國法以伸私隙是我續者固一二川人之奴也是亦莫大之卑汚也若曰實曾有人見其投賀實曾有人聽其稱呼實曾有人見其單刺而我姑諱之以混託于川人則是我續又故縱時俊而以川人爲脫卸地也此又與于不道之甚者也乃我續又曰訴出賊口未必盡眞若爲時俊求寬也者夫果眞也通逆大惡誅之宜也族之宜也不得以賊口而寬之也夫苟不眞也則豈特賊口不眞并其所云賊口者又誰聞之誰見之恐皆不可謂眞也日監軍道臣戴君恩之敍述渝城事也曰與樊龍對

語者再與張彤面誓者三與彤之僕私約者又不啻再三其時相訂執
欵追訴致變之因無一不吐使果時俊搆之則乞憐求免之時宜更無
先此一語矣何竟無一字及時俊也於筆楮陳之而反於口舌失之于
隔城訴之而反于覿面置之於四月之朔追恨之而反於五月之內遺
忘之臣巳不能爲解矧有一川人者耽耽其旁乃不能面質時俊潛通
一語使諸臣共聞以爲非出陷害之證何也我績不能如此一一詰問
使直截痛快明坐時俊之罪而乃以未必盡眞四字斷之以謬附于罪
疑惟輕之指欲破祖宗之法而從我績之妄意此又何以說也乃我績
又曰劉昱劉暹密遣兵船違禁販賣而又拏獲眞贓眞犯送于時俊若
是則昱等之罪案早定矣何前疏漏而不載也果明知而故漏之是賣
昱等以欺皇上也果昔未知而今知之又安見前此之非初情而今日
之非揑造也借非揑造也自當直提各兵鞫其遣在何日證在何人各

兵自所給口糧之外果餘米幾何爲其私賣之贓自火藥已賣之外果餘藥幾何爲其現贓之證即其贓賣已盡果現獲賊價幾何爲其敗露之跡如是而明正其罪豈不成一堂堂督臣彈壓氣象而直以笑而釋之歸之時俊若一聽命時俊而無可如何者不知時俊之所釋者有幾人乎抑止所遣誘賊羅現之一子乎抑羅現之子果曾供有劉昱劉暹手授其火藥幾米鹽幾乎抑曾獲其贓價幾何果曾收貯在官乎果盡獲也而我續姑隱忍縱之是我續不能爲皇上守法安用有我續爲果一無獲而混混以各道之具稟懸中人以重法此又與推卸川人之詆時俊者同一含糊之說又何以爲贓犯之眞也乃我續又曰時俊室廬已經焚刼而直以己意歸之土兵之無律夫室廬焚刼正時俊訟寃一大證據使未被焚刼而我續故爲此言以寬時俊是又我續私時俊而欺皇上也使既被焚刼而我續乃以己意懸斷爲賊兵之誤及是我續

既以懸斷卑汚者出時俊之罪而復以懸斷焚刼者入時俊之罪也時俊度終不肯捨實據之事受我續懸斷也然臣因是而竊嘆時俊之禍有自來也彼其快口招尤不悟戈矛之集體褊心觸忌不知事會之非時方且津津焉道督臣之相知聒聒焉爭撫臣之沮餉勃勃乎有帷幄上人之氣自謂平蜀在其掌中而不料一蹈危機遽成罪府功名念熱明哲心昏臣謂時俊殆淺人也亦癡人也從古淺而見猜癡而得禍如時俊何可勝數獨惜我續雖愚何至狥人而忘己人情雖巧何至匿己而借人料時俊之衰年將盡幷欲殺兩子以杜好還之天道知通逆之公論共明遂欲織販賣以快殄滅之陰謀嗟乎嗟乎不其太甚也哉昔宋夏竦深怨石介作詩貽刺常欲報之會狂人孔直溫謀反搜得介書謂介詐死因誣富弼遣介陰結契丹起兵已爲內應欲發介棺驗之時杜衍呂夷簡等力訟其寃介棺始免弼僅得貶安撫使又万俟卨與岳

飛有隙因誣與張憲逆書云其書已焚飛坐繫兩月無可證者大理卿薛仁輔李若樸等並言其誣竟以傅會羅織卒罹冤死此兩事者千古而下尙爲雪涕時俊卽不敢望古人顧其事之有無左驗頗與相類臣非敢學仁輔等之訟飛杜衍等之訟介惟乞皇上乘今監軍道臣戴君恩獻俘之便如臣前所陳說一詰問之更集川人之宦于京者一參質之如果前事一一有證卽重戮時俊爲不臣之戒我續當更受發奸之旌如果一一無證而姑舍其父仍陷其子以此爲翦草除根一法恐天地鬼神實有所不容也臣草疏已畢適見君恩有揭投衆有疏上陳累累千言業爲時俊剖辯其寃始知君恩當日之報原非本心今日之辯適存公道獨怪我續身爲大臣支吾轉換作此昧心殺人之事故敢聊一直陳以附于執法秉公之義臣心甚平臣固非苟求于我續也惟皇上實裁斷焉臣不勝惶悚待命之至天啓二年十一月初五日具題初八日奉聖旨這事情已有旨着法

司覆問戴君恩卽與完結張我續不必苛求該部知道

再糾張我續疏

福建道監察御史臣周宗建謹題爲危城垂陷可痛督臣詭遁駭人請將督臣治人之法還治督臣之身卽賜立斷以洩公憤事日者諸臣先後論列督臣張我續坐視黔危遷延不救詞嚴義正眞足奪我續之魄而快忠義之憤矣然臣猶望其幾日以來應卽遴選健將督率勝兵速赴援黔有如勑諭之所示者猶可急救危城少逭斧鉞乃近聞我續則已直下江陵儼然開府且以荆門爲一歇脚地矣臣聞之不勝駭異何我續之敢于負國欺君忍心悖理一至此也臣請爲皇上先指川黔之道里及赴援之形勢而後及我續之竄歸引避種種罪狀夫黔在蜀南蜀在黔北而遵義一府則黔蜀咽喉之界中連平越下達貴陽不過二百餘里爲入黔第一捷徑我續念果急黔則渝城一下之後卽宜坐扼

遵義使黔蜀氣脈相通而後安奢兩酋無處聯合既足爲王三善之後勁又可銷各土司之奸萌此一定不易之穩着也乃我續漫不一顧坐視遵義折入安酋黔既失險而蜀且進狼謂非我續一大失機乎然使我續果不棄黔則偏師襲取爲力尚易從此取路直逼黔省豈不電舉飆發旦夕可至乃我續胆戰賊氛魂迷私室恐由此直進未免親行遂舍此直捷之路反迂道而退歸楚地復欲由楚而渡辰沅計其轉展跋涉不啻四千里之遥一兩月之久以呼吸垂陷之黔其望救之急豈止倒懸厝火而我續乃故作此遲迴以僥倖于黔之或保則仍以赴蜀故智冀闌入于敍錄之中計黔之必不可保則詭言提兵赴難仍脫身于敗局之外近見我續勑旨命臣一疏則已明明設此公案以爲他日攘避之端矣我續之自爲計甚狡獨不料道里之遠近赴援之時日其能掩舉朝而欺皇上乎且使我續而果欲至偏沅也則兼程而進直抵沅

境尚可自解而何起馬之檄乃云至荊州塹繳也夫荊州非有事之國也計其封土沃饒素稱天府我續而于此建牙擁其一十七房之歌兒舞女偃仰酬適誠足爲得計矣獨計朝廷設長劍大纛以榮我續合四大省以重我續挈數十萬金錢以恣我續夫固謂一方有警即當合力以赴今使圍城將陷烈士垂亡遠如滇粤尚欲責以懸援隣如鄖楚尚欲望以相救而身膺其事目見其慘者顧反覓路而竄身擇居而偸便不救人于衣帶之近而迂迴于三省之間不知我續具何肺腸有何綫索而揚揚自恣全無畏忌至此且聞我續近貽兵曹一書敍述黔事而末有感于棄廣寧之說津津有味言之若不早棄黔之爲恨夫皇上以封疆之事付我續而我續乃敢萌棄封疆之心計今區域之內不過十有三省果盡如我續一方有急即議棄一方將黔急而棄黔滇急而棄滇川急而亦棄川楚急而亦棄楚天下止三四張我續輩而已割棄無

餘矣不知我續身荷國恩何忍懷此逆天悖義之想上干九廟之譴而
明玩皇上之法哉若謂蜀新殘敗無處可以安頓我續之室家供㵎日
豪無處可以備陳我續之水陸侵沒之內若不便久留遐方外宅之健
兒無計消其暴橫姑以退遁一着擇便地而竄焉不知朝廷特添總督
果爲何事豈荊州肥富之地苦無一人逍遥坐鎭必得如我續者侍妾
數十後車百乘而饜飽其中乎若曰西川亦足自適無奈川人之憎惡
何也不得不遠徙避之夫川人者固我續所時援以爲謀人之穽者也
以爲設謀之陷穽則一二川人如蓍蔡以爲逃避之根因則全川之人
如眼釘不思我續在川川人誠疾首矣彼荊州之人亦有何罪而獨爲
我續所饜足也且我續自視平日氣燄何如也在中州則劾馮盛明矣
劾吳瑞徵矣在西川則劾周著矣劾薛來徹矣劾劉時俊矣我續于諸
臣何等凜凜乃身當四省之任目見兩地之危始則首鼠不前既則抱

頭先退使西川之事朱燮元獨任其難平越之兵王三善獨身其苦賁陽之積屍幾滿撫按之望眼將穿而已顧盤桓往返如在局外且猶詭言發兵明欺君父試即以我續之律諸臣者還律我續盛明未聞變而先歸我續之既當變而潛退者何如也瑞徵乍聞變而避難我續之坐視變而不救者何如也著能力保危城尙苛索以悻悻我續之一籌莫展貽敗江門者何如也來徹之託病請歸誠當責以逃避我續之逍遙得意汗顏反旆者何如也時俊搆陷之獄一無左驗尙欲坐其卑汚窜其二子我續之百醜俱備彰著三省者何如也在他人則一疏再疏抗言而託鷹鸇之擊在己則一錯屢錯捧首而效穴鼠之逃在他人則爲私逃浮躁爲大逆爲卑汚可以任其所欲加在己則宜進而不進不宜退而退全師覆而藉口他人遵義失而束手無措可以任其所欲避在他人則逮者逮削者削死者死流離者流離若一一盡快我續之欲而

在已則封疆失而不顧兩軍敗而不知撫臣翦髮按臣刺血道臣投繯而不惜若不能一有加于我續誠不知廟堂之上更有何長取于我續而百倍他人之罪案獨寬我續之雷霆又不知我續一身更有何事可稍容其自贖而信我續之言以治諸臣者獨不能持諸臣之案以律我續此臣節節推求而不能爲我續一解者也伏乞皇上一一詰問我續始何以逗數月而入蜀後何以慮遵義而不守何以不從近地直逼黔城何以託言朝命縮身荊楚又何以止荊州而不動何以付黔蜀於兩忘朝廷有何負于我續而養賊不殺我續有何仇于史永安輩而坐觀不救要見妾媵酣淫果孰與君父之急難一身貨貝果孰與節鉞之寵榮務使我續一一登答請從司敗一一根究治以不依期進兵策應之律如是而朝廷尚存有功罪之準則臣子定自有報効之忱且使繼我續者不復再效我續之轍川黔之事庶乎猶可爲也不然而仍聽我續

戴冠歸里挾其捆載聲伎而酣然自適驕語勞臣將我續一生得意全在荆州一走其又何以激勵人臣而責之死綏即我續又何以謝前此諸臣于白簡也臣無任激切待命之至

駁涂世葉疏

福建道監察御史臣周宗建謹題爲臺臣抹殺情形無端附會謹一一剖明前後事案以質公論事臣惟天下有劃然而不可移者時與月也有相隔而不相蒙者形與勢也有各自成一公案而不可互相混者事與情也此即尋常舉動其中頭緒尚自井井况乎封疆之事日異而月不同事任之來前成而忽後敗若不考核事勢參稽時日必欲執後事之敗着追前事之情形蠹抹去其中間一切端委并不細閱從來疏牘而暗襲機關謬肆排擠此不亦宇宙間一大怪事哉臣閱邸報見南臺臣涂世葉疏論朱童蒙之勘熊廷弼而并引臣兩年前舊疏亦欲以此

爲臣罪案臣讀之且嘆且怪且憐世蘖之不熟于朝事有如此也臣請爲皇上一一陳之國家自有東事來累次用人始則用李維翰而撫順破陷繼則用楊鎬而三路喪沒又繼則用熊廷弼而被劾以去既又改用袁應泰而河東遂亡此遼陽前一截事案也遼亡之後用王化貞于廣寧又再用熊廷弼爲經略兩臣以戰守不和口兵一渡叛將迎降一則棄城而逋一則望風而遁河西遂陷而兩臣議辟此遼陽後一截事案也兩案之分判若星淵前後之局較若黑白其時之相隔則一載有餘其事之不相蒙則成敗迥別臣之疏在辛酉二月十八日時經臣袁應泰方侈言城撫順收降夷自謂得策識者憂之而臣因有條言東事一疏大略言守遼之策必先自固而後能勝八因言往者決計自强鑿濠峻堞使人有固志而後乃城瀋陽屯奉集相形勢布聲援殊爲得着此即世蘖疏中所引述語也以往日之遼而度守遼之策即令世蘖從

今計之能不以臣言爲石畫乎迨後河西不守應泰身殉臣之言未嘗不驗況查臣疏稱引不止一人現在名流濟濟多臣疏中所及初未嘗專舉一廷弼也既而諸臣累薦廷弼屢奉明旨臣查吏部覆疏中所稱述甚多並不及臣疏一字則以臣疏久置高閣想亦略而不及採也及後廷弼既用恩遇頓加臣方私嘆朝廷禮之太重且以廷弼聲勢方炎理當遠避並無一字談及廷弼者今世葉乃謂後之用者議者皆據臣爲定案夫果爲定案又何獨遺臣疏不載乎以條陳之末議至與遺勘之目擊者相提而論更不大可異乎況乎一人之身前見才而後見過始得算而後失着者正自累累即引薦人者前得功而後得罪古嘗有之蕭何嘗薦韓信不聞以信叛而何受誅魏無知嘗薦陳平不聞以平無行而無知被罰富弼嘗薦王安石不聞以安石變法而弼見貶即年來薦維翰薦鎬薦如楨者亡遼禍本俱此三臣未聞有一指出者今乃欲

借一熊廷弼爲陷穽盡執諸臣一二推引之言織數十人爲一案且不察弼與化貞兩臣致敗之由而混以封疆兩字以激聖怒而盡一網此則近來諸臣設謀陷人之計方將借此爲奮輔劉一燝一不了罪案而何世葉之迷而墮其術中也至朱童蒙素與臣無相識卽近爲講院一事童蒙恨臣入骨嘗思有以中臣乃欲與臣同類而共訾之又何味也臣觀世葉之疏似無他意但見有郭鞏疏出不暇察其用意所在以爲新題可喜姑以此湊合之曾未覽及從前邸報及該部當日覆用之疏而謬以誤舉加臣其論臣雖太不情而臣亦諒其心之太疎矣至于世葉發論既爲察典臣謂卽以察典言之夫察典者朝廷厲世磨鈍一大權也總六年臣子之品而辨其操守核其職掌以爲衡而去留之此祖宗二百六十年來不易之法也今乃欲舍其職掌不論去其操守不論止借一熊廷弼爲題目而以快一時之欲以媚一時之竈見有直觸巨

璫力扶正類挺然特立者而惟恐其去之不速欲自爲固結進身之計而借此以爲贄焉而因而排抑一代之正人因而詆毀一時之道學因而翦去當戶之蘭因而廣布樹棘之手奸如亓詩教趙興邦等而反欲力保全之忠如楊漣周朝瑞等而反欲力排擠之皇上有賜環之德意且將及于侯震暘熊德陽江秉謙等而預爲遏絕之皇上有用舍之大柄當與天下共見共聞而陰爲把持而力制之諸如此類不一而足根本之憂將來方大世葉生於道義之鄉不能一爲匡正而反乃推波助瀾欲以佐小人之力而掃清議之公惜乎世葉之見不及此也臣性負戇直忤世已多至一疏而彈魏進忠二疏而請與鄒元標馮從吾同去三疏而申救文震孟等凡此皆臣忠于我皇上之微悃而不謂人情之忌臣專以此也令世葉而知人情之欲借臣以爲贄于進忠則世葉之自悔失言當不待臣言之畢矣臣見世葉疏既遲而又方當察期不敢

先時具疏今知察疏已上故敢冒昧直陳臣即拚一身以爲數十人解羅織之寃臣死且不朽矣惟我皇上俯鑒而垂察焉臣不勝激切待命之至天啓三年正月二十九日具題二月初一日奉聖旨該部院知道

糾郭鞏疏

福建道監察御史臣周宗建謹題爲科臣橫肆愈滋惡口牽纏無了謹昌言直糾喚醒狂誖以掃言路之穢以救仕路之厄事日臣有疏駁南臺臣涂世業無端附會幷一點醒人情之迷初未有觸于科臣郭鞏也乃近接鞏一疏刺刺不已累數千言其鄙俚穢褻幾不堪讀臣儘可付之忘言顧其支牽蔓引不復可解若不一爲駁正將其昏悖之性終身不醒以謾言而貽笑仕途猶可言也以羅織而盡空善類不可言也臣于是不得不一昌言直糾之矣夫鞏之終篇溷擾不過爲熊廷弼一案臣查去歲刑部擬罪一疏奉有明旨謂熊廷弼控制無方王化貞棄城

不守兩臣鐵案已定縱有暱者誰能寬之而鞏乃葛藤牽合至無了日既欲因一廷弼而株連數十人又欲于數十人中追遡臣所條陳之疏披枝搜葉語出不倫乃動輒以封疆爲題臣請即與鞏言封疆之事夫遼陽四衛壤地千里皆封疆也李維翰楊鎬袁應泰等皆失封疆之臣也亓詩教之力主催戰趙興邦之賄賣邊官皆誤封疆之賊也使鞏而果爲封疆起念則自應泰身殉而外其可腐心切齒者豈宜後于廷弼胡不見鞏之公正發憤並請誅鋤也即使鞏以恩怨起念不得不釋他人而專攻廷弼則亦攻一廷弼而足矣又何必盡數十人設爲保舉之阱而兼攻之也且使鞏而果欲嚴保舉之法則薦鎬薦維翰薦應泰等者皆保舉之人也胡又不見鞏之瞋目豎髮而反若爲之寬解其詞也且鞏不嘗簡疏牘中之薦王化貞者乎當時諸臣見其進據廣寧其志可尙誰不交口頌之迨其後信叛迎降棄城奔竄非人所能逆料使果

如輩之嚴于保舉則又將盡取諸臣之推引化貞者而復織爲一案不又將有數十人乎不幾一朝之上盡罹保舉之條乎何輩之昏而不及思也至其尤可怪者楊漣擁護冲聖不知有何獲罪而欲奮冢臣處之周朝瑞首荷召還其名豈不更美而欲以保賊加之熊德陽江秉謙等同作逐臣方將共邀起用而乃欲終身錮之劉一璟身爲宰輔何據而遽指之爲逆族周嘉謨並叨顧命何因而强坐之以機關毛士龍放棄已久何事復啣之于刻骨王安蓋帷不具何忍復借之以媚權至于理學何仇而至詆之爲糜俸講學何罪而至慮其爲盜藪方震孺于進關之役既苛責以不死之非而陳王庭于三路之敗開鐵之亡反欲爲微不次之賞凡此皆輩之顛倒而不可解者不知輩自召還以後有何憑恃而狂躁不經遽至于此臣試請與輩平心參之方今聖明御極山藪爲空一時老成忠藎半出賜環然皆懷誠抱樸如不勝衣其視生平奇

節特行未嘗見于面目即與鞏共還朝者亦多深思長慮恥作叫囂乃鞏獨不自忖度横行無忌惟終日以鬧嚷爲得計而以賊害爲美題迫逼人以不得不言而盡露其醜又何鞏之愚也然臣終不忍盡言以傷同譜之誼姑聊駁其大概如此如必欲迫臣盡言而鞏之爲鞏恐不堪再說矣伏乞皇上勑令郭鞏改滌肺腸早調狂疾念賜環之盛典則當盡結草之微忠感君父之隆恩不當懷左右之私惠論一事止須就一事求顛末勿得牽連別案以相戕即論一人止須就一人定是非勿得溷起株連以禍衆告君宜存大體毋再陳糞穢之汙言陳說須核眞情毋空墮泥犂之業種且熊廷弼惟一生嫚駡致令人與爲仇今郭鞏乃百倍咆哮恐亦鬼將瞷室臣因糾正其謬而并爲拈破其迷惟我皇上震以雷霆大爲提醒庶使言路從此有清明之日而仕路亦從此無矛刃之驚其于世道關係非淺若臣之舊疏與廷弼之起用各爲一案臣

前疏言之已詳固無所容其再剖也惟聖明實裁斷焉臣不勝激切待
命之至天啓三年二月十一日具題十四日奉聖旨熊廷弼罪案已定不必爭辯言官論事但當據理直陳是非自見不得蔓衍牽纏有失敬慎這所奏知道了該部院知道

請斥逆璫魏進忠并郭鞏交通設陷疏

福建道監察御史臣周宗建謹題爲巨璫巧借兇鋒芟除善類謹直請鋤斥以清宮禁以絕禍本事臣聞見邪不擊非忠臣也畏死不言非勇士也故雖一介之士剔肝露膽死亡之誅有所不避矧臣位列交戟身沐聖恩目見衣冠之禍蔓衍將成狐鼠之奸憑依難破而臣猶顧瞻七尺隱忍不言俟其布阱既深毒形盡見而後起而爭之即殺一身亦何益于事哉日臣之論科臣郭鞏也微言簡語爲提醒其良心寬喻曲曉爲衆解其寃縛甫奉明旨不得牽纏意鞏且悔悟自新殺機且息而不意鞏又復起而囂爭矣然鞏亦何恃而誕慢無禮一至于此臣請因鞏

而直抉羣之根株敢冒死爲皇上一陳焉夫内臣魏進忠者固今輦轂之下所爲望而震焉者也處進忠之威勢可以咳唾而成風雲計進忠之財力可以呼吸而驅神鬼極進忠之線索可以使愛者升天怒者墜淵而臣義激于中曾于去歲指名而彈劾之臣于時已不知死所矣幸蒙聖恩薄示詰責未快其願聞于文華殿上撤講之後進忠狺狺恨臣摘臣疏中千人所指一丁不識兩語嘵嘵詬辯至怒激之聲直達宸聽時方持科臣章允儒疏不下輔臣向高婉喻曲譬情詞懇惻進忠怒始稍解而允儒亦得幸免此事在朝諸臣無不相傳憂臣者謂臣後必有無端中傷臣時即欲乞告自全而以時方多事遂爾中停然而進忠之心固無一日而忘臣也時臣堂官鄒元標等疏請召還言事諸臣遂沐聖恩傳爲美事諸臣既荷賜環嚮用方始乃獨有羣者平時在京專與内閹相暱進忠以爲中傷臣者舍羣無可他屬于是乘羣之入遂日走

人亟問亟餽于其門嗾以傾臣幷傾諸異己者而鞏乃密受指使造爲
新幽大幽之説把持察典編輯諸臣數十餘人彙爲一册復聞于交單
數日後造爲匿名文書羅織五十餘人投之路旁于省則以劉弘化爲
首次及于周朝瑞熊德陽及現在諸科臣等而欲一網盡之于臺則以
方震孺爲首次及于江秉謙及現在諸臺臣等而欲一網盡之而臣則
其網中之一人也既欲羅諸臣以快報復之私而更欲獨中臣以快進
忠之私蓋鞏之欲借察陷人者時時驕語于人且嘗以諸臣姓名粘之
壁上有如立黨錮之碑者使果如鞏把持設陷之意則凡諸正人之羅
織于鞏者俱當在被螫之列又奚獨臣一人也是察典非朝廷之察典
乃郭鞏之察典魏進忠之察典匿名文書之察典也是使天下但知有
郭鞏不知有冢臣不知有憲臣不知有考功之法且不知有皇上之威
福也今惟直道尚在正氣尚伸一人私造之册終不能溷六垣十三道

公送之册故極進忠一載之謀與鞏等數月入幕之算終莫掩于公論而鞏始計拙心勞懊悵莫及宜今日之刺骨恨臣借事排臣輒誣以熊廷弼爲一阱也獨鞏之辯疏若忘己之媚進忠者而以左右私惠詭牽合于召還之典不知臣之疏語正謂賜環出自君恩不當如鞏之辱人賤行且臣方恨鞏等遏絕賜環之路甘爲名教棄人以爲鞏一罪狀而鞏反謬爲不解嘵嘵致辯若欲借他人以自遮而激聖怒以相中凡鞏之混扯亂纏大都類此乃復有膽顫心虛冒認而闌入者是何進忠門多族類而郭鞏之外又一郭鞏也至鞏謂臣言及王安笑臣有何瓜葛鞏而不言王安則已鞏而言及于安則皇上亦知安之所以死乎安之死也身首異處肉飽烏鳶骨投黃犬此亦古今莫有之慘毒也安于存日事雖已甚而被此慘毒無不憐之鞏卽心暱進忠何至背公滅理至今尚有餘嗔至牽連劉一燝周嘉謨楊漣毛士龍等盡指以善通王安

此其媚進忠等不太過而其視人世寧復有廉恥視此身寧復有心肝耶羣既申論及此臣請皇上卽爲窮究王安之死果出何人陷害則進忠于此便爲一大罪案羣之媚進忠便爲一大證據臣卽力擊羣與進忠以存天下公道臣亦不爲過也臣觀先朝汪直劉瑾其人雖皆梟獍然幸言路淸明臣僚隔絕故不久終敗今乃有羣者結連膠合取旨如寄權璫之報復反借言官以伸而言官之聲勢反假中涓而重數月以來一斥熊德陽江秉謙一斥侯震暘一斥王紀一斥滿朝薦一去鄒元標馮從吾一逐文震孟鄭鄤近且欲厄孫愼行盛以弘而棄之摘瓜抱蔓正人重足此等機關舉朝之人無不知且痛恨第各愛惜一死無有敢明言犯其鋒者而羣且橫行愈甚奸謀愈深臣若尙顧微軀不爲點破將內有進忠爲之指揮旁有客氏爲之操縱中有劉朝等爲之典兵賣威而下復有羣等從而蟻附蠅集內外交通驅除善類而天下事尙

忍言哉臣今誓捐此身爲皇上明言之伏乞皇上即將魏進忠立賜鋤斥仍問郭鞏何故以言官交結近侍何故以一人私撓察典勒令回話坐以應得罪名仍將臣賜罷以謝進忠及鞏庶内外肅清大禍可消臣言及此身且不惜何有一官使臣捐一身而朝綱復清縉紳免禍臣即伏就鼎鑊猶如大海之損一漚使臣戀一官而國妖莫翦國賊莫擊臣即游翔仕途僅足以備鵷班之一點臣志決矣青山一片可以長往寧能與吮癰舐痔之郭鞏輩同立于朝哉惟願皇上大奮乾綱立斷施行臣干冒天嚴可勝隕越戰懼之至天啓三年二月二十八日具題

再申魏進忠郭鞏交通疏

福建道監察御史臣周宗建謹奏爲奉旨回話事臣以愚昧冒死觸忌不揣涓埃之誠以至妄干天聽伏蒙聖旨言官互相攻訐騁辯求勝何得無端牽引章允儒閣揭申救講筵奏請有何曲解考察公典部院多

官主持何從私撓降處允放各官幷推點閣臣悉朕親裁何人厄逐本
內所言交結陷害等事有何實據憑何見聞着周宗建從實回將話來
欽此臣仰覩明威敢不惶悚第臣之疏語絕非駕空臣緣感憤時事久
欲一盡其愚自愧孱羸每懷退沮今因郭鞏之罵不覺披其積愫若嬲
辯求勝有乖和氣雅非臣所自盟至臣疏中諸事若章允儒之冤宥實
由閣請臣非敢謂有他也第聞是日于文華殿上內臣魏進忠嫚然訴
辯臣前疏中一丁不識之語時允儒疏方未下諸輔在旁實有寬解無
非仰頌聖明之言今講筵諸臣現在可問初非臣敢撰爲此說以飾聽
也內計六年一舉典至重大郎我皇上不自主而委之冢臣憲臣郎冢
臣憲臣亦不得自主而參之考功吏科河南道郎考功吏科河南道亦
不得自主而咨之四司六科十三道之衆此正明旨所云多官主持者
也郭鞏乃以一人而羅織數十人爲一册欲挾當事者以處分此册現

在可按此其爲私撓明明有據非臣敢臆說至于降處允放各官雖出皇上親裁而鞏于熊德陽江秉謙等則欲遏其賜環于鄒元標馮從吾等則皆詆以盜藪此皆鞏有疏可證亦非臣敢臆說也至鞏指劉一燝爲逆族而王紀初不忍織成鞏詆講學爲無用而文震孟等曾爲申救即鞏之疏可窺鞏之心其深恨紀等亦非臣敢臆說也至于孫愼行之耿介盛以弘之清端無人不知其當相而皇上不及點用外庭之人實有煩言即輔臣亦曾爲申請亦非臣敢臆說也至所言交結設陷諸語臣既揣合之人情復徵驗之事理計今進忠方極尊寵指揮如意而指名糾劾者獨臣一人今鞏既織成數十人爲一册復聞有揑爲匿名文書出之一人袖中者羅列多人仍欲借以中臣以快進忠報復之心此事情之可信者一也鞏時嘗在外倡云進忠欲勸皇上做幾件好事此語人多聞之夫鞏以言官何以得聞此說而乃擅自賣弄□□進忠不

置此又聽聞之可據者一也至犟與內閣相嗤尤非無證當辛酉閏二月中犟巡視工程時監督主事沈棨力去陋規可省鉅萬犟反左袒內璫首言今日事切不可言節省且語同事趙贊化云此是朝廷銀子不是你家銀子何苦力爭至給事中熊德陽出疏相譏而棨亦欲掛冠求去夫巡視者不能自循職掌而反恨監督者之精明而復恨持論者之相助至與內監引眷稱兄相視莫逆人言嘖嘖諸臣皆有揭發抄此又其事之可據者一也而況有王安一案犟獨時掛口間積嗔不已似欲甚其罪而重其惡以此爲下石者解釋之地此又其事之可據者一也夫此諸可據者盡在犟身臣即欲不信犟之交于進忠不可得也夫臣非過入進忠也皇上未必盡信進忠而進忠則借皇上以市重即進忠未必盡信犟等而犟等則借進忠以嚮權臣即欲不信犟之附託進忠亦不可得也若其家人來往臣時得之風聞如必欲臣手執其人而後

爲有據則是欲臣爲緝捕之事臣言官也但有所聞而有益于朝綱有裨于君父則陳之惟恐不急又豈能一一蹤跡其人在手而後入告耶臣一介微軀荷託聖恩致身大義講之有素既冒昧而有言敢因懼而遂默伏乞皇上俯諒臣愚雨露雷霆惟天所賜臣不勝戰懼惶恐之至

天啓三年二月二十九日具題三月初二日奉聖旨周宗建奉旨回話自當明白確奏乃尚牽連揣度諉于風聞好生恣臆沽直姑從輕罰俸三個月該部知道

再申魏進忠郭鞏交通設陷揭 附

福建道監察御史周宗建謹揭職連疏糾郭金谿掌科之橫至直抉其媢竈情狀長安士論無不人人痛快謂此網一破從此內外之交漸知顧忌君父當有自主之威靈閣部當無潛移之隱慮是非邪正當復還公論用舍予奪當復在朝廷天下士大夫仍得伸眉吐氣事我皇上于天淸日朗之下而一二黨閹小人亦得屏息遐竄不敢再挾城狐社鼠之威而肆其巽喙之毒爾時職已不得復知有頂踵矣既而嚴旨震疊伏鑕何辭懷忠者無不憂職以不測而金谿之黨猶暗暗下石害職不遂尤欲中職以杖而後快職復義不反顧回話一疏據實直陳語甚詳核不自意反荷聖恩薄譴其黷以此知堯舜在上照臨無私而金谿等平時所交結以恐喝人者其伎倆至此始敗頭

見金鎔疏辯至力請斬職以報效恩璫語雖兇潑而畢竟心怯于交通之實罪胆寒于衆正之合糾謬啞佯聾頗知畏懼郎此便是朝端一好消息職向日疏中所云拚一身以解衆網者殆非妄也試問金鎔先時對人揚言擬于計事後必論某以給事某清卿某御史某部寺斷不放過者个何亦蟬寂而不再叫乎九鼎鑄而魑魅消然犀燭而妖形見小疏一出而行邊之狡計遂空槃囚之賄謀俱敗郎謂職從刀山劍林中提出一郭金鎔可矣乃金鎔所自辯者尤堪絕倒更欲職指人指地指物以實之反不欲職終存厚道以少留其說抑何不自愛之甚也嗟嗟梧垣累疏倘乞靈于提刀而內豎通書反欲禁其假手且權璫之家僕郎是權璫之分身問餽之頻仍無非黑白之錯落暮夜屬垣金鎔安得一一彌縫之而欲風聞不到于職何可得耶至于大工一事人實抗疏以鋤奸弊而反云昏瞶庸流已既倡言不宜節省而反云省數十萬此等語言實所難解乃猶自名善類緘口正人不知從古至今幾曾有託足閣門之正人幾曾有下氣怡色交歎婦寺之善類又不知長安一片地上自金鎔一二璫外誰復肯捨其名節廿與刑餘爲族而至煩金鎔有同類憂也嗟嗟金鎔不記往昔錢夢皐等巧逢奸相之惡倘且貽臭到今乃金鎔至舐椓人之癰以逢其惡則醜態更在夢皐諸人下舉朝齦破正未知其汙從何處出耳職請爲金鎔下一轉語方今宮禁隱憂無如劉朝典兵一事金鎔能從今日草一數千言疏直爲參破以消異日大禍則職當九拜金鎔且爲同朝力辯金鎔交結之諫若猶未也縱有舌長三尺終不能洗此交通一段公案矣至其疏中牽纏察事無非爲諸邪開翻案之門而受人嗾使以掩求寬亓趙之罪狀耳而反謂職介介也哉職今日之身得免杖免斥皆皇上所賜之身也此身一日在朝誓欲一

日盡言擊賊孱羸之軀業拚出以報我皇上一任閹黨暗地安排職萬有所不懼也姑先一揭以明之謹揭

請斥大璫劉朝典兵行邊疏

福建道監察御史臣周宗建謹題爲内臣非行邊之官禁兵無輕試之理謹據風聞直陳利害以遏奸萌事臣嘗考國家典制各有所司毋敢輕亂況乎軍旅重寄内則有閣部主持外則有撫鎮專轄下則有臺省部僚可以從中効用從未有以内臣而輒與戎政且以邊關大事機密重情而敢以貂璫小輩闌入其中以自託于天子之親臣者乃日聞外庭相傳欲遣太監劉朝分率内操諸璫巡視榆關犒勞諸軍若有似于古之採訪使者臣聞之未敢深信使果有此事俟其僕馬戒塗而後爲規正不將爲既往之諫乎用敢不避斧鉞略吐其愚夫皇上垂念關門睠焉東顧皇皇焉爲口事廑慮也此誠皇上神謨獨照遠出諸臣謀國之上者也然使皇上果留心于邊計則當日召諸大臣面與商確問其

將士若何整頓兵食若何料理令其日進一籌時與行邊樞輔互相參決邊圉大略不越此矣而乃議遣內臣使之巡閱此爲何意也哉是必左右近習有倡爲綺言以惑聖聽者謂外臣奏對欠眞不若近臣目擊可信以此歆動聖意欲以佩刀擐甲自賣勤勞衣蟒圍玉炫燿都市此其自爲計誠得矣寧無褻國體而傷皇上之威靈哉臣請先言其不可之狀皇上既重遣樞輔暫扼重關一切事宜屢有條奏其言詳盡無不指掌乃復遣一中使寄之耳目若視重臣尙有未精之畫此其不可一也皇上誠念將士勞苦有所犒恤一介信使豈無可擇何至命及中涓若視外庭一無可遣之臣此其不可二也卽使皇上欲得關前形勢而觀之則令輔臣承宗撫臣鳴泰圖上險阻列爲御屏豈不可據何必待一中使之言始爲足信此其不可三也然此猶論其大體也臣請并言其害中使一出騎從必繁侈飾軍容喧譁道路張皇大衆有駭觀聽一

害也關門尺地食物單殘諸璫雜沓囂訴易起二害也輔臣當關體絶百僚中人貴倨輕與抗衡體統易褻三害也中禁之人不習世務耳目所及輕信易疑掇拾郛言恐滋虚僞四害也中涓之性喜訐惡直巧獵頌聲希圖紀敍起材官微倖之心來兵伍粉飾之想五害也近侍專兵立威賣重自明得意賞或虚增罰且過當人心失平有孤衆望六害也關門將吏功名念熱鑽穴情深謬結交知潛通線索七害也從行既衆弊孔易開財利相親唾涎必起徒滋損耗有傷實惠八害也自京抵關道里八百經行驛站勒索多端疲累窮民驚殘雞犬九害也有此九害顯在目前矧有禍胎尤爲可慮凡諸中涓恣傲之行習與性成一預兵端如虎傅翼彼既自恃有威兼之與外相習或謬採夷虜之虚信或妄陳經緯之郛言自託方略因而市寵漸乃謀爲監督之官漸乃謀爲巡採之使漸乃謀執大柄漸乃撓亂主權以中人而參決疆場之事以腐

豎而品隲文武之才邊釁緣此而生軍政從此而壞人心繇此而灰此

之大害直係宗社念及于斯毛髮欲竦安得謂今此一行僅同常遣直

聽其逍遙往還伐鼓鳴騶爲一光榮之快舉乎哉昔太祖高皇帝曰內

臣無得干預政事預者斬而政事之大孰有過于軍旅者今乃欲破壞

祖宗之法搬開弄兵之端自此以往何事不可倒持何言不可憑竊桑

綱亂紀芽孽叢生此臣所爲大懼而不可不言不得不言者也昔漢中

常侍侯覽輩妄干朝柄恣行威福毒流縉紳遂有清流白馬之禍唐天

寶末魚朝恩玩弄國政妄自專兵釀成安史之亂宋有童貫頻年用兵

自號太師出入專恣遂來夷虜我朝土木之事禍繇王振正德之季亂

起逆瑾此皆已事彰彰較著若不禁防此實預行遏絕恐此輩無知習

爲故事釁亂之作其來非小我皇上聖齡日壯聖德日明一切軍國機

宜正須面與大臣親自裁決即有小誤不妨臣下互相規正又何用此

趨蹌小輩而與之商略國家大事哉臣既得傳聞不敢不以直陳伏乞
皇上鑒臣愚忠即將此行賜罷毋令宵小得借軍前生端起事宗社幸
甚臣愚幸甚臣不勝激切待命之至天啓三年某月某日具題

申明法守參范得志幷救徐驗封疏

福建道監察御史臣周宗建謹題爲國紀漸弛異萌屢見謹剖愚衷以勵官常以正世風事臣竊惟天下有順治而後有威嚴有官方而後有法守威之行也能使四夷震九宇懾而其本乃在郊圻之整肅法之飭也能使百官輯萬民齊而其原乃在京秩之清明以臣觀今日之輦下僞印之猾頻發五城盜鑄之奸公行都市殺人近在禁門而侵帑時聞漏網可謂無法極矣然猶巡視諸臣可得而糾之也若夫南都豐鎬之地獨非皇上之畿甸耶乃近日之南中何脊脊多異也靑衿譟而撫辱風紀之官可異也左道興而妄煽蛇山之號可異也揑刻謗書而巧投

齋宿之地可異也熱中卿寺而詭飛請劒之章可異也而其尤可異者以胄孽而横開糾劾之門以曹郎而强爭臺官之柄若近日刑部郎中范得志之論御史王允成者夫得志臣不知其作何面目第知其爲今歲拾遺范醇敬子也爲得志者不能幾諫其父使其善于鄉評則亦已矣乃猶横口詈人若欲建旗鼓而思一逞者此何爲也即其所論允成諸事臣隔在遠無從知之第思允成職備法官公符相涉自亦常事即令果有參差何難互相商確胡遂執以爲據而狺狺焉遽列彈章若借以爲難端也豈其習見前年丞貳曾有擠言官以借資者其事漸以成習其風漸以相流而因效其鑿以自見耶抑其一十四載之京居饒有破綻姑假此以自遮匿耶而總自臣下之無法守始則總皆近日之異萌也使法守一飭而各官其官方將自奉其職之不暇又暇以其餘力而闌入爭鬬之場耶臣于是而慨世風之不振又竊嘆振世風者未嘗

不在人也自輦路不清而獄犯如王一鵬者尙得操刀筆而弄縉紳乃孫瑋一到而一鵬就斃圄中遂消一奇妖矣自士途日混而作奸如李大元者尙得託贋鼎而冒太學乃姜逢元一疏而諸僞畢陳衆衿遂知有顧忌矣自碑訓不嚴而神棍如趙維清者尙得鼓利口而凌執法乃蔡毅中一示而羣邪蕭肅成均遂知有典型矣至於政虎方酣得臣堂官趙南星一疏而巡方頓肅萑蒲方熾得臣鄉撫臣周起元一榜而偶語遂消然則法紀之壞自有人壞之于其壞也仍可以人而興所謂因地而倒者因地而起皇上誠欲求振飭于今日寧終無奉法遵紀之人而可謂一蹶遂不復振一蔾遂不復張哉乃日者皇上之降謫驗封司官臣又不能無疑焉臣聞司官徐大相者素以發抒忠憤爲我皇上守法者也即其居封司時聞于陳乞諸疏極其愼重駁而不舉者多矣乃偶以先朝薛蕙請贈一事而遽逢聖怒夫蕙之忠直千古猶芳聖世表

章之典原與一時覃恩之例絕不相同特其分剖欠詳使皇上驟疑爲近來陳乞故事今聞銓臣既已申明此義即大相此請初非濫觴倘以素能守法之官反蒙不能守法之責以皇上求臣守法之盛心而反使人有爲法受過之不測臣恐臣之能守其官者反懼矣臣以愚戇荷託聖恩非不欲逢迎緘默如時情之所云善則歸君者第臣以君子之道事皇上而願正人之伸不敢以小人之術逢皇上而喜善類之斥區區之忱不能自已故敢略剖其愚若此伏乞皇上明勅臣下各守典章毋使異孽小臣得以逢世而旁撓言路仍乞俯矜素能盡法之臣鼓其忠貞則國紀常明而世風常肅即有意外之異萌終亦無自而作矣臣不勝惶悚待命之至天啓三年六月初三日具題初六日奉聖旨該部院知道

糾司禮監王體乾疏

福建道監察御史臣周宗建謹題爲愚臣循祖制以盡職內監駕妄說

以撓公謹據實糾正以伸國體事臣惟朝廷設官各有職掌臣盡臣職謂之忠君臣昧臣職謂之負國臣少而服膺斯語五年邑令頗極清釐近以愚闇荷蒙皇上欽遣查刷光祿寺錢糧臣味查刷之義兼誦世宗肅皇帝設差明旨正謂本寺經費交涉中涓頭緒甚繁支取易冒故歲遣臺官一員稽查而刷去之嘗查萬曆初年歲費止七八萬金即在中年多亦不過十三四萬以至數年之內寺帑積餘多至百餘萬兩皇祖取爲給邊佐國之用此皆鑿鑿可攷今臣既任此差正臣稟仰成規俯盡職掌之日也臣自涖任每搜考故牒竊見其中混淆龐雜因稍爲分別先于去歲奏繳揭內略整次第隨復累次遞查多所駁正約自數月以來汰革冒破歲計不啻二萬餘金此皆實有銀數可抵正供非若往昔僅扣時估虛數以存節省之名者也昨閱邸報見司禮監太監王體乾一疏無端率扯郊廟享用至集臣兩三月間行查四項以爲飛檄旁

午且稱引其坐家官侯元李忠趙進成王登進等謂臣誤聽書役以爲此輩需勒不遂之故以此揑駕似巧實拙臣請得而糾正之夫臣職在查刷每月奏繳間有清查此亦常事數旬三票何爲旁午臣查會典開載自五月以迄八月內外各員例不給酒臣遵會典而行此于郊廟等用有何干涉又臣攷本寺錢糧大都改折上而御膳后妃下而各宮嬪御大而閣輔卿貳小而部寺曹郎內而司禮侍從外而局匠官儒一切供辦率從折色以取清淨獨有數項日冒本色使行戶借此以飾苦而寺咨不免于浮支故欲照例改折曾于前月疏內具題不過節浮價之費而省旁役之侵且知造作局匠烏有子虛率係冒破雖有本色之名未嘗不就行戶私折故臣爲此直捷簡便之法此于各員初無不利獨寺監各役則皆苦以爲去其侵沒之資者也卽臣衙門書役亦共苦以爲絕其游移之路者也累朝祖宗軫念民艱本寺錢糧先經寺卿屢請

改折具有成規今臣按規而請豈爲輕改臣方以此掃空胥役之弊豈得反云誤聽下人之言卽蒸豆一項雖多虛冒然臣亦僅批寺廳量裁鋪墊以近行戸何嘗遂議申革若聖濟殿朔望供養一項實多重支誌亦不載臣卽一查以核緣由何得遽爲多事至其稱引誌書尤爲可訝夫誌書成于舊寺卿徐必達雖多詳析聞其交代之際間委署官未及盡核萬曆初年收簿且未及會同查刷臺臣間有參差不合奏揭且體乾果信寺誌則供養一項重冒疊支爲誌中所不載者又何不引誌自安而行文寺廳反謂誌中遺漏也此皆其說之不可解者也至于雜碎一給每歲費有千餘原係私給向來不敢聞之皇上故不載臣奏揭近臣欲奏繳盡如實數始知舊有此項臣卽行查駁正乃臣職掌當然今偶一問及而該監輒嘵嘵起而爭焉則是朝廷之上但知有內監不知有外廷但知有濫觴不知有祖制臣無所用查刷卽國家亦無所用臣

等不識數年之後禁庭之喜事日多宮府之辦額日廣此輩之貪饕日奢寺帑蕭然又將何項錢糧借爲支應此又臣之不能爲該監解者也然臣因是而竊嘆今天下事之難爲也皇上方日憂無餉日詰諸臣治餉年來自加派而外議搜括議事例議抽典鋪一切苟且之政無所不爲且至各官捐俸以佐涓埃此亦可謂纖屑之極矣而國家皆不憚爲之乃冒濫所在間有清釐可省鉅萬者一涉內豎堅持不破幾視外臣爲仇而懟且恨之不知此輩日食君祿日享富貴即光祿一項歲額二十四萬其供皇上之玉食者每月不過千金中宮之膳每月不過三百餘金以次遞減膳費儘少獨內監食卓一賞銀至三萬餘兩米至一萬餘石此外虛冒不可紀極此其取于國家者何奢而銖兩偶涉輒起相爭又何其用心之不同一至此耶嗟乎世事至此幾都付之無可柰何而臣之愚闇乃當此刀俎方脫之餘復欲起而率成規以循職掌臣之

愚眞可謂下愚矣第使人皆習爲智臣而不爲愚臣恐非所以訓天下而明職守也伏乞皇上勑諭王體乾各圖盡心毋得阻撓臣差仍乞懲戢侯元李忠趙進成王登進等毋更憑依狐鼠搆挑生事自干違制之律其尙冠執事等酒飯或令仍支本色此外匠作虛名合請仍照改折至于停酒之令具在會典臣不敢不爲奉行雜碎之給不載奏揭臣不敢不行裁減臣職掌所關國體所係特爲駁正如謂臣言無當卽臣差使可不設若此差一日難裁則臣當一日盡職不敢避權倖而貽素餐之誚也臣干冒宸嚴不勝惶恐待命之至天啓三年七月初一日具題初四日奉聖旨該寺錢糧節省已多還所奏皆係祖制着照舊遵行不必爭執該衙門知道

裁革各官儒食卓疏

福建道監察御史臣周宗建謹題爲敬循職掌清覈冒破以杜倖端以存國體事該臣等巡視光祿寺兼管查刷每月下庫監督收放則見諸

行戶塡呼愬苦謂積欠其上供諸物價至二萬有餘也及問之庫藏則卿丞諸臣攢眉告窘謂藏積如洗不能了上供一月之支也及細核每月諸費則又重見疊出一屬內廷幾不可問輒不勝有漏卮之嘆然未有如武英殿諸官儒之濫叨食卓起于創見妄引覃恩坐糜厚費至于兩匝歲而猶不知止者也臣等查得張一元等一十二名至費酒飯一十二卓謝成名等四名至費四卓杜安國等二名至費一卓共計一十七卓每卓一年至費銀一百三十二兩復支白米五十四石通一十七卓計之銀則二千五百金米則九百二十石若以臣等之俸絜之不啻七十餘人之俸矣此即館閣侍從諸臣或任編纂或任誥詞或任玉牒勞大官尊似宜優厚而祖宗限制伺于支給飮食之外並未嘗有食卓之頒不知各官儒冗冗雜沓有何事蹟有何勤勞而每歲至費朝廷銀米至三千五百有餘至超館閣諸大臣而上之此成何國體也臣嘗歷

查祖制額設中舍各官原備抄寫之用卽神宗朝抄錄甚繁初無格外之賞今諸官儒紛紛添設巳爲冗贅幸不議裁巳出意外乃欲妄借覃恩冒昧干澤至於重給疊支幾于無底寧復有法紀乎且凡屬恩典皆爲暫賞暫不可以爲常賞不可以爲例因事而予事完則止遇恩而給恩過則停卽近來封典槪不准行矧屬錢糧大關國計縱使諸官儒果有暫勞合邀恩例亦當從今停止豈有借此爲名長據爲有之理方今寇賊紛紜海内罄竭内帑之給發將空小民之加派無巳卽在朝官紳自閣部九卿而下無不人人捐俸以爲涓涘之助而么麽小輩旣得月糧兼支飯食復無故而冒此多金將合幾衙門之俸銀尙不能抵此一項之冒破試令各官儒返之于心寧不惶懼欲死又令皇上一日查問及此諸官儒何以置對臣等及今不爲發覺他日皇上試問臣等何故不一淸查卽臣等亦將何以自解臣等今日卽明任諸人之怨有所不

惜必不敢市恩討好有負皇上之任使也除經行文該寺將各官儒食卓自今十二月止盡行停革不得再行濫支外理合疏題兼爲詳述端委如此誠欲使皇上知此輩前者冒賞之非永爲後來濫觴之戒不致復有贅員散秩敢行虛假而恣欺罔者亦臣等稍盡職掌之一端也臣等無任激切待命之至

查刷事竣條議裁革疏

欽差查刷光祿寺福建道監察御史臣周宗建謹題爲查刷差事已竣謹報錢糧實數幷陳未盡事宜以盡職掌事該臣于天啓二年八月奉差查刷光祿寺錢糧兼管巡視臣受命冰兢不敢以故事相應于一切查覈事件頗悉臣愚幸寺卿何喬遠等一時皆名賢夙望相與協心釐剔年來節省較之往歲其數頗多今當一年事竣例當據實奏聞以見微臣涓滴之誠且以見寺帑空虛之實據本寺典簿廳呈報去歲八月

內舊管存銀三萬五千八百三十二兩七錢零陸續新收各省直銀二十萬九千四百九十五兩二錢零每月給發過各項銀共一十九萬一千九百九十九兩八錢零現在實存庫銀五萬三千三百二十八兩一錢零此寺銀出入之實數也又據本寺各掌印署官呈報去歲八月內舊管存米五萬二百二石有奇新收各府縣糧米六萬七千二百七十四石七斗有奇每月給發過各項米共四萬六千八百八十六石六斗有奇現在實存倉米七萬五百九十石一斗有奇此白糧出入之實數也以視皇祖初年寺庫之積至百有餘萬倉糧之積至三十有餘萬相挈而論今日之匱已云極矣而要此所存之數亦皆臣與寺臣及巡視科臣等刻意緊持如每月所報節省實銀至一萬四千一百六十二兩二錢而此外之行文住支據額禁止者又不啻一萬餘也復按往規于折色定估一項比照時值扣存餘銀以當節省者又不啻二萬餘也夫

竭臣等之愚誠不惜耐勞忍嗇以與涓人胥吏爭此正供顧猶未能盡如臣願使濫觴悉去一如萬曆初年之制脫令更一議寬而此幾萬之積不知又歸何有之鄉矣臣今已將剔釐諸欵立有定案刻有須知永存公署以爲考據更有未盡事宜臣敢略吐其愚以爲聖明採擇惟皇上實垂聽焉一曰折價之當行臣按本寺支給錢糧無一不從折色法甚簡便今如長隨內使願支本色臣亦無庸請矣若畫士局匠等項類皆虛名冒替名雖曰支實則暗與行戶算折何不竟從本寺折予此輩既不失虛冒之利而官府得稍減浮給之靡法之兩便無逾于此獨坐家各官及一切胥役一聞折色苦無影射之地故常借各役以爲名而其實與諸役無與也臣之所謂當折者此也一曰供養之當裁臣按萬曆初年止有奉先殿玉芝宮及文華殿等處供養數項所費甚少卽中年以後尚自有限今乃多立名色重冒疊支至同一神明同一宮殿既

有朔望復有每日既有本色復有折色如慈寧宫之則例不一而足而
聖濟欽安洪慶等殿之卓數重出多端每出寺志之外臣之所謂當裁
者此也一曰宂役之宜核臣按祖宗立制計事程人計人授食未有人
久湮銷而稍終不減如尚衣御用等監其中冒破姑且無論至御馬監
以三千餘人而養幾百頭之羸馬又何取焉臣之所謂當核者此也一
曰歲例之當清臣按萬曆初年卽歲給定額尚往往以八分減折今南
醬房之麵多至四萬餘觔既曰以供宫中之用而各宫廚料又復索醬
此間又何冒也至於成造各項率亦多靡查神廟之初此費絶少昔不
見爲太儉今何遽至太浮况不從折色而從本色此等冒費尤爲不經
臣之所謂當清者此也一曰好事之宜罷臣按萬曆初年每遇歲時自
常祭常供外初無晝夜好事一項中年以後暫有傳辦猶存節限近則
佛誕神期動稱迓福至一日之内重添叠舉動費二三千金自昔聖王

不邀福于鬼神不役心于黷祀今乃損正供以佐虛誣耗實用以資蠹
孔傷財累德莫此爲甚臣之所謂當罷者此也一曰則例之宜一臣按
萬曆初年供養及祭祀各例類多相同今則混託傳添多寡隨意盈縮
不等合請自今以後凡同一事例者品物不得過懸但當删多就約不
得改簡爲浮臣之所謂當一者此也一曰白糧之當議臣按萬曆初年
本寺白糧可支數載間多浥爛先經科臣劉魯有間年一折之議使新
陳兼放不至虛耗今臣查各倉現有七萬之餘今歲白糧復將投納及
查所給各項率屬冒破國家以東南開基徒使三吳萬姓罄膏竭髓以
供此子虛烏有之費既爲不忍况復益之陳朽徒資蠹竊又何如間年
一折以甦民窮而收實祭臣之所謂當議者此也一曰鹽行之當議臣
按會典長蘆運司每歲解鹽二十二萬餘觔赴光祿寺定爲正額計一
歲進宫所需甚少所餘諸鹽往往積爲柱礎半歸胥役之窟往者寺臣

亦有閻歲一折之議化無用爲有用變沙土爲金錢其于國課益孰大焉臣之所謂當議者此也一曰坐家內官之當嚴臣按上供諸事卒掌之尙膳監在監未必盡無公心而無奈坐家各官如侯元李忠李進成等往往從中爲崇爭競細屑至不堪言合勑該監從公遴選必得誠謹之人代任其事庶一切事宜得無掣肘而錢糧出入可望一清即該監亦何樂于利歸坐家而謗歸于已臣之所謂當嚴者此也一曰應署各官之當核臣按萬曆初年寺卿路王道曾有清裁署官之議近諸臣有改用鄉榜之議科臣許可徵有巡視歲終舉劾之議業已奉旨遵行正爲各官途逕易雜耳目易迷非使賢者有以自見則不肖者反得起而相笑而現在鄉貢各官若羅良策之修潔素有芳名許以忠之慨直不辭勞怨謝君惠之清操刻勵程三樂之挺立精詳顧慶恩之高雅超羣張紹初之眞誠搜弊龔陽秋之警敏清查此皆先後掌印盡心恪職無

負其官者而陽秋則以裁革一事略與諸印官同其勞勩此外賢者正自濟濟而怠者亦自有之要使各官皆有向上之意則尺組半通共有當爲之事竹頭木屑皆有當盡之心又安見諸臣之爲卑僚而可不經意也臣之所謂當核者此也凡此十欵言甚平平且有諸寺卿所曾先言者然臣不憚再陳以少伸職掌之義凡爲皇上之物力計也臣嘗按隆慶六年十二月方神宗皇帝御極之初查刷御史張士奇進呈每月錢糧揭帖伏蒙神祖查有虚冒各員隨奉聖旨這勾了的都不與他照改的行欽此一時減省甚多仰見當時綜核實政釐謹之權操之廟堂今我皇上聖明同符聖祖而財力匱乏大異昔時安得復遵此意令臣等樽節微誠少得展布而無旁掣之患哉臣因差竣具奏錢糧之數并布其愚伏惟聖明採擇施行臣無任祈禱待命之至天啓三年八月初十日具題十三日

奉聖旨該寺積餘銀兩俱係內監減省周宗建如何引以爲功糧鹽係祖制御食之物輒敢任意議折紊亂成規姑不究都着照舊規行不得

輕役該部知道

按楚陞辭明用人以佐銓政疏

福建道監察御史臣周宗建謹題爲微臣陞辭之日欣逢大慶之期謹列保泰大端以佐銓政以副吉祥事臣以一介疎愚荷叨按楚受命而往中心冰惕勉思所以仰報皇上以無負任使而顧臣竊念百姓之安屬于外吏外吏不戢即百方彌縫皆虛文也朝端之靖係于內僚內僚不整即百端粉飾皆故事也以今天祐聖明誕生元子舉朝臣工爭各欣欣頌皇上以無疆之休而會有新冢臣之命適當其時羣心踴躍無不謂迎和集吉收天下之善事以迓泰運者無先今日矣而臣以爲慶有自生祥有由聚賢人君子者天下和氣之所鍾而吉祥善事之所集也天既合環海之祥而萃之皇上則皇上安得不合師濟之祥而布之朝班臣敢稍列大端仰聽採擇其一在用人之途則宜闢年來班聯充

滿無士不升可謂過于寬矣而臣猶謂得百衆人不若得一賢士拔一平進之賢不若拔一久鬱之賢彼有事起一人之搆者自當就一事而白其端委誤出一時之偶者尤當就一時以雪其生平疏幽抑以暢太和護吉人而長王國此眞今日新銓秉政之第一義也而臣以爲用人之路則宜淸今用人者首重起廢一途顧起廢者拔之久錮勢難拘以常資而考其生平自當稍爲分別有年資同者當論其才品之各優有才品同者又當問其挫抑之來歷有困衡同者當核其詿誤之根因有詿誤同者又當查其情事之眞僞同一爭國本而或杖或奪宜分同一爭礦稅而或逮或謫宜分同一爭國是而或抑或伸宜分但使爲冢臣者預爲參酌若權衡水鏡之無私而後遇缺推遷若規矩準繩之不亂又何至彙升之世反有恬競之殊而衆正之途反來濫觴之誚也此尤今日士風臣節一大關紐也而臣以爲用人之權則宜尊夫冢臣者長

六卿而爲之表者也家有長子卽主伯亞旅莫不稟而受成國有保衡卽羣僚百工莫不望而起憚而令使長督之前敢開名利之口於主宰之地屢問陞除之目所求日廣則泛應之路且窮周旋日煩則觖望之嗟反起毋論權旁雜而不清亦且體褻狎而易犯故大臣正色率下端表立朝啓事入而人莫知其由除書出而下無從受德風軌未遙可師可法此尤今日澄清世道一大本領也而臣以爲用人之法則宜一夫用人者有進與退兩柄故文選主進者也則當分别其應退者毋混于賢路考功主退者也卽當分别其應進者毋滯于積薪自昔唐虞尙嚴考績之期豈當今日反可行越格之事在冢臣簡畀方新自當大有整頓而以臣愚見請于天下各官各定其應轉之格仍預列其資俸之序勒成一書合于格者就其官績之上下以爲遷轉之低昂而不及格者卽賢者毋得混焉從此功令一定懸諸日月卽有躁進者自安心于資

序之尙淺而無營卽有孤子者各翹首于程期之相逼以自慰用人者術簡而易操而待用者途淸而難混于陞除之中寓化競之法又何至統均之府爭爲講嚷之場也此尤今日疏通內外一大補救也臣少而閱世二十餘年之內曹局屢更是非莫定往往于六年內計一改用人之色往若癸巳一察持公秉正人無閒言繼則有乙巳一察而內留之科道至今唾爲奸府又繼則有丁巳一察而妄掛之諸賢至今尙有餘言頃者公道昭明世路漸整我皇上復以英明而照臨之一時之景運豈宜虛度而海內之沉滯更煩彙通軫封疆而櫛沐之勳猷可思顧轉輸而督運之勞臣可念矜幽沉而屢奉明旨之曹郎可通體輿論而屢經斥逐之諸臣可轉凡此皆所以伸和氣而增休祥以綏今日用人公案者豈當此老成簡命之初而獨無一番之大開霽哉計皇上之信任在此時而老臣之報國亦在此時矣臣得與察吏之責而敢效用人之

言當羣情喜舞之辰而進蒐收吉人之說凡以爲皇上之吉祥善事也

臣身遠天顏聊抒芹曝臨疏不勝懇切待命之至天啓三年十月廿八日具題

卷四十九完

同邑柳樂族鄭瑛校錄

卷五十　邑後學　陳去病　纂輯

明一八

周宗建見上

戰守議

福建道監察御史周宗建謹議今日之事議戰議守不可相非而分戰于守分守于戰則皆非之非者也蓋賊鋒雖張兵力有限我勢雖散全局尚存若據云必不能守而姑爲困獸且鬭之說以十萬師爲孤注是藥中之劫劑非策之全者也若狃云必不能戰而姑爲嬰城株守之策是竭四海以事一隅口不必西渡而我以坐壞此北魏之所以困齊者是苟且旦夕之計也故欲定今日閫外之畫必先破去其不能守不能戰六字而後東事庶乎可爲耳今經撫兩臣各持不相下之見全不打

算河西實落情形實落戰具主進者作如何勝算卽小有挫失保如何收拾主守者作如何蓄謀卽暫時固守保如何歸結從此儘力算過一番果各有不敗之著抳定在心便須明目張膽將此成畫暢言而告君父如趙充國之對朝問往返十數曾不爲瑣又何至紛紛爭辨徒鬭勝于口舌閒耶故職謂今日且勿輕議去留請略倣漢廷之問充國者走一飛騎先問經臣果何以能守無妨進取具一方略密上之朝廷又問撫臣果何以能戰不至一擲亦具一方略密上之朝廷使舉朝之人了了心目實信得過而後或聽其獨任或分其職守定限二十日往返未爲晚也若謂職言爲緩必欲定于一朝則請以鎭守山海專責熊廷弼練兵飭防築臺固壘爲都城一金湯爲廣寧一後勁去其經略之名仍以經略遂事專畀王化貞聽其展布使相機而圖伺隙而動無復有滑稽輕詆相笑于旁辨論分爭相持于後庶精神各有專用將吏各有專

轄各用兩臣之長而無分兩臣之袒東事庶不至于決裂也謹議

款虜議

福建道監察御史周宗建謹議今日欵虜一事自須設身處地相時度勢爲國家計物力又當爲邊臣計便宜斟酌賞數畧有幾端如督臣所云各部舊賞向來撫遼者定有成額縱使册籍已亡而記憶可據如舊撫王化貞輩現在可一質問若通官張仲信等所開二十萬兩恐有浮冒未可盡信此舊賞之當核者也至云罕虎控弦十萬不日到關先講賞額然後爲我爭奪廣寧使其情果實卽額賞之外如督臣議再給進兵領兵之賞二十餘萬自不足惜第使挾賞而去仍無報効徒費金錢無從責信恐成王化貞往歲過河之說職等不能保也故今日之議且當先論敵情之眞僞毋只先爭賞數之多寡此今日談欵虜者之要領也至云收復河西之後以廣寧之守屬之插漢寧前之守屬之哈喇自

是得策第虜既以復廣寧爲我重故邀我厚賞今我既不自守仍屬西虜則我亦當以畀廣寧爲虜重既畀之地而復給以三十六萬不太侈乎況虜聚無常豈必真以萬人屯駐又何至按籍給賞如中夏法也愚謂虜果遂奴東歸便當著令住牧爲我外護當略倣漢設監護官一員監之駐箚寧遠之閒仍令各虜於寧遠受欵而插漢哈喇兩部各加給以四五萬兩賞其外護之勞此卽持爲歲例亦不爲過若多至三十餘萬此自斷斷難從總而計之所云領兵犒賞進兵功賞皆爲收復廣寧而設此特爲一歲暫賞不可爲常若其常賞自當如其舊額而止卽使護守廣寧護守寧遠果如疏語較之額賞暫賞之外不過再添十有餘萬大約計之五十餘萬而止耳此則今日議款數者之大略也職因竊料奴入廣寧之後金珠玉帛既取歸東今日所存止一空城耳使奴果有重兵屯駐必反從河東饋糧而西料奴計必不出此今度西虜想亦

見奴雞肋此土可以惟彼所據而又見此土荒索無味亦無利于空屯故以收復之名要我重賞既得我賞仍牧我地內以結盟于我而外未嘗不示好于奴于奴無搆殺之仇而於我受非常之賂此則西虜今日情形大率如是今者檢關之事但當訓兵整備專圖自固不得慮恃虜欵反受其愚但當懸賞爲餌使虜惟恐賞之不成羈縻常繇我操不當使其挾賞自大輕覷中國之急播弄反歸其手於今日用虜之時而預思爲他日備虜之地諒籌邊者定自有苦心也敢因議賞而併及之以助主欵者一著焉謹議

爲趙文毅公公揭

福建道監察御史周宗建等謹揭爲先達忠名久著聖朝恩數當先謹合詞闡明以彰公道事竊鄉故吏部左侍郎定宇趙文毅公初以詞林抗疏論江陵奪情起復廷杖削籍聲滿海內蹤伏數年嗣後神祖親政

得召還原官洊登禁近隨遷留都有斥大璫宥言官諸疏皆言人所不敢言時值儲位未定舉心惶惶公首以册立爲請轉南少宗伯又請豫教元子朝論倚以爲重既自南改北適有三王並封之論時吾鄉王文肅公在政府公與文肅均以忤故相去國同籍同志及是遂侃然循職掌相與辯晰至上疏力爭請收回成命文肅因累疏乞請當時疏中有云三王並封禮臣無可具之儀臣之委曲規勸不如諸臣之説正而嚴正指公也自此並封議寢國本屹然固不可謂非文肅轉旋之功而以地近詞危發抒感動得伸大義者公之力居多焉無何公以夙釁被搆解組歸田至今人能訟言其故而其爲社稷大計苦口苦心一段忠誠慨直有爲人所極難者恐尤先後建言諸公所遜讓爲難及者也今遇聖明御極衆正齊庸一時臣子多所陳乞而公以無地樓臺之後其子隆美遠來叩闕冀闡先猷併求恩數一時正人君子知無不惻然增感

共樂表揚第日覩銓部有申嚴冒濫一疏適當其時職等敢稍爲剖別夫部議所分廷杖斥逐二等此或爲追恤庶僚而設文毅既爲大臣似難以此槪論今查後先與公同朝者如沈文端于文定皆以在禮卿時有翼儲功近蒙恩恤贈廕洊加不嫌其濫文毅雖未獲大拜而其首倡正議當先羽翼亦正在禮卿之日自與兩公脗合矧公爲史官時亦既掊擊庭下矣律之近議既合廷杖之條按以大臣又可比文端文定之例皇恩雖當裁于濫觴之餘盛典豈反靳于大賢之後磊落名卿如文毅者海內指寧多屈遺忠具在引例非誣國史可稽先達可訪知當軸必且爲之目擊而心動矣現在隆美之疏已經旨下伏願虛公博採卽與題復以褒崇明德風勵後人其於旌別之化不無少裨而職等實抱九京之慕非敢爲一家之論也謹揭

讀蘇秦傳

蘇秦得陰符而讀之可謂極揣摩之苦但此願力却以取尊榮三字作起念結局此秦之所以死富貴也

論語商述

聖賢救世之言皆權也悟有高下權亦隨之因病起方藥從病轉如眕疾者不問其病坐何家而概以參苓甘朮混而投之藥良而病愈長矣不乃爲設方諸賢大笑乎余幼負鈍根長無顓學每有疑義僅一質之家嚴而愚不能悉記也傭書十年嘗爲諸弟子所難詰幾無以答近吏茗中山間事簡時與諸生互相商問年餘之後遂積成帙間一檢之平不近釋淡不入玄以較近來盧參超悟之指幾爲嚼蠟業已棄置笥中而余友鄒肇敏卓去病强出觀之便爲訂定西湖諸友遂乃索付之梓夫藥有多方水只一味聖巧之用存乎妙悟此刻之行要亦布方聚種聊集爲譜而未必非盧扁之所唾棄也刻成因命之商并爲記此敢以

質之四方君子丁巳初秋松陵周宗建季侯自序

道德經解自序

甚矣世人之難悟也老子五千言翻來覆去止以謙柔樸素靜退損抑醒人聵聵猶之敎父慈母提訓嬰孩諄切篤至婉轉誘掖一一歸之天道與聖人之戒滿敎謙不怨不庸者絕無異指可謂帝符皇籙不是過矣而陋儒不解反謂老氏一書多關術數幾爲後世好詐飾僞之祖不思有生習種驕恣剛強一切患害皆從此起三代以下制世之道視民若草菅焉皆緣侈大而失之者也令少得老氏緒論有意持之若漢文曹參如吾夫子所云善人也者豈不長養元氣常留太樸而反曰術不足尙乃取一切機械情識紛而飾之借仁假義口帝稱王聖智日繁姦僞日盛而世乃永無淸淨自然之日是闢老者于老固無分毫損而其禍世賊道則已成一泥㸓無間之種子矣舟行無事溫習二篇謬爲通

解標其大義幷附數言以爲世之關老者作一懺悔天啓癸亥長至前一日吳江周宗建季侯父書

別武康諸君子暨諸父老序

周子令武二年一日得調將之西湖諸君子暨諸父老爭持觴觴令令乃爲述數語別之夫爲令者覽風考俗樂其土壤之美安之而民或不習或習矣薦紳先生或相牴牾使令局束不展而令亦遂傳舍其官以得脫去爲幸世有賢令往往不免初余謫選曆得令間請一二先達無不攢眉言令苦余深疑之及令武渾渾無一善狀而民安令治服令教二三君子或進而導令以利病示令以道義其交於令不啻家人兄弟然夫令何獨得此於武哉蓋武介山中其民質而染未深士大夫敦說忠義篤鄉里能成人美諸弟子員相率爲務本口吶吶足踽踽不習脂韋纖趍故令其地者亦得質以相與不須鉤棘而便於爲德禾去莠木

去蝨竈去煬社去鼠客去陽鱎而令遂可臥而治矣諸君子亦知令之
難別乎夫武令有七樂而諸君子未及知也令自初至日出視事蚤起
者三月人從山中來多犯霜露而早衙之後無餘事也今始更而爲辰
巳之交得以其閒付之夢寐令之樂一也令好讀書每日非手一帙便
無以爲生活而令自至武日有餘功進古人書十餘章令之樂二也人
情好簡而令自至今不逢一冠峨峨而帶若若者語世閒事令之樂三
也令喜談談輒惡遮掩而自與諸君語洞胸剖臆直寫其口所欲言令
不見忤令之樂四也令喜習勞遇小頽圮輒思易之而自來武得一二
君子率諸父老董其事而成之令之樂五也令性惡言財利而自來武
每季得一樸吏爲掌一切飲食交際應酬俸薪外馨不一入署門生家
人妄心令之樂六也令喜游自政暇輒挈一酒罍隨二老騶任意所欲
往山烟水穀時在馬前令之樂七也夫此七樂者他令不必有武令有

之令姚無善以樂武而武獨有以樂令視昔先達所攢眉者至余爲之一破夫誰避樂弗居而余能別武乎哉諸君子曰令第諱言樂耳誠知有樂安在車殆馬煩之場不自有一安樂法耶令曰言何易自今當掃片石以待諸君子敎我毋徒袖手而以樂地傲我是爲今日相送意也遂相與灑涕而別時丙辰冬十月念有七日

跋張侗翁師孤山種梅序後

丙辰之秋侗翁師貽余孤山種梅序授而讀之冷豔欲絕一往無盡冬初量移武林謁和靖先生墓孤亭斷碣零落荒莽悵然久之因續張師之志爲闢餘地補種梅花三百餘株幷口道士設藩守焉嗟乎逋翁遺韻千載無恙而花飛鶴去頓失舊觀今日得暫收魂魄聊續遺芳吾師之言實開其始因書此石勒之亭中爲語遊士同有是好愼毋過而蹂躪我香國也戊午春初吳郡周宗建跋

武康重修學宫記

今天下文教旁治黨庠遂序鱗次無隙而吴越之際尤爲崇麗諸儒先生履其地者雖冷氈盤蓿而瞻矚嵯峨型模儼然學校尊而諸士貴卽其居使之然也余不敏初涖茲壤低徊黌宇傾敗薈穢缺焉不修進拜夫子之廟前楹半塌風欺雨凌已升講堂敗壁頽垣縱橫瓦礫地上之塵可掬而庭下之草可困也掌教三先生揖余而前相顧歎息余又聞陰陽家言宣廟故址與講堂相背指脈尋龍勢無兩利博士弟子欲更而徙之其費不貲余謂三先生曰從余所見議新從諸士所言議徙徙與新非朝夕力也夫士方諸生時鼓篋登堂謂一旦遭時不難快吾青衿時之所不平迨一得志而或且傳舍其官甌脫其學校甚而較銖課兩與竈婦里兒屑稽目爭自以爲捷一切置之不問釋菜之廟執經之堂求一顧盼而若浼焉嗟乎此不亦爲士者之恥哉余恥之而思釋余

恥然而窮簷若磬倉囷若掃余顧欲以空言塞衆口不幾塗羹而塵飯乎三先生揖而言曰嚱唯無此志也今幸有此志則有郡大夫鄧公暨邑紳駱賈諸先生可以謀始諸高才之奮志起者行踵錯也事其有濟乎予躍然曰有是哉余將破俸繼之鳩工庀材計日可竣異時諸才士之乘雲而升繼諸先達興者實自今日之建學始而三先生之教以尊余不敏且藉以釋恥而我武文教將遂遠軼諸郡邑斯不亦一時盛事哉三先生曰願以是言告我多士余乃捉筆而書之

禁開石宕文

武康僻邑人民窮苦專藉農桑生事死葬俱在鄉域一抔之土不越幾步數壟之岷不離咫尺衆之山壤水旱不常專恃溝渠以爲蓄洩近自二十年來縣東一帶石山禍被浙東游棍聚此採石開鑿騷然始猶取麓漸至山腰沿習既久遂侵及頂此皆寧紹游民竄居此中稍出微貲

各相租佃既佃之後山無定額辦糧畝許侵至十倍各據山頭廣招石
匠斤椎斧伐日夕無休縣治逼近諸山剷落將盡歷年以來屢經三院
明刊告示勒石示碑禁止甚嚴而日久延緩數禁數犯高山之頂變成
深坑秀削之峯夷爲平址究言其害不止一端開採之始披沙掘土欲
洗一石挑至百肩百肩之泥盡歸溝澮水道湮塞蓄洩兩難每逢旱潦
傍山之田不爲焦葉卽爲飄梗此其害在田禾既採之後千百成羣邪
許之聲震山沸谷游民勢聚貽擾鄉都淫酗横生民難安枕此其害在
民俗猶未也計將採鑿相定山形荒墳古壘悉遭洗蕩冷竈虚烟盡爲
埋沒夫國家有義塚之設棲託游魂而奸民乃以網利之貪殃及墓鬼
此其害在枯骨山川地脈生氣攸關開採以來龍傷脈斷傍山兩都文
物凋窮書聲久絶死喪相續烟火荒涼小民無依卜諸術家指點厥咎
皆因山口此其害在民生連年剷取一望凋殘山靈荼毒無所憑依兼

之山屬東南地形居巽在於學宮猶爲親逼據其斬剗氣脈何存將使一邑士民陰遭害蠹從來勝蹟蕩爲飛塵此其害在閤邑士子爲之蠹心闔里爲之扼腕計欲共申而無法可絶稍一嚴之則游民奸巧計必揑駕上司託言公取或以海塘爲名或以脩城爲目捧檄而來勢如虓虎下吏卑僚計欲申叩恐來中阻之虞任其恣採遂爲莫禁之取鄉愚有口噤不敢言以是歷年諸職慮難終禁於後不得不稍縱於前自昔以來貽害種種莫可殫述茲因合邑紳衿士民呈請詳禁隨查諸山山各有主所聚石戶止出微租山値一畝不上數錢先將一二宕所著令該里買爲公業輪年接管外其餘諸宕詳憲申禁卽著本里收爲公業輪管辦糧自小民得之雖同石田要以除害爲收利自游民棄之要非本業不爲瘠己而肥人況在游民本籍可歸各有田廬何難舍此分外之利在本邑凋敝已極亟爲遏絶或可稍留元氣之和此實默培地脈

陰養民生之大端也謹刊各憲批禁以垂永久

星橋史先生墓表

史氏邑之望族也其始祖諱恭京兆杜陵人以保護漢宣帝功封關內侯五世諱崇佐光武中興蓽路藍縷以汗馬勳勞食采溧陽遂世爲溧陽人又二十二世諱惟肖徙居終南又八世集賢院學士諱懷則遷居吳中又十一世贈翰林侍書諱居仁贅吳江之黄溪乃世爲吳江人多文人更多名宦侍書公八世孫蕪川公諱鵬生舉嘉靖庚子武科以倭功授吳淞游擊意不樂仕未幾歸娶屠夫人首舉公公諱中經字道甫號星橋少穎異有奇抱弱冠爲邑博士弟子員試輒居上等有聲而以家難財用匱乏竭力承二尊人懽遇省試每北乃嘆曰天乎吾所欲遑志者乃吾竟不能得之乎無何蕪川公與屠夫人相繼卒公哀毁骨立葬祭盡誠易戚兼備鄉黨咸稱之公生平於於徐徐遊心自然家居雍

穆毫無厲色與田夫野叟亦劬劬推誠焉有族人嘗以事獲戾公已而窶甚公時恤之其人愧服至戚黨之乏者必曲周之無幾微吝有負公者輒自咎弗與爭以故人咸服公之篤於行而於子孫必戒以慎交遊親正士雖盛暑不衣冠不出門故其後人咸彬彬文雅不失家範云公生嘉靖壬子五月三十日卒萬曆庚戌七月二日享年五十有九娶海鹽許氏與公同歲醇謹柔懿勤儉孝敬子男五人册縣學生娶沈氏翰娶顧氏𥳑娶沈氏表娶王氏序娶趙氏女適庠生錢履慶孫男五人皆幼予少侍先君稱邑中忠孝世傳者必及史氏稱仁義孝友不愧古先民者必曰史星橋先生其元胤義維君與予同學相長大好古力學今予謝事歸拜迎道左首以公之行實請表敬爲揭其大者書之於石以昭不朽焉

書家奴張銘事

余自萬曆甲寅冬令武康迄丙辰冬移劇仁和將去武日有老奴張銘私題一律壁間其言近俚其語頗眞家人輩見者爲絕倒余因覽其詩云官舍蕭蕭五畝寬烏紗未脫秀才酸中宵獨對瓦燈火蔬日惟餐野菜乾祗念草萊終歲苦誰知親故舉家寒縱饒留得淸名在歸典田園恐不堪余笑謂家人曰銘嘲余官之貧却裝點田園爲余賣弄且彼謂野菜乾容易下口耶既復隨余赴杭戊午冬余上計歸銘不堪其貧去而至郡余從覲還銘已死矣舟行無事偶憶及此殊悲銘之不達且笑余之累銘也

爲吳見素先生七十壽辰徵詩文啓

松陵吳見素先生尙書立齋公之孫也立齋公後世登八座甲第蟬聯爲吳中冠冕先生以中年擢巍科授脩武令居官淸勤邑中利弊悉爲釐正又時方治河蟻集游民卒不及格先生至獨日夕程課不休計功

授餼無分毫染不兩月而河工獨先竣至今脩武獲無恙顧以廉節忤鄉貴遂老歸歸而脩武人祝之歸且數年日讀書課子以敦厚率俗非歲時足不涉公府鄉老邑大夫爭敬慕之每事輒稱吳先生云先生子長君早登鄉薦晚復舉子五人年未弱冠俱翩翩能文章其次者補諸生高等才奇文譽特甚邑中稱子多且賢又無不首先生也今年秋季爲七十初度建受先生知深思所以壽之敢丐名公巨章以爲不朽將吳氏世世實拜朋貺即建其敢忘琬琰之錫謹頓首以懇

與鄒元標馮從吾高攀龍三公論學書

學問多方總以明心爲主人心昏逆雖有百種大略俱從無忌憚來忌憚二字絕與天理相近相在爾室一語千聖學問丹頭也

與柴雲倩札

春明相別遂復經年良友之懷望雲增結近聞尊公赴任淮泗江頭可

一望見光顔日令人候干旄而竟以暗渡無由面晤悵惘無已不佞雅辱知契拭目清華轉瞬可待矧復棲心玄理一意經言得之諸友所稱頌者甚悉其欣見飛騰眞可不煩卜矣鄙況都無可道地方罪戾過承掩飾得尊公父母暨令祖老年伯吹植尤深心感之私無可言既惟吾丈爲轉申此悃外承佳貺謹拜印色香墜杭扇三種以刻高雅外詩扇一執以見所懷容圖嗣布有便至白門乞致意尊翁爲感有小選偶此刻乏在几頭容索寄政也名具正幅左冲去病案飯山老人吳允嘉所題明末三忠遺札始知此書原委蓋雲倩之父爲柴大參鴻生與公癸丑進士同年故書稱其尊人光祿公爲年伯又公嘗爲仁和令故有地方罪戾云云也惟淮渭之渭恐係傳寫之誤惜不得原書而一校之也

與黃渭飛

弟與足下相與不同泛交而彼此迢隔盈盈一水杳若渭北江東眞令人悵怏無已耳足下今歲習靜何許筆下奇氣想愈勃勃每一念之便

覺神王尊翁起止康勝不得時候爲歉幸爲叱致外有凌敬軒先生精風鑒術素能識大物于風塵中弟雅受其知想華宗人傑甚繁不可不與之一决故以數言爲凌君介紹幸語尊公善遇之且爲游揚則不佞弟實與有光耑此奉懇餘俟面晤不悉

與孟定

秋暑仍不退月色自佳恐未便能出門耳辱足下屢念感刻不能已附謝孟定仁丈至誼教弟周宗建頓首

與某某

歲行已盡諸冗紛然方未得問起居乃復煩佳殽之貺耶曹公處每見弟必細細爲兄致意若兄新正能强出則弟當偕兄同進見之若體中瘡疥尚未便則具一手揭幷禮狀付弟致之可也老父囑致謝不盡不盡惟兄寬懷以集新福弟宗建頓首復

與毛允遂

不肖弟首觸兇閹刀俎久置此亦何足爲意外第於此更見小人情態無所不至以素受弟斡旋而反噬至此天壤間眞無所不有也承吾兄垂念感之入骨更分餉佳酒以供老母膝頭分酌足半月之飲矣謝謝何日口過一傾倒耶未盡所欲咄不肖弟宗建稽顙復允遂仁兄大人

教下

與某某

從來國家頹敝會須有一番生氣震動始不大壞然眞忠孝人又須看得死節是分內事自神廟以來士習卑下人心靡靡正賴吾輩出而挺持之今日生死正關氣運奈何復戀戀一身哉吾首攻逆豎不久當繼諸君子被逮即不吾逮吾當伏闕死爭之

家書一

家中每事以簡淨省費爲要斷不可要好看小人所喜乃是君子所厭
凡事豈可討小人快活耶我家素遵先恭肅清慎貽訓從小受貧苦來
今爲朝廷侍從當思立身行已如何豈謂自家做官享福大模大樣耶
只守一窮秀才家風方是君子行徑江城多少宦家如某某終日營營
豪僕華居豐田廣宅通是取非其有而來今竟若何須從此等處看得
透達乃是好念若只拘守經典尚是盲人觀劇也門戶以清靜爲福縣
間不可投片紙去并不許妄收一人妄收一人定要生事安得享清靜
之福也每遇事有關名教者須認眞做去若俗事之大者小之曲折者
直捷之切不可遲回膠固徒滋悔吝也書示一紙粘書房門首恐親友
攬擾少年一蹉口終身莫贖不可不慎我家薄產無幾官銀不可拖欠
分毫若被比而後完卽是頑戶矣自家曾作縣來凡看鄉宦好歹俱從
完官上看存心給公便是持身誠謹之人切切記廿五都鄉屋湫隘日

夜念兩大人不得安居爲人子而奉父母以未安心甚悚仄覓居尤不可怠緩今寄俸薪少許若湊成交切勿傾壞害人害已何益也街坊物件不可賒買賒則易於取受還或艱於應付累人索討極是與人不方便更有預指未來錢以爲供擬磑儉之素或致踰節後求必得因而喪守居家立品都在於此不可不省莊旁蜘蛛潭係墓上照池須爲保護胡學謳在鄉住不許潭内偷魚荷花蕩我家故物要贖歸我常在念可將此示切切分付

家書二

前湯忠字來有淨白米一百八十石上倉而據今開銷粒米無存甚是可怪且你們寄來稟帖俱是簡略不明白只說得口有今年該出會銀仍收口典利銀去還亦不見回頭又不生事一件俱不見說起何也今年租米俱照前年派賬分派仍將明歲減下之數歸作實在倘有動支

須預先寄稟帖稟過方許動不許胡亂妄動今歲恤孤糧仍要批縣中
百事不管此項却少不得發恤孤須要足色紋銀不可討他便宜價照
各家此項卽將租米糶發須早早批定勿遲誤租米無人討如何除廿
五都近便者只消走去一催明說省你們吃飯他自載米來還在平望
南者須賬船意欲得沈達一討不知可否吳家八娘娘肯放出在我家
否不然錢成學一討而出官事汝一相幫又不寄田事甚簡明不必先
攢眉也連次有字分付糶米完官銀却反胡亂支銷不管官銀反來京
中討銀納官可笑可恨今後如再若此孟浪要人何幹今將大阿官寄
來租米簿發去可仔細看明照舊者照舊該除者除去餘下之米卽春
入倉内備正經費如再妄支重究不恕胡學不許涉及鄉間租米事如
有人薦他討廿五都租米者卽將此字與看張義賊前年逐出尚屬輕
縱此賊騙了許多人家害人賠了許多錢糧却又騙進可怪可駭今發

去告示速卽逐出不許潛住江城亦不許躲匿在鄉間如違查出幷你們要究治大官做親擇十月廿九大吉日不可蹉過百事儞省不要好看都推我不在家便了不要媒人往返切記切記今將支米數大略開後計開照原還租米口銷簿內有照舊各項共該米四百廿六石二升明年應加派者止先生束修一項今年冬十一月可先將米三十石斛送作明年束修卽將五十石糶來納新官銀極要緊以上俱銷算共五百六石據前歲租額除饒頭各項外尙該餘米一百六十四石此何從寬算如此項再妄動支莫怨究治須先將稟帖附來又新置田六十三畝零約餘租米九十餘石除饒頭外餘八十七八石恤孤銀約十石尙餘存米七十七石升合不許支動我在京書帕大概不收莫要指望有餘只靠此幾担薄租可孟浪乎又溪上有米一項問三相公如何不行清理卽今歲亦不見明白何故切記切記切記字付徐奎幷錢成學看此字

幷前歲分派賬目字俱要繳還

家書三

老奶奶處供給仍要送米還老奶奶若有擅自私侵賤糶令米既貴便折了許多誰人支直吳徽州家今年四月廿六准十三個月應還利八十餘兩可臨時討來即還趙大相公會銀約尙少十餘兩我自寄囘凑還銀水要九七八者過大不要須預先一月前說知內取一兩謝俞君德南京完粮此極易事脚邊路往還甚易莫看作難也據報上囤米二百七十石除將一百七十石糶出約九錢一石則得銀一百五十三兩備完南粮餘一百石不許動升合恐防年荒少餘米若妄動升斗卽同侵欺矣石忠不許在縣前走動顧往要與餘米若未與便令於今歲租米內算除可也字付徐奎收看

卷五十完

女兒緜祥校錄

卷五十一　　邑後學　陳去病　纂輯

明十一人

周永年字安期用曾孫諸生有鄧尉聖恩寺志十八卷今存虎丘山寺志松陵別乘吳郡法乘吳郡藝文志懷響齋集俱未見

靈護集序

慨自陋巷請車西河喪明在昔聖門諸賢已不免有胤嗣夭殤之歎顧顏氏之子至今不朽而卜氏之子於時無聞此殆有才與不才之辨也近世則吾父執臨川先生嘗有詩云宋時已死王元澤直到明亡湯士蘧是則愛子之情與憐才之心交迫於中故略其狂妄之行而特取其少俊并忘荆舒執拗之性而與均其至痛耳吾黨天寥居士葉仲韶多子多才其生也固數同荀氏之八龍其存者亦尚並竇家之五桂顧獨

於威期之歿涕淚併枯肝腸盡裂則亦以是子之才較之先殞者爲尤勝海中有寶猶當與世共珍惜之而況其掌上之珠乎衛玠風流名士哀感路人羊秉令問夙彰無有繼嗣此其可慟宜何如者往見方正學答許廷慎書有云斯文世以爲細事然最似爲天所靳惜其賦於人也銖施兩較不肯多與得之稍多者便若爲所記憶時時迫蹙督責不使有斯須佚樂此理絕不可曉豈其可重者果在此耶不然何獨忌此而悅彼耶是雖先生有激之言然事固嘗有其實即如短折爲六極之一豈宜反用以降威於文士而子安長吉之徒概多遭此雖其引被掩面而成腹稾嘔出心肝以滿錦囊不免自促其生然亦頗似爲造物所索之急逋而不容其需遲歲月者仲詔多子多才男也太冲女也左芬男也鮑昭女也令暉內集而講論文義眞有謝太傅之笑樂乃疎香芳雪兩種遺集方斷香閣之魂而今此靈護一編復動藝林之魄則爲名父

者又將以何方便法而遣情也乎威期日夜工揣摩之業一不得志於棘闈而遂以長往故其所殫精者率在制舉家言乃其於古文詞聊一染指便足擅場非其才甚異不能爾雖止吉光片羽然可望而辨識其爲鳳毛矣崇禎庚辰歲中元日吾家山人周永年撰

唐詩擘香集敘

桐峯梓瑟遠傳皇娥帝子之歌鳩洲鵲巢首播好逑于歸之詠是知古初篇什元自結體宫闈不獨文賦論詩偏在緣情綺靡紅妝垂手開五字之先聲妃女囓脣摘七言之秀句在卯金世已復樸不忌華自當塗來迺益麗常掩則以故孝穆啓秀于六代玉臺擷勝于一編有似靈禽之中雙鸞跨越夫孤鶴亦如衆芳之内海棠凌駕夫江梅月露誠工風華信美迨四唐之全備將諸體之遍綜王盧之徒沿彼燕泥句法溫李以降鬱爲花間詞源其間孤若輞川亦搦看花滿眼之淚苦如飯顆仍

辨四舟一水之香何況雲裳花容諷詠每煩妃子蠻腰素口唱酬兼數元劉更多行樂牽情風流得意者哉雖復昆明池邊受提衡于巨秤旗亭酒畔聽定價于雙鬟然而問氣極玄諸集不主麗情香奩才調二編遂亡古調故從異代以採擷爰寓佳名于擘香製芰集蓉上衣下裳之稱體滋蘭樹蕙九畹百畝之襲馨一語入情魂既離而復返連章盡意髓欲透而先熏縱未必其不淫不傷要足歸于可羣可怨豈須待夫沉實易和盈斤無傷月氏獻燒經月不歇也乎是繇俞氏克主詞盟名父曾總統藝林難兄方懺除綺語因悟色空之不異早知文質之相宜鼻觀先通秋佩自級昭明選賦歸束于高唐神女登徒洛神之四情鍾嶸品詩序及于漢妾辭宮霜閨淚盡之數種方斯懸鑑何啻披砂余則兩世交爲紀羣中年傷于哀樂見大巫而奪氣色恆負愧于吟壇呼小玉以認聲味亦與嘗夫禪悅欣言隨喜聊附賞音執雅頌以程風騷洵非

通識緣比興而尋禮義夙有定趣敢避籤揚奚辭弁首

鄧尉聖恩寺志敘

聖恩堂頭剖石和尚初繼師席方振宗風宜其不以文字爲意顧即購得山志舊本幷條示法源及中興事實持以授余俾作寺志余承命以來略以草創顧以懶性而兼雜學遂至緩於討論修飾之事因循直逾六載和尚既屢書相促嘉魚熊先生復寄遠信欲急觀厥成乃復尋繹舊聞搜採別書稿凡再易釐爲十六卷稍具權輿以待能文者之潤色蓋茲山於花事爲香國季迪等所不能盡詠於佛教爲禪窟子威等所樂與首載以視虎邱之有隆祖洞庭之有顯懷父子皆用名山之傑出者以高豎法幢又不與他叢林比惟以晦於前代顯於國初故不獲入唐宋人紀述要以鼻觀心宗咸據絕勝則亦何嫌於後出若夫爲袁爲玄之有別爲尉爲蔚之各殊與夫玄墓鄧尉之爲離爲合開闢來已具

奥曠之觀傳聞閒奚爭同異之數撫卷而如按圖冀寓目者之能會意耳况禪學中興祖庭再闢曹溪南嶽近在湖山或亦能令觀者一新眼界且至弃忘作者之孤陋寡聞矣舊志重在山故止標名勝今志重在寺故悉備故實斯則和尚見委之微指余所緣以屬筆者也崇禎壬午仲冬既望周山樵者周永年書志本

存殁口號引

寒宵臥病間憶舊游凡獲周旋並留心目自童至艾三紀有餘指不勝屈意有所至哭笑雜陳莊諧互出後先無次每夕枕上輒成數絶晨起索筆書而存之每首皆存殁相兼則或以其志行之相近或以其才藝之相若或以其交情之相合或以其事跡之相類相反非故强而同之也至若位已高官方熱者皆不具列則亦昔賢詠五君之意云爾

致粱伯龍札

承遠顧且念病人至再敢不拜領長者之教乎行復留扇愧無相報歸如遇故人能得一言爲陳生重皆公賜也兹具粗米一石奉上聞公少秋租故耳録銀封完驗收明早恐拜不及幸情諒陳二尹六十壽詩如完安吳小泉處僕自取也書內所言故人指百穀丈耳伯龍梁老先生詞丈足下永年頓首具去病案册書手蹟今藏邑人沈廷鏞所

與人牋

承委詩册勉爲續貂業已脱稿待郭翁詠完同書面呈請教也附詳二字存疑方相公夢池先生詞宗足下弟永年頓首三月晦日具同上

與張異度札

昨日雨坐無聊與元玉共作一文今日雨益甚戲和前日見示二絶知不足發一笑聊與此郎結來生緣耳教下小弟永年頓首上異度先生詞宗昨詩別時不及攜歸乞仍惠我同上

壬申祕記

當丙寅夏亡季侯季侯之以爲民御史死詔獄也時方誣坐追贓至急子在途不及知僕在都不敢往惟義人沈義視其殮義之言曰藉以絮襖覆以青衣而總裹以單衾袞平巾蓋頭履襪置足後如是已耳畢命之夕云是六月十七日義叩鎭撫司領埋許顯純痛斥之曰爾主爲東廠仇人簿上第一人且繇他腐在獄底遂直至二十四日始得出繇是傳者咸疑其肢體斷爛不復成形矣及壬申冬將葬之賜域長子廷祚就余兄弟密議曰子而不得一覩爲父者歿後之容則無以盡子心既以卿禮葬尚以囚服殮則無以表君恩且棺非良木久或穴蟻則無以安親體無如易棺改殮之爲便乃市美材爲一棺于十一月廿六夜啓旅櫬而視之諸物位置一如義言所懸鏡已生青綠色季侯面雖近黧黑首微側右而寡髮之作小髻疎鬅之髮索者一如生時態度鼻亦昂起

舌則斜吐於脣之右角胸腹間一片皆作白色左手斂五指右手以大指掐中指而張其三右股翹起肉去骨露裹瘡餘布尚纏其上似方負痛不能引伸者於是舉其下體爲著裙袴靴襪則骨節皆可展動從而加以官帽褂以三品袍帶附於身者庶幾必誠必信勿之有悔矣同視殮者余弟永言永肩及執友蕭山來季方立栻也方廷蘚具狀乞銘時未及改殮即已改殮亦不忍復補狀也余故汶淚濡筆而爲之記並以志忠烈之性直能并其形而固存之盛暑停屍不使速朽得再覩殉國之身於七年之後至痛之中有大快在焉固懦夫立志之一助也殮後十日從兄永年記於其墓丙舍之側

大學良季吳公墓誌銘

方吾友吳良季之病亟也余時往候問一日其諸子泣告余曰大人語已不甚了了然囑云欲見吾叔余隨入視則從枕上昂首謂余曰吾病

且卽死死則以墓銘累子若乞文顯者博賜進士第數行官銜何與吾事子文足傳世而又知我故特以是爲託蓋是時火方炎上喉舌作楚故出語艱若至忍痛語余則聲仍朗朗適其門人徐中翰延樵陽子李君來視之授以口訣火隨降亦既有起色矣終以不能休心忌口而加劇神清氣爽屬纊前一日猶手余所袖薰罏玩之相與談笑移時其歿而斂也余哭之以詩有形骸成蕘腊神理在鬚眉之句迨窀穸有期諸子循治命以墓中之石爲請余不敢任而終不忍辭也乃序而銘之按狀公姓吳氏諱璧良季其字也吳自贈太僕公諱璋以全孝得天南大司寇公諱洪大司寇公諱山世掌邦禁司寇公第四子諱邦杰舉嘉靖辛酉科孝廉公長子諱承謙緜邑庠入太學是爲良季之先考妣曰陳孺人前已有三兒良季季也而於子爲嫡考歿三月而良季始生蓋甫在褓而卽有承祧之責矣雖生不識父奉母儀以受傳訓髫齔時卽露

頭角以貧不克自存遂就業外家其外舅趙翁有子曰伯雖後以文魁兩茶者有甥曰孟諸呂公後致位中樞者於時皆以少雋知名其年並弱於良季一歲三人相與修揣摩之業同塾猶同氣也良季顧屢困於小試至二十八而始青其衿又九年而餼於庠則芝岡熊公督學時所賞拔也然仍不得舉於鄉會徐清之延爲經師奉之以北遂著籍於辟雍五應京兆試不利乃庋置經生業不理而專意古學然所誦讀者皆志存經濟不徒事章句也良季饒智略雖極細事入其擘畫皆有調度清之先業素厚中更多故維持調護良季之力居多而清之所以事師亦異乎世之摳衣執贄者平時之奉令承教病間之量水稱藥歿後之敦匠負土雖親子弟蔑以踰也良季既負其才謀不獲一效於當世晚歲於通鑑紀事本末及武備諸書旦夕丹鉛手鈔口誦窺其意尚將有所以用之而多記損心多思傷脾卒犯養生家之大戒以殞其命良季

性最好潔衣履雖敝猶鮮即鬚髯得附其頤頷亦黝黑有光入其室者無論淨不容唾即食果亦無從吐核既善鑑古遇有前代遺器雖貧亦必以善價購之一經其兩手摩挲輒精彩異常錯置几榻間以娛心目病當服參亦多輒售之以供藥椀良季性好登陟金陵金臺既以試事至得盡覽宮闕山川之勝又嘗從清之出使繇洛入秦弔古於銅雀之臺探奇於靑柯之坪見古碑碣輒搨之以歸暇即披覽以當臥遊晚構數椽於所卜永完之側凡戶牖之向背松石之因依無不目營而手畫方將引澗入廚蒔花供佛期與楊去奢張孟舒鮑存叔輩訂爲山澤同老之計而一病纏綿竟至不起盤桓山居者不數旬即假仰城居者亦僅四載三徙厥居躬其勞而不獲享其逸既稔知孤露之苦凡研田所積博二頃以貽三子析箸後三子輪侍寢膳庶幾體志兼養可盡其懽乃亦不及常享其奉平居不甚事佛賴清之篤信三寶終有以發起其

道心病亟遂肯日持佛號且闔眼時覩瑞象至遺令井井餘誨諄諄淑後人以修身齊家諸事則其神識之不亂撓爲之也良季既孤子母腹既長亟思有以妥其父骨母又晚得蠱疾不獲以身代而幾以身殉生事死葬心力備殫至營生壙亦取其與先塋密邇可以投老寓廬墓之思而今乃果得相依地下矣良季生於萬曆丙子年十二月十七日卒於崇禎壬申年十二月二十日得年五十有七配趙氏太學生允僎女貞有古者辟纑舉案之風子男三長遠娶嚴氏起允女繼娶汝氏可旒女次遵湖州府庠生娶顧氏邑庠生延枘女次述娶沈氏邑庠生珂女女一適嘉興府庠生陶舒孫男六祖成祖望祖發俱遠出祖念祖周俱遵出祖貽述出成望則孿生子良季所恆坐著膝前者也孫女五遠出者二一字邑庠生顧允中子有孝一未字遵出者一述出者二俱未字良季墓在吳縣之鳳凰嶺甲山庚向即未病時所自作也葬以崇禎甲

戊午十一月二十日余得與於執紼之役爰礱石而刻銘其上曰

家於松陵與江共澄氏於延陵與札代興子孫繩繩新兆聿徵雲峯層層華表克增銘誄式憑樵牧者尚其勿登

周永言字安仁號禹祈祝次子太學生官中書舍人

晚宜樓集跋

竊聞含笑忘憂感情通於花草哀絲豪竹寫心寄在宮商香染龍賓硯底影涵秋月詞傳子夜拍中響遏春雲欲知雅韻之由開洞簫乘于翠鳳孰是仙音之敢擬鼗鼓鳴自青鸞吾友湛光老人即是休文毛子夙標酒聖世坐詞壇金谷蘭亭元白每輸麗句曉風殘月解紅時奏佳篇鶴髮婆娑年雖衰而才壯丹顏的爍齒則宿而意新回思往日逢場謔妓之風流宛在自歎今茲託興顧曲之神聽彌工當筵正沸笙歌卜晝或仍卜夜隔壁微聞釵釧繪形兼可繪聲公案堪參唱出誰家腔調閒

情漫賦描成幾許纏綿豈云綺語之末易懺除亦是解人之善爲游戲黄絹幼婦於今重按好辭白苧秋風自此不推古什捧觀緗帙爭薰豆蔻之香擘取蠻箋共養芙蓉之粉實稱寡和敢詫知音

周永肩字安石號紫巖祝第三子太學生

重修家譜序

吾宗自興漢封於汝南子孫咸以儒素退讓持身廉慈孝友博學多聞爲天下著姓唐永泰中有諱崇昌者爲廉白二州守因卜居道之寧遠縣大陽村裔孫虞賓有子十二人中子從遠始徙居營道生子智强智强第四子輔成大中祥符八年進士終賀州桂嶺令累贈諫議大夫次子惇頤歷虞部郎中提點刑獄宋神宗御筆勅牒至今藏爲世寶封汝南伯謚曰元次子燾任寶文閣待制子彝任開封府尹留居祥符之東鎮關子靖宣和二年進士官太常博士隨思陵南渡初居錢塘後遷諸

暨子亥紹興九年進士歷大理評事評事次子謹任行軍司馬司馬三子恪登進士歷翰林承旨翰林次子文郁任提舉提舉次子茂林字脩竹有子曰淇曰澳澳字希衛别號楮齋爲行省中書椽謫白洋巡司遂家山陰先是紹定中有伯二將仕係大理公長支今嵊縣之祖其子孫教授于邑之澄源鄉往來凡四世中書公因之以元配胡所生壽一贅爛溪張院判氏繼配俞所生完一完二居山陰遡自從遠至壽一歷十四世前此紊槩難於分考祇標提各支於世系表自壽一而下昭然明白敢尊爲吴江周氏之始祖庶遠無所冒近無所遺壽一五傳而至曾王父恭肅公懼忘所自來時切切焉以譜系爲急適與山陰之太史公禎同登弘治壬戌進士相期纂輯詎意太史早卒公復勤於王事而薨於位未竣厥功嗣後越則都諫天保吴則我從父伯知有事於此而亦未竟萬曆庚申宗子棄世簡得恭肅公規訓暨南北譜系肩念歷世既

久生齒亦繁闕而不續必至傳序無徵系支失脊大悖先人敦敘深意不揣卑愚矢志纘述迨癸亥兩從父捐館不肖父居族長命季父侯兄譜禮幕次力贊曰此吾志也兄叔父在上文獻足徵宜亟咨彙纂續恭肅之未了吾與安期兄共佐之敬承父兄之命遍歷宗支詢考事實次第成錄發凡義例恭肅之舊而略增補其間昔恭肅筆記中載同朝友張東沙先生之言曰譜之爲教大也本始既昭愛敬生矣九族有章親疎著矣燕享慶唁有節禮讓興矣履行咸敘而風厲出矣故一舉而衆善備者其譜與族之謂併識以告宗人天啓甲子立冬日曾孫永肩百拜謹述

趙士許字國卿號靖庵士諤弟萬曆四十一年癸丑進士仕至嘉湖兵備道

三餘館詩文集敘

予髮未燥家伯父外史氏已聲傾朝野歷官且歸休矣每從家君後側聞其緒論上下今古呑吐珠璣不啻五車富而三峽流也天挺異才僅以青氈老文章豈無定價耶雖然宇宙三不朽業有一于此即可傳世外史氏所遜特一第讀書談道饒有著述海內名公傑士半屬桃李每一矢口落筆無不什襲珍藏永爲世寶又何必陟華膴鑄鐘鼎之爲不朽哉

擬洪武十二年上御奉天門視朝畢諭侍臣吳沉以進賢納諫二事因闡其切要大指謝表

伏以聖主崇文爰切網羅之念宸衷納誨特隆圜轉之忱遇幸際乎泰階龍顏日麗恩更隆于晉接鳳藻春溫聞之色動佩矣心驚臣沉誠惶誠恐稽首頓首上言竊惟國家治亂之數實係賢關人才睽合之交惟斯諫草故闢門總章樂取誦美虞廷設鐸懸鞀拜善追休禹德旁招而

籍從紀殷邦永靖纘俊以資補袞姬服長綿從來開基創業之主必藉疇咨師濟之臣自吐握風微而都俞誼邈興思過沛徒借羽翼于商山軼志橫汾祇通賓客于博望江都之相空老安取賢良策士宣室之席徒前何數止輦受言皆由其主原無好士之誠致使其臣莫矢效忠之力洪惟昭代快覩盛猷恭遇皇帝陛下聰明天縱仁義性成高飛淮甸之龍遠逐胡元之鹿智兼勇錫已復中原之土宇武以文經遂集萬國之衣冠爰乘臨御之暇猥荷召對之榮求賢若渴務期陳殷置輔必簡厥良從諫如流要使工瞽矇瞍盡容諸度概明廷之經政豈無萬幾乃聖慮之勞求止此二事方謂興王虛己之懷已光于綸綍豈意仁主當務之急復得于闡揚提要纂玄聲聞自九天而下披文相質精神已一日而孚自念臣沉特荷主知深慙尸位鳴鶴已同於子和豚魚敢乏于推誠即茅茹之連非妄附于彙征而葑菲之采寧有辭于批瀝賢必舉

而舉必先無勞補趙普之牘知卽言而言卽盡豈忘竭汲黯之忠伏願睿德益新冲襟益擴愛惜人才以爲社稷無進賢而仍棄廣集論思以襄諫斷無納諫而復疑將見應求在聲氣先人人思效涓埃之獻投合出語言外世世永昭喜起之休臣沉無任瞻天仰聖激切屏營之至謹奉表稱謝以聞

策問五道

第一問

天下之所大奉者君君之所倚重者相相非自爲重以君與之權而重君之權非獨爲操以相能行其權而操蓋嘗就權之說而繹其義權者以其能輕重天下之謂也然權必寄之銖兩銖兩又必寄之衡中之分寸而其權始有用相者天下之衡也能以權與衡者能操權者也粤稽古唐虞三代之盛詢岳諮牧夢卜求賢不啻鹽梅相調而舟楫相濟任

相豈不綦重乃卒不聞以寵利居成功則權固在上矣我高皇帝英明
天縱乾綱獨攬悉罷中書省而以六卿分職無置相之名有任相之實
睿謨淵畫不亦卓越千古哉皇上御極之初推誠委任亦何異太祖乃
至今日而官僚多虛卽一二大臣需次不補則愚固有以窺皇上攬權
之心不欲爲羣臣竊也不欲爲羣臣竊并不欲爲大臣借也以端揆重
地祇與庶司百執同惴惴于威嚴之下皆得指之摘之而已更不得自
謀自斷責愈重而權愈輕權愈輕而責愈難以稱寒人第見其容容碌
碌而不知其無柰無權何也于是人旣以見在之相而摧之復以將來
之相而疑之朝廷一有枚卜百喙羣起奔譟盧李世不常有此人卽有
此人亦不常有此事權而動以相訟何異兒童之戲乎嗟嗟是使相無
權之實而有權之嫌也爲相蓋難言哉愚以爲必君無靳權而後相之
體重必人知重相而後君之權益尊君猶心也相猶股肱耳目也如必

使股肱莫效持行耳目莫效視聽而徒抱此藐然之心又安所神指使之勢是可謂操權也乎夫權不可令下竊也亦不妨以我假也假之以行其公優禮惟命假之以行其私譴訶亦惟命則何得輕其人而幷輕其職得其人而權固可以專任非其人而權亦可以分任則何得輕其前而幷輕其後要以令天下見相之重不爭彈之以取名又令天下不見相之權不爭趨之以取勢則安見借權之非攬權而專任之非獨斷也雖然此未可專責君也開誠布公實惟相臣先焉愚生草茅賤士亦安識荃宰之默契何在而妄意皇上御極以來初年之大臣與邇年之大臣異初年之大臣任天下國家于身之內而不能推功名威福于身之外故重臣而幷冒權臣之跡邇年之大臣推功名威福于身之外而不能忘是非毀譽于身之中故無權而幷失重臣之體當今日而計所以感孚君上則必先不設竊權之心而後可求君以與權之道

第二問

嘗聞莫相爭于膠漆莫相和于水火膠漆相賊水火相息也非獨相息有鼎焉而五味以和則不同固所以爲同也且不覩操舟者乎舵者欲縱篙者欲横縴者在途拖者在中人各異司要以相其逆順而緩急運之期以濟主人之舟一耳然則天下人主之舟也羣臣者皆爲其主操舟者也從古虞周盛際訛以舟楫之用付之九官十二牧而當時禹皐協贊旦奭同匡一德一心猗歟休哉迨至漢唐宋之季而意氣亦稍激矣乃丙魏房杜諸賢猶庶幾同寅協恭遺意孰意至今日而譏駁日滋爭軋無已則皆起于士大夫以意見爲議論而不以天下之公理公心爲議論也一同事而逢其喜則凋澤生流逢其怒則春叢零葉倏升倏置皆一己謀不爲皇上謀也同一人而同乎己則尊之曾史異乎己則鄙之蹻蹠乍佞乍忠皆爲一己言不爲皇上言也有導之爭者而不風

之波起有佐之爭者而吠聲之和集有成之爭者而含沙之怨深懟一時之臆見以爲宗搆兩人之詞鋒以爲壘政府或不無含容而新進者必欲責以模稜則小臣與大臣爭矣當局或不無鄭重而旁觀者必欲繩以築舍則議事與任事爭矣詮選或不無超越而投閑者必欲坐以苞苴則冷局與要路爭矣始而爭于曠林既而爭于一穴甚至同司喉舌同據風聞而相矯相駁不啻胡越又甚至明知其非矣以始言其是而故爭其是明知其是矣以始言其非而故爭其非是猶操舟者不顧波濤而第以中流蕩也不幾以人主之舟戲乎噫此皆成于主上是非之莫分耳天下未有言不辨黑白而盡委之不聞不見置之無嗔無喜也者惟一切留中不報則爭而當者既以莫白其忠而不諱爭爭而不當者又以莫誅其罪而不忌爭爭成激激成釁異日黨錮之禍更有不可言者獨不思人臣共事一君共謀一國卽爭之而勝於爭何益而坐

令國受其禍豈太平之象哉誠欲反之以臻太和之雅莫若先去其有我之私而捐其異同之見人雖至忮不怨飛瓦有虛舟來觸人卽褊心不怒設有人在其上而呼號不已詈罵隨之矣今之爭者皆詈罵之屬也

第三問

君子學以經世文與行自非兩途故必實抱經濟之具而後世有賴我亦必無工鞶帨之學而後我能濟世周官作人以經義治事方其升之鄉升之國已于造士選俊之中默寓辨官任人之意而及其度能授之官量材授之職則明乎材能之可用而後度之量之而授之也昔人有以天下爲任者卽畎畝時而已身當之矣如弟狃呫嗶爲學以爲經世事業且姑俟之入官則亦塵飯畫餅終歸無用耳天下安有賴我而我亦安所賴于世宋儒胡瑗獨紬科舉之學非謂制科可廢也正紬其應

制科以文不應制科以實者也大都古人之學與今人之學異古人之學精而不博今人之學博而不精古人之學即事以合理今人之學見理而遺事即六經紀載極詳古今理亂興亡之故具在而卒無當于用則所爲學原非也我國家自聖祖制科不廢治事蓋彷彿宋儒遺意焉其間偉人傑士由制科出居多不亦官方之極盛哉乃邇來士多務華而不務實多重文章而不重政事于是有以逃禪作賦文其奸以孔步顏趨飾其詭中情本歉而故爲慷慨自負之雄實用本疏而故爲揮霍不窮之態則亦試舉經世之術實按之可乎執事遠法程朱慨然于兵農水利算數之務此四者固當事諸臣所百計而莫底其成者也愚生之見何足及此雖然竊嘗以臆而得其概夫國之大事在兵自兵民既分而召募既恐不支轉輸又恐不給即以邊徼要地精鋭尚不能當敵之一二而其他各營衛之練習尤同兒戲獮狩不可不時也國之大命

在農自催征日横而怨深于向隅法殘于畫地即揭竿無聞而嗷嗷之衆無不憂竭澤而苦焚林安知不掉臂去焉則稅斂不可不寬也乃若水利尤國家一大血脈其係漕糧最大試一察河道之移徙靡常海道之風波莫測當事者每至相顧莫可誰何而都水之責成不宜預乎至於算數尤國家一大司會錢穀出入猶小也若夫百官何以治萬民何以察無不藉此數爲査勘而舞文之禁令不宜嚴乎夫此四者固非衿紳之所能籌而要可入官而圖則亦無不可未仕而學廣勵獎勸其在人主乎我國初人才薦舉與制科並行不必通今學古之儒而皆可爲世實用令即不至並舉而合經世於經術令世必以實應庶幾式刑祖制紹明周禮將在斯矣誰謂經生弗諳世故也

第四問

天地間有氣則有理有理則有數以數測數即晷刻分寸未易稽覈以

理測數即元會運世不離乎宗從古帝王紹天闡繹將以綿無疆之算豈不治曆爲兢兢然而曆不外陰陽也陰陽者氣一陰一陽者理即氣以合理於曆爲寒暑晝夜於律爲清濁高下推曆可以生律準律亦可以生曆元亨利貞旋相爲官也五音十二律旋相爲宫也陽窮于九則變陰窮于六則化自有天地萬物以來不出二氣之乘除即不出一理之消息而又何曆與律之分岐乎古今談理數之妙莫過易書如第按其數則何以兩何以四何以八又何以六十四愈分愈賾即巧曆不能得其詳乃其通變而文成極數而象定變化鬼神總以當期之運則所爲曆數不居然得其解哉而或謂洪範本于圖書測曆占律又寧不脗合矣雖然推步積算星官猶或難之愚生識不達天人亦何能于寸晷間一一爲執事陳也獨計天子數中天地德秉陰陽因時以起事審聲以知政固不必考占觀變之爲治曆也者夫曆律共此陰陽而王者以

陶鑄陰陽陽之道主舒其用明其脈暢陰之道主斂其用幽其脈鬱而今天下正患在幽而不明鬱而不暢夫且深居稱朕翠華累歲而不御則幽在主躬夫且算商告緡錢幣一入而不出則幽在泉府夫且逮繫拘囚伏處犴狴而覩日何期則幽在圜扉甚且凡事一概不報而近幸宦寺之輩或乘醉飽之餘陰竊其機權擅行其廢置則幽在宮闈語有之水鬱則汙木鬱則蠹草鬱則蕢今天下鬱極矣鬱則水火不調而陰陽不順可謂善用曆律乎愚以爲善用曆律者在法易誠一日焉勵宵旰之勤安見非日月之所以成運也奮離明之照安見非晝夜所以通知也總之大明始終之機而法其乾行不息之體則於以致中和成位育無疆之曆弗替永之矣

第五問

倭虜爲中國患所從來矣大要在務羈縻之謀而不思所以自強之道

故倭虜之勢愈橫而中國之勢且愈危何則豺狼之性未知屬厭我以羈縻之者爲餌而彼亦即以受我之羈縻者爲餌我餌彼而我受其虛彼餌我而彼受其實以實攻虛祇藉盜糧耳可謂久安計哉我國家之于倭虜時伐時舍亦時叛時服直不勝軍旅之繹騷曰無動爲大耳蓋自肅皇帝剪滅驅倭而東南寧莊皇帝欵市縻虜而西南靜迄於今欵塞下奉朝請者習爲故常即稍稍侵掠亦不過狗偷鼠竊之計不敢逆犯顏行以窺中國猶庶幾相縻可恃無恐孰意至今日而情形有大可駭者堂堂聖朝降璽書封一醜虜已爲踰榮即惴惴受命惟謹猶恐辱我朝廷而何忽爾颺去是明爲玩弄也安知其無他志而故爲此以示驕乎往下朝鮮我不大創已從寬宥之矣而復爲虜琉球據近島豈以攻取惟意得尺則尺得寸則寸乎此皆時事之大可憂者也而愚以爲不足爲倭虜尤也萃戒不虞泰慮復隍千丈之陂潰于蟻穴百堵之垣

焚于曲突言貴有備也今日倭虜之患豈直蟻穴曲突而已哉與其就彼爲羈縻不若從己爲自强與其狃安于目前不若圖安于久遠先朝廟堂之議海上之略犂然具在固有可責實而行者金繒歲輸一出不返何不以此累年數百萬之費爲備禦之資彼且雲錦成羣而我馬驟頹則馬政宜修也彼且玉帛日積而我轉餉不給則屯田宜復也彼且弓馬素閑而我將版材官未諳韜略則訓練宜習也此皆所以自强而不藉强于人者也乃執事更欲求本計于帷幄則唯是廊廟之間無生釜鬵之隔日與臣工蚤朝晏罷以求至理之所在將不越樽俎而折衝千里其何變之敢圖不然我懼敵且有以窺我矣

吳士顔字元復山曾孫萬曆四十三年乙卯舉人官柳州知府

治河通考序略

先曾大父少保公治河通考總十卷撫中州時所輯板藏開封公署年

世遞遠茂績易湮至後思紹前休者靡由捧讀遺稿殊深慨焉則古人有弗善弗知與知而弗傳者竊爲之恥耳況煌煌著述有裨當宁者哉憶曾大父初仕時即諫止武廟南巡詔廷跪杖聲名振天下光耀乎史册迨撫河南劾宗藩之不法黜臨漳爲庶人而觸忤永嘉左遷浙江參議歷拜秋卿直節詰奸不避貴倖有權臣武定郭勛怙勢將變言官舉其罪上之世宗勅廷臣議瞻望靡决曾大父獨陳其大逆論棄市乃斃勛於獄免官就道嗟乎昔高祖尚書公司寇留都會寧河後爭所賜田宅倚閹瑾爲援下法司覈之公執法不撓而被搆於逆豎卓然爲朝紳景仰曾大父首發不軌之謀終復蒙辜於權戚蓋忠貞世濟艱險備嘗勁節雖完精力瘁矣未至彭城七十里終於利國監驛時大父輩罹此大戚匍匐籲闕賴穆宗臨御得被清問褒卹殊章再進宮銜復蒙錄廕歿後寵榮不知所以爲報也嗟乎公雖身死而有不可朽者惟此書耳

雖然猶有感焉曾大父立朝幾四十載性命理學靡所不究文章著作冠於當時今皆散佚不能成帙行世者僅斯編與尚書奏議故特重付剞劂公諸海內以存曾大父經業之萬一俟理河者採擇焉

趙鳴陽字伯雝號新盤一號天放五都人萬曆四十四年丙辰進士尋除名崇禎間贈翰林院修撰

普慧堂記

自金粟西衍石像東來姑蘇爲三寶祇園虎阜尤四衢皈命豎法幢于海湧名宿代與懸慧炅於雲巖宗風時振爰有十一代住持號原明者性空五欲道濟三塗獻酬久慨𡨴心靜業尤勤獨往顧瞻平野得勝地于山南結搆精藍跬錫緣于水曲入其邃宇覺中亭片石翻屬紛罳領其幽悰使千頃閒雲頓增元暢此原明庵所由昉也記迪功拾宅之歲爲南宋紹興之初入我明四百餘年傳耆德十有數輩雖教因境寂焚

修迴軼叢林而庵以人名寺額未遑勑賜迨我神皇御宇化日雍熙幸逢聖母迓休慈雲邃覆珠旙鏹幣掩映名山石藏金函輝煌古剎于是庵僧性咸持精進心發勇猛力芒鞋北指一瓢一衲抵皇都摸勑南歸賜額賜衣來帝闕于萬曆庚戌冬十月奉旨賜名明泰禪寺龍章與法寶照回像教得綸音震疊固宜聿新綽楔永樹宏模乃咸奄忽蒿萊功歸皮闍茲有南京僧錄司左覺義祉輪號曙巖者宅心惇大持律端詳清修緇素瞻依雅望公卿動色雖策名京署而樂志玄棲將鼎峙山門克彰崇號而僉謀未協孤掌難鳴乃先罄其鉢資營爲精舍軒楹敞朗華素合中輪奐扶疏寬約得度良朋萃至嘯咏忘歸名衲攸躋誦梵加肅兼以時花遶砌翰墨盈廂旃檀旖旎以凝和梵唄琳琅而演法斯誠普門之福地慧命所倚庇也于以紹隆先緒悅原明之衣鉢重光抑將大啓祇林使明泰之恩綸丕著茲堂之建詎不休哉余敷椽小築咫尺

禪宮敢云方外論交實乃卜隣叶比媿無檀施奠兹崇居聊借彤蟲用彰懿美云爾

陳萬言字居一萬曆四十七年己未進士嘉興籍官翰林院庶吉士有鈃園集今未見

學山堂印譜敘

六書有體有用用唯印最廣而體惟篆最古蒼頡而降代有衣鉢嶧碑周鼓龜鳥蟲魚之屬點畫不可易而况以攷符徵信學古尊今者乎文人以篆刻爲游戲如作士夫畫山情水意聊寫其匈中之致而已然而唐宋家風谿山草木之位置徒取師心便不成畫乃知論印不論六書法亦不成印也客有貽匏庵先生印者誤博旁十字爲心至拒客不內先輩之重書法如此余幼而學書因學篆斤斤墨守不敢效近來作手以繆篆二字爲解至以古軍中急就倒文妄作腕中之鬼四方作者多

來相質悉以此告之予友張長公夷令所藏印甚富雜著姓氏多名家刃游輪斵出奇無窮而其要不詭於古乃知予守師說於今日未爲寡和也長公玄心古道於千秋大業無不工大都法而能巧明體備用必有進予者矣秀水友弟陳萬言居一題

孤山種梅初記

孤山僻在湖陰無巉峯怪石足以頡頏南北兩高之勝而幽韻過之逋叟種梅山窠亦千古韻事也往往挂瓢載笠之客間向此作方外遊而遊人停屐戒勿入者二一紈綺粉黛家挾歌兒踉蹌畫樓酒檻中雜與地不肖一舉子挾册登場詑以爲赤松青鳥之侶弗利於形家言而去之歲癸卯余始讀書山麓小軒中聊破岑寂諸君子嗣是多踵至者哦哦聲歲不絕而新都吴君復爲低回故址領袖勝因感桑棘之蔽墟懷寒花之振秀謀幽韻爲逋叟續者余爲規地之遠近量花之疎密度自望

湖亭而北左沿湖濱右倚周垣修亘可植五百本堨武而東參差欲仄
拾級而至放鶴亭之陰循亭而上山墓之巔下者可襲高者可照亦可
五百本盤迂山背而西從四賢祠直竟小軒之陽其地迤而景曠可容
二千本之役也有五勝焉美人高士點綴名山使弔古者銷離離彼黍
之悲一勝也山隈疎影之下可雪可晴可風可月煙既釣艇數武堨來
不愁濟勝之勞無俟贏糧之果二勝也兩堤雜蒔多桃賛柳絮爭緋闘
綠耳而鶴亭遺種乃更有寒香臘蒂之奇傲不言之成谿招如玉之迴
影三勝也樵兒饁販無采筐代薪之刑山靈斧斤庶獲免焉四勝也山
有祠以俎豆逋叟合香山坡老鄰侯而四名花效靈而後覽眺者其有
興乎辟穀神仙仿隴西之霞舉登高大夫效蘇白之風流豈獨爲一逋
叟生色哉五勝也余結盟茲山久歲一至湖上未嘗不躡屐巖扉間懷
企遺勝恨未及與桂叢蘭譜恢數百年沈刼之緣幸有吳君先之異日

畢向平婚嫁謀築一楹於梅花塢中重修千古韻事當不啻囊圖五嶽矣

陸文衡字坦持號中台一字方方房號嗇庵萬曆四十七年巳未進士山西布政使有方房詩賸嗇庵手鏡各一卷嗇庵隨筆口卷今存

方房詩賸述

余不敏早事佔畢通籍後簿書戎馬聲律之學未暇究心間有所作隨手散去是區區者都聞計以後之作非敢顯悖禮經用當皋魚之泣卷有餘紙附錄自題小象於後挂枝猿啼避繒雁唳詩云乎哉多奚以爲

方房叟漫述時年七十有二

嗇庵隨筆自序

余衰齡多病日坐臥斗室中偶憶往事或感觸見聞隨筆記之語多不文間有傷時取忌處祕不示人但留訓兒輩以備法戒昔人云讀書者

當如讀相書有謂天庭高聳少年富貴者輒引鏡自照有謂地角豐隆晚歲榮華者又引鏡自照蓋以鏡照形欲吾形之合於相書猶以古書照心欲吾心之不悖於古書語云古鑑鏡形古語鏡心何其切也余願兒輩寓目時於可法可戒處一引鏡焉戊戌歲除前三日喬庵老人書

自題小像

其脫也似禪其飄然若仙非避世以依隱聊毀方而爲圓吁嗟乎大河横前白雲在天我欲搴裳濡首戒占鬱胸中之磊塊豈筆墨所能傳

沈　顥字朗倩一字朗瓘有枕瓢集念佛六偈今未見

紀寒游 有敘

世不作歲寒游而習豔游不知歲寒則山骨露奇林容奏怪一種蕭幽淡寂之味莫備于此而世棄之予獨取之道人拙矣

月之辜葦南發沙雨欹潴雲潑人參影怯寒涉馮封姨雙舫脫練采石

補天缺

旦復雨松陵墟驚來颷飛吾廬霰作花膠鏖篠眉梁出鷺水餘囊炊煙

溪稍西桑扉深茗有漁婉相勞情堪書

曲瓢露短甒莪人坦坦味不俗明日行臨浦囑當入林梅已粟

溪復溪爰有村値桐君笑候門出廣長覆慧根一宿去兩無痕

刺沙棠沿水脈劃前溪鷗半席宿沙影分月白覺鳥翻魚雅擲霧耶雲

夢魂滛

登崇期市如織踞兜子隨南翼青嶙峿染衣裓乾木奇間鐵壁倩禿管

闕仝勒璇煙生金烏匿

雞喔喔馬踧踧銼有麋磨有莪月絓戶霜衣縠繢殘夢驚落木寒霏凝

山意肅鳥嬉林光始旭

五里墟一飛水石疑雲松作雨霎曠之境昭洗酌泰熹猂元始雲中君

或遘止
嵐如醉樹如寐月銷痕霜乃綴袓我襟行其際稍通樵庵也吠矚天目
揭地肺峯屒立借雲勢蘿溪囘冷亡味乍亍彳移幽睇盍寫之無聲句
南宮皺北苑神翠甫折光搖春香塍交綉阪陳徙芊術抹寒榛陡躡蹬
雲根伸鳥衝車麢嘯人轉峽岨粱其濱翠微署雲水津白板去青旆迎
臨邛肆何樓儈瓠梘聚堞鬻弁尋嵐姿譜我征
寒冥冥氣楚楚陰厓開奮于虎循厥趺按鬼斧冰截髭霜沁腑呼山君
夏雲母碧垂東青避左參琳宮憩紫府壑日歙磵霞吐淡相值樵之父
影傞傞笑言儛
憑鳥使邀鹿園夢栩覺髭徐掀咄英雄雨打風一番事掉虛空車生耳
月離弓十可翁夢兮醒三毒牀五欲枕眞覺邊蓮華冷
捫壁三陟嶺五箬竹間創予覩翠拔地森可數排作屏蹴成堵拈爲華

紺百朵中呀然磵莫戽紋競出詭且古乞壺公縮吾土
五日行澄無雲澗以外寒不聞破蕭隅衍石坪薛光波擊水精微噴雪
禽爲鷲蘆花衲粟葉簦縈虛碧掬空青抉玖鏡嚙石棱凡幾家寒相凭
際以曠蒼然冥幻入繪安可名誰貽予問太淸
鼉乘霧公無渡安知奇此回互宛塗鴉凝蒯素俄迷離釀沈暮得鳥聲
失驢步天解頤還爾故轡螭翔攄嶼赴幕平皐緣野渡怳升沈牽回顧
雲倒生天門路
光歘歘氣霽霽襲霞起貫月深含水晰濛石陰爲綏綬爲鼎彝莫之擬
終當尋
山脈鶩迸寒玉爭瀠噴層洄洑猶狂龍非我伏放錫去投深麓鳥爲家
雲可族
功德水阿耨池非彼國云誰思佪湯泉心惝焉覓蓮房溯藕根一指際

分涼溫發靈幻儲精元易肌髓澆心魂本無垢滌者煩

度虛影參慈光頻伽笑杜噌香躡金繩隮雁堂僧面月佛頭霜冷踟躕

心且狂猊可策輕八荒

攝白龍潭已空參此際了無蹤溜逼下巧搏風天失觧鬼無工設藥銚

盛鴻濛山莞笑光成虹冉冉去來掌中

徒百折解行穴倩石人輔我蹶嗅雲霧（草名惟山產此）翠攬纈何年松劈古鐵

蹠中開秀逾泄劃然枵激若謞鳥避道猿爭巢雲之西黯于宵憩蓮洞

訝石標殷其雷在山椒間以雪紛蕭蕭乍寒煥遞昏朝奉帝座爲解嘲

啓山脣捫石脊辨晦明僅咫尺足須累瞬莫息扱倒景跐危壁曳鼠梯

隙蟻垤俯九子羅吾膝招五老笑啞啞

居蓮花出世緣怪兩趾膠其顛衝雪籟著風鞭劚石筍拖雲煎餉黃老

匪素餐試締予平生歡

僧巢居粘怪壁諷雜花掃白石作歷生豎此拂

杳軒皇溺黃白欲喚醒成今昔光明界無人識吾入林獅子出登十信

須驀直淨土門總此級

忍上中苦難涉此黃老土中物胡髯人難解脱曰不然止啼錢開喜根

微有權華嚴界黃海編人不游名可憐前言戲何有爲聊舉似兩髯仙

謂景升白民

周文升字子嘉號知白應儀子太學生

亡弟次公紀略

昔人謂思其人如見其事矧曰其在同氣余於仲弟隔三秋若一日當

年事略未嘗不楚楚脣吻間夫吾家之邑吳江而僻處爛谿自冢宰恭

肅公已然繼及吾父光祿桂寰生七子余居長次即名文薦字子售而

號爲次公者吾母閔孺人鞠余方週遂生次公時萬曆乙亥十月十一

日也次公甫能言婉然孝友自若殆天性哉及五歲學句讀屬對聲律十歲纔舞象輒雕龍虎而年未弱冠已遊庠矣先是吾家從父輩大都以胄學汲引入邑庠者寥寥次公吾祖存江公喜甚課之益嚴因以萱弱之故日侍湯藥出餘力而就傳焚膏油以繼晷業蓋駸駸日進未有試而不高等者癸卯試成均大司成王見之錯愕歎賞拔冠多士以數奇弗獲售知已且憤憤抱屈而次公怡然曰功名富貴過眼浮雲未能廷獻何輟家脩乃歸而習詩書篤孝弟雖羣然諸兄弟而吾母存日季弟以下俱嬰孩也斯時次公甫娶于鄒晨昏北堂未嘗不以親之憂喜爲憂喜甚至親怒未解長跪移時色喜乃起吾母病劇余兄弟環泣獨仲弟鞠抱不離經日夜者有三母將終歎曰吾兒孝安忍捨之而去嗚呼痛哉吾母喪矣父壹政無主也縱有荊棘何關靈椿余兄弟重痛母復深惜父相對流涕長幼浩嘆惟時余與仲弟爲比肩少同學長同事

日與同堂子泰意氣相期三日不見每思杯酒論文雖然吾兩人未有不悼萱光之短者無何次公已遭鼓盆矣遂以哀女托之余且訓之以視余猶父之義此可嘆息者也不意余患冏祿焚及中堂次公及門長慟急欲得兄嫂而見之見之而祈天拜起倉皇迫兀吁非一脈烏覩此矣一日邀余齋頭索斗酒佐以黃雀紫蟹次公左執殽右持杯謂余曰兄弟無故一樂也且諺云一醉解千愁吾兄多難多憂請長念此壎篪一杯間也人生雖憂患何如余曰唯唯久之未嘗不感其言以此終身誰曰不可乃次公且不踰年而逝即欲如向者陶陶一杯何可得耶嗚呼痛哉他如處宗黨以義待朋友以信御臧獲以寬周人之急濟人之危即傾囊所不恤人謂其慷慨決裂余獨謂不然蓋孝友之人處處皆厚仁義其天性也以視嬰提不作兩截嘗聞積善之家有餘慶有令德者多令名嗚呼天何奪之速也將欲光之于身後不欲榮之以身前他

日其子廷鼐珮玉嗚珂超青衿而上也朝有編翰之嫡嗣家有列史之繼室周固聲施于屠有光仲靈有知生氣長存原始要終匪余孰記以故聊草其略後有作者請以陳之名公萬曆甲寅歲七月三十日

周文薦字子售號次公應儀次子太學生

亡婦鄒孺人記略

吾婦鄒氏年十七歸于周爲文薦婦小于吾一歲踰年舉一子名廷鼐又再踰年舉一女名喜子甫九歲女甫七歲而吾婦一疾卒矣疾得之腹痛如刺煩渴甚數呼湯飲不休是疾也法當以冷水治而吾不知醫誤以熱投不半日即瞑嗚呼痛哉是吾死吾婦也爲吾婦纔九年而年纔二十六耳嗚呼痛哉吾婦父曰司寇郎健菴公諱雲鵬母曰劉宜人榜眼劉珹女也生吾婦之年司寇公舉于鄉因名吾婦曰科幼即聰慧工針黹司寇公章服大抵皆吾婦手刺也母劉治家以嚴厲少恩而吾

婦性寬和動與母相反志不諧矣吾婦自以不諧于母日夜思所以得母歡心者而弗得則繼之以涕泣吞聲飲恨者數矣即歸吾後歸寧未至家三十舍必先令人伺候母顔色還報顔色善則喜欲躍不則若驚然又若痛然淚交頤矣及門而足逡巡弗敢進矣夫家而不諧于母猶冀家于夫之家而諧于姑可俟也而吾婦又不幸以新婦來事病姑吾母閔素善病十餘年床褥也又輒無從得吾母歡心吾母令諸婦惟日進一茶于是烹泉滌茗吾婦卒躬爲之茶已進必從門隙竊窺見吾母飲且盡退而喜可知矣不然則若無以自容再三詰侍婢惟恐有所不潔以無當吾母心而又不幸恆爲長舌婦所搆數不當吾母心復不諧于姑矣然吾母雖病性好勤吾婦亦曲承之以勤性好儉吾婦亦曲承之以儉而後吾母亦稍稍說豫稍稍謂鄒氏庶幾能婦矣未幾而吾母疾彌留竟不起吾婦乃大呼天曰天乎既窮我以吾母又窮我以吾姑

幸而姑有回心而又令弗獲卒事終窮我以我豈非命乎哭吾母極哀
聞者無弗淚矣後吾母纔兩閱月亦竟卒豈欲卒事吾母冥冥也乎嗚
呼痛哉吾家藉祖父之遺庶幾不虞衣食而吾婦又貴家女也藉令侈
于自奉何所不得恣意而吾婦寒素自甘一衣必數浣滌弗再裂再紉
弗置也朝夕饔飧弗欲有兼味矣督侍婢織則亦自織督侍婢紡績則
亦自紡績諸于女紅靡弗善而尤長于綉每成一卉鮮若可摘或爲禽
鳥撲撲欲飛矣蓋宵旦弗以自逸也人或虧詰之曰而寧藉是以自衣
食而何徒自苦爲且而寧乏媮衣且而寧乏鮮食而何徒自苦爲則謂
曰吾爲士人妻自應耳其志日夜惟望吾一第以自快其生平則日夜
勸吾讀吾兩赴秋闈試吾婦日則持齋夜則焚香籲天以禱竟吾歸弗
替望捷不啻頸長而吾又數困阨不得志歸且嘆且慰弗相怨也嗚呼
痛哉竟其生二十六年眉無一日舒也嗚呼痛忍言哉歲丁酉不利于

試學使者擯弗與觀場吾婦卽脫簪珥幾二百金助吾輸粟爲司成弟子無少難色且謂吾曰而幸一日貴鳳而冠不猶勝珠璣滿頭耶倘而長困窮也吾又安所用此爲此其志有大過人者而今已矣嗚呼痛忍言哉女子在家恃母今吾婦十七年爲鄒氏女女而女不得于母矣在嫁恃姑今吾婦九年爲周氏婦婦而婦不得于姑矣夫婦相對唏嘘而嗟嘆者十日恆九矣天又胡靳而遽奪吾婦之速耶吾婦雖兩不得于母姑然吾祖母顧乃極憐愛之吾婦亦最善視吾祖母常謂吾曰吾受太姑恩重眞所謂解衣衣推食食也吾安得一日者而以報太姑卒之前一日吾祖母以事留邑城吾婦遣使往候烹一臠以寄猶手自調也亦可觀孝矣翼日而卽成異世人何慘暴也援筆而爲之記萬曆辛丑歲

卷五十一　完

同　邑　柳棄疾　鄭瑛　校錄

松陵文集三編　百尺樓叢書

卷五十二　邑後學　陳去病　纂輯

明一人

卜舜年字孟碩號野水夢熊子諸生嘉興籍有綠曉齋集四卷拾遺一卷外集一卷良偶集一卷今存

九章有序

斆靈均作也匪敢協德焉克擬材事竟亦歧異而千載之後紆軫分被戚乎啓吟趨宋玉景差之後

秋廩

張龍縚曰秋廩蓋借景物以寓身世之感也俛仰上下留中有故愴然自問不堪卽言則比興之義深焉

躪西原而散髟兮氣狂狂其不攝降廩秋以聚肌兮蠱皁岡之嶕嶫高風從行許許兮批空林之老葉浮雲䬕而蔓太陽兮綈襦輕而受摺淒爽多寄使人增念歲功厲而威作兮物披披之焉不壓余拘愚多慨忼兮侘碧旻

而曾傷骨嶢嶢與山銳兮衡落霞之文章棠棃昔其儇媚兮茲何奄以
銷亡訪倉庚之焉往兮猿狖廼啓叫乎蒼唐（感甚）孤蓬撼風其欲挫兮小
草迎露而竊綠聽蚒蚗之嘒嘒兮譏余躬之安蔚摹璐華以振理兮肯
昌披而偶俗神頽頽其上趨兮入天門而趑趄回故邦之懭悢兮尠畫
地之女牆辭帝宮而移遊兮擥鍾山之玉英（於良切）任煙液之去旋兮鄰
太乙以相羊（感寄不同骨調疏峻楚聲備焉）

雨闇（悲世道也眞高懷人煞有眞憤激處彼遇世事絕不經心者安肯自放耳）

洞天脊之爲雨兮雲淫曀乎山川度納納以漏漏兮軋泱泱之漩漩故
高澄而下闇兮團萬里之昏湍（宅涓切）更颶風之四鏃兮抹雨塊之若拳
還霿之埋朝夕兮封城郭而莫散汭陰潤以入帷兮鬱椒楨而痏痏排
菌閣以孤籟兮閶闔厚而響亂（卽九關萬里意）與蚯蟥之或騰兮躍泥鰍而假
翰鸛俛庭而鼓脣兮來噭噭之曷時草樹踸踔而不可眗兮糜垔惕之

含寅抽墨陽以斬道兮決涔濆而隳陜隮龍嵸而謝夭隱兮見天覆之玻璃瀸風氣之淸泠兮動衆星之珠垂生蘭佩之素馨兮翼神明之耿耿（孤貫）顧霾土之仟眠兮屋魚鱗而沈景廣濩渃之焉濟兮掩人民之如穽余可爲乎卓遠兮莽茫茫而自省

落解（此不得志於時之言也悽憒鬱伊雖居衷徼狹而高盼俯顧多所不忍置遂不覺抗聲作楚爲憐傷其意愴然悲之）

吾垂翼於江澨兮觀駕鵝之上天雲壘壘其席翻兮風芟芟而驅駢天衢廣大以彙進兮躬壓按而徙然掃桐實之既盡兮銜秋菊之隊英（于虔切）歲逴逴而欲邁兮觸蕭槮以自敗敗乃敗乎曼膚兮骨峭嶷而樹介哈巾帕之從從兮竊太倉爲鼠行競煤黛以要婬兮各出唫喔之讒聲包穢心以畏電兮肆犬體而忌霆黃昏游於桑畔兮白晝坐於金屋（乙角切）六宮匪藉此奉匜兮九關安事此委鑰吾氏諒時命之隔錯兮抱貞白於靚夜（弋灼切）謝娵娃之珍髮兮冠切雲之黝黝雖擠摧其亦何傷兮

鎖初服而未釋（施灼切）侯羲和剖霧噎兮曙遙躬之有託

痛季（骨肉之痛，眞而無飾，自見纏綿）

慟弱季之偕翰兮判中天而孤抎春秋登廿又四兮嗜芳蘜而成疢危陽月之遙夜兮疏余氣而力引奈六府之交離兮釜氣寒而命盡踣老母而嘑無聲兮顚幼婦且同隕產新雛之呴呴兮一女徙弛而袂捲（畢蘊切）吾決雙淚於崑崙兮汎冀方之滓水（式允切）落子孫猶曉星兮崩四壁如飛巖古帝王貰薄葬兮吾邑邑躬荷乎長鑱無珠貝以殉君子兮直有高憤之松杉覆辛夷洎稾本兮嵌書囊及劍鏹威伯强之淈淈兮屏獖羊之獄獄荓翳爲吾洒坐兮飛廉爲吾掃柄伊西河之叔人兮侈藝材而蚤剝亦伯躬之坎毒兮痛慢慢而駢惡行射鞫以焉往兮告煩寃於廖廓

懷考（晉律高潔，如秋天爽籟）

吾皇考之高蹈兮拭天地於氷壺脫簪纓猶蛓蠋兮塲碧山而著書曾挾驥奔九塞兮照形勢而指劃蒸堡衛如分奕兮誦文皇之奠宅荷泰寧之久蔭兮卷韜鈐以盍歸綠芠茄以製裳兮老三江之釣磯游芷閭追蕙樓兮脅望舒與徜徉張天罼以獲天狗兮彎天弧以殪天狼孕淑清於艸澤兮不剡剡其自明（伯羊切）晼服義其未沫兮治二子之懿懿既宣之以植節兮匪戒之以守器索蓖蕗以振修兮置卷阿而若隊吾十五而見背兮弟六齡而惶悸蒙鄰戶之閱閱兮疾憯怛之交驚歲冉冉懼骨靡兮力劬學而無成怊茫茫而自憭兮夕紛藴而難寧

東窮（才人而不得志能無怨乎惟居心之廣大乃始爲才矣雖然困厄之苦可以身受而不忍以之及親又不得託言高脫貽庭闈之攢眉也以野水之才而饑寒不免亦可以怨矣其文氷清雪潔寥落動人懷）

紉先師之昭訓兮爰固窮以自縮日杲杲而上天兮雲容容而在屋既槃氷以改湯兮趨拾薪而造鬻毋仟綿其宴興兮余媞媞勃屑於甂甌

慮顑頷或其莫飽兮發噭誂之咿呦拭甑窒而徐盥手兮誦詩書之條
條徒留切此終身盈獨樂兮爲革孽之他求徒碧空之莫雨粟兮姥饘餰
之焉謀傷心在此黽沟約以干祿兮節巑岏而難柔薄吾躬其曷恙兮憚瘏
瘁之傷姥複說情至可爲涕洟切黃精以爲虀兮酌玉膏以爲氿纖射干以爲衣
兮索胡繩以爲組靏土既與吾鉏鋙兮吾咿喔流俗之安補丈夫眐眐
侘傺兮羌蹈輡軻於終古
歷病皆感遇憂生之旨抗慨善懷近騷人之風度焉
匑余躬之離蠥兮禪伯疾而枝梧擅四海之孤貧兮更戚痛而恇愕㕭
春晚以宴秋兮抽契契而唏吁辟諸泰山之老松兮蒙蘚蒼而挫枯甘
殺身以殉明堂兮匠石乃旁睨乎樲棘不吾顧其亦已兮肆魁攉之譏
㷄雷硠磕而下啓兮啼嬰兒而求食余輓北斗酌沆瀣兮注崯崯之石
泐螽蠽又莫吾恕兮隨躑躅而倘憸狗薜荔之茇骫兮復萃之以繁枲

躬蜿蜒爲龍困兮招鳳凰來與相笑思邀切○宥甚鳳銜玖而亟止兮苞采𪆫而若焦扃神氣以各固兮薦規榘其莫踰徐昭切破風雨於晉迷兮摩日月於青霄

凋牧才而天猶可言也才而無後不忍言矣然靈性長存固無時或死亦不煩俗情之蒸嘗也嗚呼此足以慰

瀹西河之支派兮繇伊洛而灖南錯吳壤以伏見兮孅與雜其蟫蟫蒸名臣之岳植兮有高人之璞含沔具區之巽隩兮飲世澤而孔甘丁余世其颯戾兮派潡潡而徐涸瀇汙且赝以緊堤兮溼湜湪而未白僕各切道祖考之潛德兮降二男而竝碩實若切詎季支之早折兮更幼苗之踵削合宗祏以禴嘗兮棘二三之殘人選吾躬之畸重兮擔平江路之子牧桑纂切洗佻巧之僞流兮蘇醴泉以展親少康一旅之蹇產兮回夏宗而配天鐵因切莫以兩葉匪恢㒵兮莫以涓涓匪浩津獨離戀於丙夜兮志浮浮而曷遵面曭莽及曉陽兮齋起舞而齎齎一均切

違俗骯髒可懷

循鄉土以伎佪兮卓吾冠之爲求競馮跳以來向兮肆利決之虔劉或疏湯其有恕施兮焉戚邇之不讐畢降割乃大快兮判背膺而莫饒而繇切固吾服之無緹繒兮亦脊躬之無汋約無百舌之謰謱兮又無鳴陽之訣謔欲變骨以揉節兮奈返性之銜怍寧速速以蒙難兮勿遷蹇而受絡抱赤瑾以自溫兮築寶璋以爲堂删莞苢以爲菹兮鑿青精以爲粻招五帝以爲友兮穿五嶽以爲鄉納八風之晝和兮鑒列宿之夜明謨郎切世既與吾而欲憾兮吾焉踐蹀而周章消暴情於澒濛兮淨騷屑之讒聲尸羊切　張龍韜曰孟碩楚調思壯而氣肅至感切處自慷慨不覺追其擬寄使人心惻也獨嫌時露套語蓋義厲比興則引用不測易臧腐拙資糧審音原情而感性之本懷出矣　自楚辭以君國之變託之仙游以寫懷遂爲千古騷中之活套本意窮　時便將應給余謂在靈均自可耳後之作者皆優孟衣冠也即同以一物寄懷而雅俗深淺之別直將天壤可無辨哉

雪愴有序

夫澄快可豔者惟雪而今夕之雪胡繚悷也則彼一時也此一時也豈可齊哉夜子方踰羽蜚鱗欲隮泰定圯四寡讎匹望龍港之美人精通形羂中懷愴焉吸吸而爲云張龍韜曰序亦蕭森

留修夕之難且兮滑谿粱之仄步風衙衙而獵至兮雲塗塗之肆布雪珊珊其沓降兮回河山而泰素皚硌硌之興羣玉兮晃遝遝於瑤之圃靡白璧於茊樓兮嚝瓊蓖以垂樹蒼幹蜿蟺如玉龍兮古根魁壘而代兔顥戟髯之兼兼兮冒青衫以杲絮鑿肝膽之瑩潔兮發聰明而燎瘖明淨斐亹佳思絡繹乘瞀瞀將他竭兮還咨堂之焉路吾粲者之琳琅兮攝藥房以自固蒸萬民咸昧昧兮女亦惡乎蕗床之闇踞森然慨然何等寄託文至此眞可移情女亦夜中起而忉怛兮披綺疏而顚倒都故切扑扃鑰之連蜷兮淩塊鞠之安如汝倨切閴朏朏於中瘤兮鼎踢達而齋顧眇帝弓之不張兮悵河鼓之艱度聞見超忽惟往昔謠詠之沄沄兮匪吾荃鮮誠之故也荃既餉結

而寡道兮吾亦浪浪涕而何訴思理婉轉別有一段隱懷透徹紙外羌詎跳于嵺廓以舒懣兮抵墻翳之迷瞀目窈悠之晻晻兮耳聊啾而得瘀要神孀而爰止兮啓太乙而求助八靈之宴宴而儃回兮九魁豐豐而齊翥扳玉馱曰吾罔兩靡倚兮閔吾憯憯之情俵俟日月其曶曶莫再兮憐孅子汎淫乎遲暮思憭慄以內紆兮陳囁嚅以曾噱熾爍爍之羣靈兮慨申申而詔喻又轉一境入想不窮所寄感者反覆更深矣此騷體章法曰情有所不可壅兮形有所不可騖山澤之氣以時通兮靡萍之理以漸聚枉緯繣之懤懤兮若于美人乎曷與鞭六龍俾滕子兮假棠谿可剿蠹直如春氷之畢泮兮亦如朝雪之受昫詔元元而歸泬寥兮猋雲旗且齋去惂懩慌以自締兮中乖剌而弗豫曰心各有正兮流各有主吾專專方軫石兮豈尊神所克悟氣涫灪而難坦兮情欠憾而逾痼總倒行而逆施誰一咻而衆傅履家巷之睄霓矣紛魑魅之嘷欨俗涽涽其焉覺兮心怞怞而隱懼叩閶闔而

無駃兮涉流沙之無鴐古暮切　雪浧浧而陷踵兮濤磕磕而暗耀俞戍切衣
皓旰以攝葉兮冠陸離以稜踣芳遇切　將溘死從沅湘兮董千祀而獨慕
韓衆緜洧盤爰旋兮偕安期及乘戈且咸駐車邈邈以軫息兮鸞㠰㠰
而輯羽鏤鏗爲吾飲雉兮女岐爲吾斟乳更放飯吾綠雪兮四賓佩吾
美璐涉套　拍吾積歲之恂愗兮附吾肩爲秘謀莫故切　漱正陽可常仲兮湌
六氣其慎吐邅督經而從尻兮威心炎而雨霆將俟子於閶風兮扶孅
子來兼居車御切　吾欣荃之齊游兮活朱顏而永孺疾麾手謝羣公兮欽
寶命而莫誤翼遙遙觀衆散兮欻超搖以達曙重曰壓壓朝櫟雪綦淑
兮濯澧竝興譔詢毒兮灑昭原隰凶徒蹩兮咸唐洋洋登朝頊兮張龍韜曰
遠懷近思昔俛今仰情理徊徨以古處之心當此茫茫自覺百端交集矣

劍吼

噩兮噩兮霜口迫卜各切　兮㷉兮㷉兮莫我碧兮清泉焯兮陡開躍兮蘇

花䲰（寶若切）兮蒯緱絡兮（張龍韜曰：託劍能言，奇甚。先敘其形，次敘其用，又敘其能，不得展意，淒憤而調沈爽，發抒懷抱極矣。）儚兮儚兮蟲翃翃兮天未明兮砰兮砰兮主褢貞兮慵往爭兮我匪縣壁從風趯趯（諸比俱佳）我匪支床熻光焜燌我匪伏枏觸音颯霅我匪處囊出銛昭剛我匪臥褎蜚吐易湊我匪貯懷沖芒肆排我匪附手壹舉直掊我匪纆要轉提斯蹻我躬匪修羊角擘兮我首匪鋭彈丸捩兮忉懆懆兮主人閉我于堖兮二毛莫討麌將老兮（感甚）靁齒齒兮主人困我于耳兮兩聰莫李靜將止兮我登指介屈信快兮盍迅殺（所介切）兮徒自惜兮我游肘閒去來嫺兮盍宛栞兮徒自頑兮員員鄉黨人蝌蛃兮嚼而鷄肋鬭擾攘兮主人曰軀微弗鞅也曰不睬塗巷之莽莽兮朝炎晼寒昔俛今仰矗機械於鬼區夷英雄於糞壤朧兮朧兮我爲不往兮主人曰若輩碌碌詩書未覺（沽沃切）其爲士者安克善族曰箴兮箴兮淒淒士林狥天垩兮骫禮滅義性噎瘖兮坌埃覆其面目酒肉居其胸心冒

長人之逢掖體婦女之衵約焉大倫之莫玷詎明訓之能禁啻此奚裨
盍我之任主人曰辜非可深也士猶艸也趨風倒也上如媪也處子保
也(趣此有感於萬曆之季政事廢弛士風不振故有此言然而忠厚之報食之甚遠不容草莽輕議耳)守令之德匪克澡
兮習儒之氛可克埽兮曰懊兮儂兮戚如擣兮竊乎國粟虜乎民稻薦
賢惟貝折獄惟珤白駒老兮蒼生甕兮我盍移行若摽棗兮主人謂上
官泛泛庶官甕甕賄盈則固利疏受削監司苟同糾舉互託竝聾絜瞽
(形容得可笑)殿舛最層天官陟黜圖私漫作是以銜活如鄉職輕似犨號至
宣凶驛臨播惡曰拓我抶爾膜兮鮮不廓兮電流躒躒鮮不白(僕各切)兮
當路有祟靈來告(說岳)兮驕驕緘縢逝將斫兮主人曰宦豎如狐馮城馮
社出納畢繇良枯惟把美署魏曹洵匪苟且貨以鬻貨賈而羸賈(世道至此)
(眞堪痛哭流涕然非草野懷憤不敢開如此口)是以剛碎在玉合全得瓦綬紛若若(人者切)兮不
綰於中官者寡矣曰晞可冄兮神光閟徣兮國老瘂兮九重之下兮血

苟灑兮玉鐔止者泰階平也主人曰抑末也本之則亡帝王御極耑倚公孤巖巖閣臣稟食爾乎而乃亦𢡟亦立亦唯亦趨末覲天子面弗諳彊域圖遠人之畔服誰審大內之寤寐焉孚權不敵乎貂璫肘能掣乎虎符致俾羯龠熾逆良帥遭屠（指遼事）天戒怪昭民骨奇枯而倘寇來則栗寇退則吳（酷肖燕雀處堂）煌煌掖垣芻置狂夫刈之則憐存將焉需曰主無蓺我小往斯綏我景前哲素履罔頗兵氣退銷生機獨荷是以淸夜孤危神難降媧茲爾飲食之人頭顱猶果霜華所抃瞬眼而墮朝廷雪澄帝制應可主人曰已矣已矣肇卑歷崇沿遠旋邇止於曷止始於曷始魚勞頳尾象驚斑齒子不睬日有晦明歲有泰否暨有鳳鱗龍龜嗣有鴞豹蛇豕覆幬微茫萬古無理黽勉求平煩險多事眞人有言韞子不使蹴證上仙長垂福謳開將挈子以剔石髓（張龍韜曰見許齷齪生許感慨非所云輕薄也鋒露而不藏有以手握刃態痛切盡情不復留餘地所謂拯溺救焚大聲疾呼者也艸莽之臣激於一念之孤憤以筆代斧鉞恨不得身任其難）

宋之陳少陽明之吳
仕明異代同志矣

滔滔章 并序

先師孔子之蔡一時迷津滔滔難渡遣仲繇問桀溺溺謂夫迷者匪耑此津也天下皆此津也以醒繇也以寄醒孔子也其辭曰

痛乎時路之難辨也羌匍匐於茲修隴規澄沚以爲鑒兮俛孅嫿以自慬漂唐虞之不反兮蕩殷周之爲統（張龍韜曰等語入人可辨）惟達人觀厥化兮沿急流而退勇爾乃奔塵容之俗狀兮曰踐迹爾仲尼疏洙泗之滭汨兮道江漢之瀰漇狂馳騁靡他顧兮喪厥家而榮榮攬朽轡與延佇兮長霑軾乎塗岐牽埜人漫求涉兮無苦匏而中怦怦希濡軌曶其陟岸兮開周行乎吾前征閃吾旆於椒邱兮飲吾馬於蘭汀要姬公而爲媒兮扶美人之夙興皇天弗弔爰降崑崙而誥河伯（波瀾奇溢）曰女掌水沛洪濤之趄趄流明堂以入洞房兮潰城郭而夷阡陌下有匹夫兮芒自持其

堅白也世也直季羌難御此晼汐也神女之善窈窕兮紛總總而衣裓
霤轟轟以折砥柱兮沙瀵瀵以陷積石鼃蛙猛其在庭兮六龍耄而喪
魄美人怛以內傷兮夜中起而徬徨攀介邱以四聽兮氾瀰瀰之泱泱
宣伯態之魅魎兮鮮尺土之隄防東聯淄澠兮南絡沅湘黑者錯白兮
弱者間强災既淪於入坎害乃基於剝床翹商羊之子舞兮又安覿儀
鳳之蹌蹌也固帝心之欣禍兮亦今俗之好殃也（俛仰天人誰爲導流誰爲湮源感歎無盡）
桓魋縱湍兮陽貨渾派子西壅其汙淤兮三家洶其澎湃（入此等語欠遠）伊凶
德之汨陳兮奚徒梁之莫埸壞一人攸往以奮飛兮頃爲弄波之浮芥
鮌悻直以前驅兮終然夭乎羽之野汝何博蹇而好修兮紛獨有此姱
嘏樹九畹之揭車兮還溘死乎土苴眇津涯而寡識兮洵鄹人之苟且
朕二人之躪險兮恃荷先人之故鋤名朕曰溺兮名彼曰沮尋宓妃之
宿好兮從彭咸之深居爾弟師之悵惘兮徐揖水濱而問諸亂曰順天

者和逆天者蹉墳衍爲波社稷爲螺已矣乎早歸車兮勿逶迤張龍韜曰感不絶於余心遡流風而獨寫○昔眞長論人善惡如瀉水著地正自縱橫流漫略無正方圓者通於兹益一江湖之慨也想其淒然靜寄紛紜之變雜沓來感所謂秋冬之際尤難爲懷者乎去病案朱彝尊靜志居詩話頗賞此文

豔雪詞 并序

已未仲冬予抱膝梅花堰屋矮村卑雪膠風合清膚生坼瘦體加僵圖書甫淨聊偷席上之宵光道德彌孤誰是門前之曉立茶竈溫而旋冷酒帘濕而莫飄既無橋畔之驢又缺山陰之棹始而閣內高眠終爲措大之挨凍江中獨釣不過漁師之救飢又況夫秃裘羸馬蹀躞於長安綻甲朽戈戰兢於邊左者哉竊意征夫之雪估客之雪田畯之雪書生之雪類皆淡而不鮮寒而不煥垢而不潔苦而不甘帝王之所不念也神仙之所不親也則豔惟豔於帝王之雪矣豔惟豔於神仙之雪矣余因呵筆爲豔雪詞少敘帝府仙家之雪以自豔焉其詞曰

今者律同鄒子黃鍾啓乎一陽夢醒江生白戰飛乎六出大塊飾容滿傳何郎之粉元丁添味分施謝氏之鹽天卑地厚萬國咸明畝被林棲豐年具卜愚等改豹文於霧澤升雀躍於雲逵皎皎之駒谷既空丁丁之兔罝亦撤鴻儀始滌鳳闕垂光雷霆凍以無聲雨露堅而可握皜逗巖城鼠狐絶影灑昭晣石犴狴無幽金吾銀鎧傳複道之流輝象笏豸冠映朝街之積素五夜漏殘放蓮花而呈曉萬年枝茂纏柳絮以待春助乙藜於黃閣寅亮夔龍宣精白於彤庭夙興鵷鷺殿脊千尋蛾眉鎖峙衛牙百尺蛟爪翻翔安黼席於晶壺綴罘罳以珠網于時天子方鱗潛大内蝶散六宮清明在躬昧爽而坐瞻丹幃之易曙顧玉燭之猶朗獸炭生炎鴨爐不濕貂璫肅侍虎觀瑩開易牙點乎太羹師曠颺乎清角縞曳未央鵁鶄搜紫苔而無語棉沾太液文魚抱碧藻以自溫羊車屬幸寒抽永巷之諫簪鳳厤留蹤膠住御溝之詩葉晃躋廣寒有聞霓

曲快游羣玉再聽雲謠瑤觥清冽焉需漢苑之金莖瓊蕊繽紛盡列梁園之寶樹海柏翠垂枝赤臂舞郎當之袖山茶紅吐瓣皓顏仲妃女之脣此時渾七竅於溟濛返三才於邃古棄禹之屐碎湯之盤墮黃帝之髯陷神農之藥滅蒼頡之血隱宓羲之圖跨父奚所繩其趨女媧莫能嵌其石屈子彈冠匪蒙埊墟宋臣簪筆焉和陽春鄒枚潘陸守白賁以緘辭蠻狄戎夷貢靑琛而重譯此以其昭昭臨茲百辟而在上穆穆灼於四方者也雖然此猶人間之景色請及世外之妍華若夫五岳三山之表方壺員嶠之區蒼崕翠壁傾北斗而飛晶紫洞丹宮受西風而著素無峯不玉有沼皆瑤天光若凝山影盡失怪柏拏崕鬬玉龍而碎甲壽藤穿石牽巨象以磨牙有路無路懸絕壑以難超是橋非橋湊飛巖而可度千歲桃花向素光而放豔百畦蕙艸迎冷氣而蒸香植古碣之如圭撐孤亭以代笠瀑布飛溫珊珊漱玉深湫注碧曖曖凝砂鞠躬松

老何殊皓首之翁挺節竹羣不改清操之士洞口肥而似賁岡頭雜以如園綠戶非扃丹楹半陷地有虎跡屋無人聲靈芝葉倒而疑茱焉琪樹花開而非梅也俄有青童啓關雙髻黝而鬖漆素女拭席畫裙動而鳴璫洗金屈卮待土鍋之熟液提鐵如意敲石甕之堅冰分活火於丹爐添妙香於翠鼎戲拾凍薪鞭白鹿於廚外旋抛霜果打玄猿於楝間於時仙翁方抱氣蒲團澄神蘿幄青眸掩電綠髮棲雲謁元始而才歸羽衣未解會天尊而適至驂屬猶濡曾見夫五官奉勑糜瓊玖于天門六吏驅丁屑寶瑜於地軸洗他滓垢澡我山容烏魂兔魄擒來蕊閣雙懸虎須龍鉛攬作琳宮一處三彭遠遁太陽空明忽見一鸞早集素緘投王母之書頭而萬鶴齊臨絳節導羣仙之蹕勑五雷而候驛呼六甲以行廚吟到孫登笑來方朔玄眞戴篛阮肇攜筐耆域飛軿長房約徑化鳥者王子如羊者魏翁呂師挂鐵舫於高林許敬粘石舠於絕壁爍

爍寸田約七十二洞主朧朧尺宅邀三十六天臣於是剖八桂之爨烹五芝之髓茯苓作餌沆瀣爲湯交梨火棗耀漆几之輝珠橘瓊榴點虛堂之色百丈蒼官奏雲璈於璧巘萬枝紅妾飛虹袖於璇臺易遷之女位先酡小有之男眞未醉升身岡脊徙斝幔亭玉琴置膝寒雁下以遲囘鐵笛橫肩巖梅危而早落浩浩乎歌天上無憂人間可憐之曲潸潸乎和城郭依舊人民非是之辭耿耿然倚長劍於八荒硜硜然撤枯棊於六合江漢茫茫遙拖皎練邱陵矗矗競起銀濤萬里鮫綃可以夥我之晝亦馳我之書一雙鳧舄可以逆君之來兼滕君之往於是闢霰路建霓幢躡剛風登梵氣衆仙飆散主者霞留少焉月葬西林鋪琉璃於萬疊五臟夜明未幾日燒東海鈞赤瑾於三竿百骸春滿此眞極樂之靈境太元之妙場也豈與濁世埃邦淄心味骨依腐艸而爲螢愛微明於糞壤附麥陳而作蝶逞素景於塵囂者借齒而譚同年而語者哉 張龍

韜曰雖是雕蟲之技而思麗調逸不覺其排韻之即當成賦矣○描景到極眞處結語到極妥處便不免爲俗人所喜因思坡老效歐陽體詠雪先禁鶴鷺等比及潔素等字可稱超識學者能如此著眼長進多少意頭

綠曉齋社序

夫社之相沿何義也文散而無紀置社焉有攸歸也社者土也土易名社者土廣不可徧敬置社焉爲土尊也樹社木者蒼蒼遠映肅人瞻禮也古者天子二社曰王社大社諸侯二社曰侯社國社邇來國聯而爲郡郡絡而爲縣郡縣爲公社而鄉井村曲私爲社擇日涓疏集耆老鳩童孺延婦女爲迎神送神之辭曰旦旭兮光曈曨神鵾起兮雲中沐予髮於蘭湯兮振予衣於蕙風潔齋俟兮要土公土公不來兮勞心恍恍曰神窈窕兮惠來奉豺羹兮燔豹胎酌椒漿與桂醑兮丹女二腮我愛女兮憺女偕女行矣編戶撫玉驂以迴翔兮結芳馨以容與地迸兮甘泉天降兮時雨此今四海一家盛朝化育而太平有年之象也夫文章

之社亦若是則已矣月令曰仲春之月擇元日命人社是各省秋闈類
侯社國社而畿內春闈類王社大社自司成督學迄郡縣考校則類郡
縣之社至我輩放於煙雲草莽自舞自歌自書自玩各依地起社依人
立社政鄉井村曲之私社也綠曉齋居松陵之盛湖鳴禽游魚疏花拳
石予先子詩社酒社表於往昔余最不肖閔凶幼作家運傾圮堂構毁
散綠曉片室僅存羊餼向以昭蘇今以塵險向以詩酒今以文藝豈將
云善繼善述者耶按盛川屬浙直界地僻才寡未可挈隆通都大邑故
比鄰土著十叉六人而游寓遙借者十叉一人或壯或孩或已效或未
試偶相飄聚如萍如梗瑣瑣湊積如竹頭木屑要皆吐性靈見道理言
人人殊人言言異各當旗一竿鼓一架以植彩三吳動聲四海無庸庸
觀聽也班固曰社不屋所以達天地之氣今草社雖無係上人陟黜然
不自蓋藏非迕采風貢俗之微旨或代芹暴彰諸至尊淸廟明堂之間

輝爛昭昭則鵷鵬開路乘虹駕蜺文昌掌行衆神接轂入羅囿升縣圃而臨睨舊邦廓如也急付梓人以爲兆也亦姑以從俗也

欒公輅集序

言詩文者繁有徒矣皆繇聖天子作人大化漸於江漢窮谷故愚夫愚婦悉自居躬在班馬李杜云先師有言民可使由之不可使知之其自居躬在班馬李杜者其由之者也其坦然而悉自居者其不知之者也帝天賦畀靳其聰明天子淳風裹其靈慧妙用維均哉余讀公輅之集其由之且知之宜其窮矣夫宜其窮矣夫雖然世有班馬李杜不湮滅無稱長存天地則帝天天子未克窮班馬李杜而烏克窮公輅余讀公輅之集姑形容以辭似厥萬一爾卜子喟而稱曰入公輅之集猶登檝蠡東睇大海周流澒溶衆巒魁堆水多活東魚如彘鳴招朝陽之神撫雨師之妾十日禪枝鑠今古也豎亥縱步束輿圖也盈虛靡恆倏忽操

柄曷勝悲我哉則有隧丘之北蚩蚩之南霮霨紛揚飄風蓬龍顯怪物焉蚩尤之子土伯之甥索體千仞血拇墨口誓意奄食夏民翏翏侁侁怖我哉帝憫幼艾錫命聖人聖人沛然整容施九伐勤六師孔蓋龍輈建虹采徽九神鞭風伯囚靈玄張羅湯谷竦劍扶桑雹爍雷動憺我於海隅壯我哉則見夫怪物也蛙鼓陡震螳斧自衛錢鏐抽矢魯陽揮戈壹舉斯殪雲旗懸首振旅壚坂散上林聖人陞陛光風轉蕙四裔譯賀百辟山呼符瑞衆見上下絃詠悅我也哉爰命后夔鏗鏜搖簴絙瑟交鼓應律合節上音清徵下音酌爽猱狙學禮鳳凰翬翽仲尼亡肉我亦失味和我也明日晨良東方昭暾愉于祖廟椒漿桂醑蘭藉蕙肴五音淒會靈來無響聖人鵠立羣后駿奔穆穆焉皇皇焉肅我也騂牛出廟割炙分我飲我福醴乘駝驅駟洛橋莫突紫燕稜遶丹花覆路縈迴錦帳烟晃綺疏則有人事之偶天緣之巧南威昭於左西施調於右宋朝

誘於前子都牽於後朝霞陸離芳馨四逼就珠失玉獲紅喪翠目難屬視足難措跬迷我也亡何濂洛諸君闢閫錯遇崇冠深履步矩揖規前而言曰色不若德過則急改妲已滅殷夏姬亡陳唐虞道脉精一相禪誠意正心庶不替哉腐我也扶而去之西上羣玉山熊熊魂魂簡積顇硜硯硠磵磆阿母喜迓廡姑繼至吹笙鼓簧酌我玉膏寄我餘桃阿母曰白雲在天山陵悠悠子行循厥崑崙乞于崟山獻歲風東而子復來衣我錦組繫我玉環腑臟澡漑中心翺翔仙我矣喟乎樂必九成丹必九轉詩文必九變知九變者可與言公輅之詩文也不知九變者不可與言公輅之詩文也

陳安甫集序

昔者陳伯玉未知名買琴碎琴以詩文百軸瞬息徧貽而名走長安今者陳安甫之未知名也猶伯玉性敏捷伯玉也好學伯玉也好施與伯

玉也其詩其文皆伯玉第伯玉有千緡買名而安甫貧甚無千緡買琴欲以名走長安斯實難哉然詩有云鼓鐘於宮聲聞於外鶴鳴九皋聲聞於天精神以沈而能發文章無鬧而不流龍劍在淵竟能自躍琥珀在山終爲人取芝蘭之氣幽而自襲橄欖之味回而後永先師所以晰聞達君子繇以恥過情買琴碎琴特狡獪市術安甫勿爲也矧今聖朝化瑟弘張辭源儻蕩草莽輝於光明芻蕘列諸采擇安甫雖貧賤而欸乃樵歌堪與廟廊交應安甫行矣前路知已未始鮮哉爲之歌以送之

歌曰君呈貌兮若僵紛童稚兮摧戕秉吾道兮無回受百折而奚傷帝閶闔兮洞開盍將奏兮瓊芳君啓行兮放鞭怒馬首之昂昂昂昂兮未極遵皇路兮康無仄紱杜衡兮蒸鬱鬱鶩侯貴兮相識相識兮與言豈煩瀆兮掃門東風曳兮楊柳故有懷乎故園

潘無隱集序

於戲天地之妙黨葛而不可制矣潘無隱氏婉婉巇巇唱自京口負戴五采飛蔽一鄉將以四海逆厥原本系始黃溪黃溪與予盛湖桑梓相接予甕牖自窺不見天地尚未能交無隱氏也雲間眉公先輩貽書爰知予鄉之有無隱無隱之爲異才奏詩若賦展誦靡竟若白魚玄龜赤文蘭葉備山澤河漢之形又若空穴生風丘岑出雨又若激湍震瀉又若零霰杳冥爲謳房陵爲歌易水爲劉疇笳劉琨嘯是以樹毛髮泣胡虜爲羯鼓爲度曲爲奏宮樂爲叶中呂是以綻棠梨花舞美人草是以黃鵠下御是以黃鶯繞林四顧鳥獸咸變旋躑躅應高下疾徐之節殆夙有靈悟沖虛鞅軋墳典丘索汲冢握河灌溉無遺克於蠡紙枯木生蘖生花美哉少年信可以充鄒梁之珍異綴山龍之璀璨者矣予聞諸先輩美少年而無益人國者二胡言漢嗽嘲啅搯拏弁髦王制不遵明經究也爲草野之倍民其或近古交美豪俠自張亹亹脣吻究也臨事

則脆而今無隱無二患矣生而不坼不副長而可屠可搏近古交美弗譚豪俠實措實行以殪梟獍以避凋瘵以省罷困爲五老出河告帝謀爲鬱律執百鬼爲朱草仙茅合天時爲屈軼辨佞爲解廌觸有罪豈無益人國者也予自愧璞魯聚精屋漏而陽燧來火方諸致水箕動從風畢麗從雨無隱雖好奇未有能棄予矣幸炙聖朝賢路開闢行將陟息壞何天衢駟虬乘翳和鈴損絃予豎無隱政猶木火相感而然金水相際而流掌運六轡躬畢五倫然後采銅飛錫遺弓裘於下民則骸齒且不朽豈有既溢之文章而乏千載之韻者也

弔杜劉二大將軍歌自序

己未三月聞遼左之警乃建會無知逆顏行也而天朝二大將軍杜公松劉公綎相繼戰死吁緊二公過歟抑經略者縛其肘而趨就隕歟二將軍奉身殉國已彰一時之忠勇如長城自壞何草莽之臣遙望海天

能弗悢悢爲作長歌陳厥事以弔之氣往莫可收如長號焉

良偶集自序

蓋聞磁石引針琥珀拾芥異味而相和同聲則自應千里可會再世亦逢人相共成天作之合留連于五夜繾綣以百年人各一雙頭共四十萬曆戊申孟夏野水頭陀卜舜年撰

良偶集後序

僕家無四壁念有個人緣深疑是天憐福淺應爲鬼妬暮雨朝雲每負紅顏女子冬缸秋帳空愁白面書生雲間鴻雁肯復他合乎河上鴛鴦終不相離也撫心往哲屈指來期窈窕豈得多多惆悵不能已已野水頭陀再跋

募脩三元堂疏

三元堂縮晴市之西尾亞盛湖之東口嚮爲明眞道院肇建於勝國泰

定增葺於我明正統五年祝枝山王雅宜沈石田史西村諸先輩恆來振衣濯足走筆飛觴故多題詠具載盛湖志中垂今以來歲歷三紀堂貌趨頹塵埃匝而梁虹沒風雨深而瓦鴛鳴螿苦自吟鶴歸空怨鶴樓王鍊師慵於乞化欲余以筆代舌既告檀越余以余言不信於世也聖謨洋洋嘉言孔彰經云天官賜福地官赦罪水官解厄是足以聳檀越聽矣或曰堂之穢無損三元毫髮堂之脩無益三元毫髮璇臺玉宇宅於太元丹崖碧室游於上清奚凡間之係戀俗路之遨遊曰非也大聖宏慈上乘夙夜而下濟至誠一念無分遠邇而上通堂之穢神駕棄而難攀所以物夭札而民疵癘也堂之脩神意康而爰止所以百室熙而五穀登也肉食之人紈袴之子侈然鳴豫不顧楝橈若茲者有福必減有罪必正有厄必斃苟有善信素以富貴分其紅粟朽貫給用於堂分因貧賤出其片錢斗米獻誠於堂湊而緝焉煌乎煥矣若茲者獲福必

倍懽罪必宥蹈厄必脫矧此壺中賢哲舊遊神仙屢降閒奕書敲溫爐夜賁得暇一過亦可以滌凡襟而納靈氣是役也高名厚實兼收并濟衆君子勿信余言而信經言

先府君景川公墓志銘

先府君字仲登別號景川嘉靖丙申三月十一日生萬曆辛丑六月十一日歿年六十又六府君脫抱卽超敏讀書數行下十歲許於書靡不窺善辭賦倚馬千言携笈玉壘山敬庵許公孚遠思泉胡公友信爲制舉社携笈石城叔祖虹泉公鍾族叔立齋公履吉爲制舉社已諸公後先脫穎惟府君屢躓黌士閒遂翻然浩歎曰規規爲褌中蝨哉爰投筆擊劍習騎射揣摩黃石陰符鸛鵝列變鷹虎互出就武舉試三試三魁薦家散金帛羅四方敢死士常與客出腰刀跨駿射原上蒼狡毛血狼藉仰視怒鶻飛挐目若虓虎夜與客談兵洎南北要害若置碁若發機

悉示諸掌忽推案舞劍髮指眦裂有劍無人有影無形舞竟歸鞘劍吼
不休至夫雅歌尊俎緩帶郊陌則風流映照翩如矣甲戌會之閩許相
公董試讀府君卷曰天下奇才也不可作第二人惜乎策語過激未敢
進呈姑老其才異日鼎擢爲府君曰不羈之躬政可以達觀天下爲於
是雄服打馬走塞外東距鴨綠江又北至於碣石雁門又西至於宣大
薊門上受降城又西至於榆林套地又西至於涼州寧夏幾窮河源沙
海每視形勝審將士弱强輿馬策指點古來興亡太息搔短髮寸斷諸
幕府大校耳府君名具櫜鞬迎府君上座健兒羯鼓長笛胡婦繡韎韐
前舞上壽府君引滿醉酣諸大校進楮墨乞書淋漓揮灑一時檄書露
布勒石標柱及軍中鐃歌橫吹朱鷺出塞入塞諸什皆出府君筆都督
朱公先參將袁公日章等各出名馬寶刀贈別易單紋衣策馬而南則
歷渭城至烏鼠同穴亂河入洛東還鄒魯又東陟泰山宿日觀距嵎夷

又轉而南繇宋石逆江流歷匡廬至於武當過三峽灩澦堆歷衡湘至褒斜棧道劍閣東還上中岳出嚴灘閱會稽禹穴蘭亭又東至於五泄雁蕩天台再南抵八閩閱九曲武夷於是反吳江作倦游客杜門著書有晚香亭集十卷行世更有盛湖志武經髓諸子說防倭防虜志天書便覽古今陣變兵變等卷自署其門曰石林西墅疊石引泉名花滿徑搢紳不一接而白帢緇衣紅袖日滿座時駕小艇垂釣盛湖常夜宿蘭若不歸故人貽買山錢或四方丐文潤筆都却不受畫理入妙巖壑飛動執贄來求亦不受春秋五十二生不肖舜年漸成童呼置膝前命咬菜根曰使習蔬食又命抱薪命牧羊命煨榾柮命滌溺器且吮誨辭曰女父不獲用於朝廷赤心歷歷夜可對天女可以不忠乎女父謁女祖女祖母木主垂涕洟望朔拈香歲時祀享如生存女可以不孝乎女父藐公侯如豎子見富貴猶淖汚是以不爲所挾身名得完女可不自持

乎女父非義不取卽家產析來不受以自淸也女可以貪婪乎女父思爲將枯萬骨然實討有罪無罪者昆蟲亦閔女可以不仁乎女父行善必隱濟人以晦女可以一藝一德哆張乎女父浪游萬里見河海之浩蕩辮瀑之險怪倉庫甲兵之雄富禽獸草木之瓌異霜雪星雲之變幻一拾爲書爲畫爲詩爲文祇恐猶人女可以易爲篇章乎女父志欲革俗無權如有疾信師巫邪術烹宰禱賽一可恨也有喪信沙門道士鈸鼓經懺荒謬異常再可恨也女可以不自拔乎辛丑夏寢疾不肖舜年十五歲次男皐年七歲侍于牀下命曰勿禱吾死家人勿哭勿厚葬勿纏布覆面勿用沙門道士吾來如日之升吾去如日之沒奚慙於天壤哉含笑乃逝附葬東涇晴川處士墓側銘曰有男不肖胡克副先君之德意者天道周遠自行遐陟匪流俗之識張龍韶曰一逕有爽氣跌宕處極風神

自爲墓志銘

余生無一長幼閑父訓讀父書足不出戶閒出戶亦瞠目霄漢不視鄉人故鄉人便交憎之十五吾父見背蹲老母膝前讀禮之餘偷作詩賦及書畫三年之喪畢就嘉邑童子試雲漢顏公評余卷曰闢乾坤旁若無人奇士奇士遂領第一時辮髮謁公公面加獎歎曰子居村落覩記險郡中胡毅庵先生者人厚文博將備羔鴈遣子事焉余遂負笈槜李師毅庵公寓東埨寺廢房樓無牕櫺梯級不全四無僧居下臨義冢余隻躬深夜風雨半牀鬼魅滿牖青釭一點盍書數本兀坐到明廓然自快適雲閒先輩陳眉公相訪上空樓驚異曰固子讀書所耶對曰然披篋見文連讀數首歎曰眞奇男子也如是勁骨如是靈思天下事何不可爲耶越數日眉先生招余邸中尊酒深譚曰子未可自小也子讀書數年剽文采之末而學問之淵源料子惘惘余矍然起曰實未有知先生曰居子幸吾數十年講求者一旦授子爰杜門謝客余長跽請先生

指河圖洛書相配之象以支干配河洛以十二律配支干以六花八陣配十二律其九州分野泊二十四氣二十八宿六十四卦七十二候無所不配無所不靈余再拜涕泣謝曰微先生罔覩天地厥後顔公北遷眉公東歸余返故園年二十餘日爲奇服驚衆門多食客老母翦髮剉席以給學吴歈於吴門老國工張懷仙盡摹其妙余時騁技登壇發聲如珠如圭萬人皆寂涼風在樹殘照在衣淒其圍聽或爲掩涕聲能動人自頗快意如是浪蕩者將十年而家徒壁立矣眉公聞余飢輒脱粟相贈曰奉太夫人余爲老母受之歲歲爲常居亡何癆瘵疾作醫藥不克治眉公所夙期奇男子爲天下才者今思早爲下鬼矣雖然天地玉成之恩惡可忘哉余性近頑不大創不足盡洗宿習余幸矣活矣向死而今匪然矣自爲記過簿有一貪財好色及傾險欺誑之念即速登記曰自爲登記省功曹諸神煩錄焉居亡何登記漸少心事泰然疷痏之

躬可以對日星可以對風雨是則向死而今活也蘇蓬頭師者上品眞仙也余師事之授以祕旨行將提吾身於八極之表而區區骸肉委諸草莽而已又奚碑碣爲哉姑爲銘曰匪爾身匪爾身莫認賊是主人爾有身在天深張龍韜曰俠態淋漓生氣滿紙即不獲識孟碩者於此亦可神遇矣每讀之輒呼曰孟碩未死

弟又碩墓志銘

弟皐年又碩生於萬曆乙未季冬七日圽於戊午孟冬十八日涉世廿四年當皇考之見背也弟甫七歲余十五歲戶外寒暄二孤兒交任之弟少有穎資踵余於煙林雪壑余歌亦歌珠喉相絡余繪亦繪筆法可互世多乞余畫弟代作者十九世莫之剖也更多鄙事如彈碁弄遂選禽魚鬬蟋蟀靡不通奥迨上元老母誕辰手製奇巧鰲鐙動靜方圓夭嬌璀璨羅張於竹木屋梁之間下列蔬果起舞進觴老母勸懌癸丑娶於隴西李氏夫婦愛敬者六年弟病嘔血肇生一女續生一男弟圽男

且殤葬于皇考墓側以爲依歸爲之銘曰爾胡來兮爾胡去也來既鮮

累去亦無惹西河少年南服長者上天下天魂兮爲舍張龍翰曰存亦肉之思耳然骨無飾辭

卷五十二完

女兒縣祥校錄

卷五十三　邑後學　陳去病　纂輯

明　一人

潘一桂字無隱一字木公黃溪人諸生有中清堂集十七卷今存古韻通考三十卷未見

東征賦 幷序

去病案明史萬曆四十七年己未六月命熊廷弼經略遼東此賦蓋爲熊作也

萬曆御極四十七年邦夏謐寧聲色化閾以順治于深居疆圉蠱蘼威令柔敝卽虜警輒蕩逸匿伏奔走不暇退則上下相慶謂且無事以爲常惟茲建夷以陰山餘孽竄處荒裔睥睨積釁敢作不靖以干大刑欵桀譎挺豕突鯨肆噬我堅壁敗我工賈蹂躪我民人又陷我吏士三萬人失亡相繼羽書烽火達於晝夜邊郡之人若墮岩谷不可旦夕天子震怒戡伐用創底致艾罰無以宥矜而輟諏詢四嶽簡重臣戎帥暨蹶

張之士十萬分隸焉錫以斧鉞崇其威令駿揚靈武謹天討之將禡類整旅旌旗戈甲之盛近古未有雖游魂假息暫稽靈誅而天聲所燀殲渠禽良若決河漢滌浮埃也桂衡門之下神顒振旅爰附釆芑六月之義以作斯賦

造皇明之亍葉也道穆三象機暢萃靈惟豐化之紀翔戾乎天而察乎淵版圖淪藉生齒蓰以闐密焉隨風躋篤祜而叶乎隆平是時也天人合發華戎大同斟典佾謨樹藻蔚而流鴻倉廩牣揖讓始噫喟化謳歌起里謠巷喙投頌合禮乃至龍荒鳩塞黑齒雕題殊鄰絕黨髽首鑢鋸靡弗顙稽蛾伏揆教來威移厥珍焉效厥殊焉它它藉藉若羣星之麗於樞焉於是克豫維逸滔於恬夷邊朔蠱康坐幄無奇矢石瘳勤刀斗解疲龍庭罷羽鳳戍弛期戢戈匣刃攝旌寢麾維貔維虎蕩爲柔雌喪其睒暘踐於荒嬉若此者三紀於茲矣綢繆隤睚眦生王度熄妖殄横

隱不索謀無庸幽無營釀金革之纒響致干戈之接聲惟茲孽夷桀虐狡鷙費以夙鼓謀以積睨侮我玄穆辜我覆載狃驕舞以仇漢嘯徒侶以鳴吠矙不虞以欻鶚乘合市而狂噬染牙爪之獰猊聚笳鼓以騰沸隳堅城之屹岌肆殘躪之慘厲籖沙匝漠雲擾颷怒烟昏日黯風腥霧苦羽書夜急邊烽晝舉威損勢喪促國減土嚴城人絕寄命無所傷盲撫之識鄙乃輕督而追虜潛機颸其駭趯驚罟穽之暗墮衆寡形而神喪勞逸分而氣沮輪迷轍亂鼓死旗偃白刃相向儵焉如剪蹂魂踐魄履脖蹈限流血丹埜積顱敝窖兆庶竄渙萬井崩傾肉沃鳶腹骨添塞塵驚風掠雨鬼嘯而燐熒晕動慘其昏墊玄黃瀆而未寧於是黃鐘舛焉玉衡感焉妖異卉疊表顛隮焉蚩尤袤丈淩光而挺芒也伻羣黎惵惵疑隣鬼而蹈亡也爾乃聖武勃怒濯靈赫宣戎振師爲萬姓請命於皇天渙大誥僴廟略號截海括荒漠叶師貞以晉帥舉天畢以鋤凶鍚

斧鉞以除慝賁弓劍以徼庸東緹控紘西極飛驪粵南嚴鑣關北騰師
埏紘要荒糾怒不衰熊羆蜂萃虓闞鱗比蒸徒雲合武臣星馳浩浩遝
遝馬柖錯焉跡相追焉望玄塞度山海而服首策臣之指麾於是太史
諏時司馬戒命潔壇除社立表肅政張耀日之玄旆曳明月之珠旂樹
彌天之高蓋建淩霄之翠麾飛旓大纛魚鬐綢杠橈旃旐羽雲旟電常
衆色炫赫照爛騰驤役招搖使攙旃厮列缺以守幢規太乙之朗耀約
六軍之四望其弓矢則烏號繁弱肅慎甲息越耗表勁闟石衡疾蝥弧
屨玭僕姑鷩翼飛鳧電影附星飲石縻幽都之筋骨櫜會稽之箘質傅
焦銅與毒鐵囊絳房與繡室往追雲而絶景肆號猿而貫蝨其鎧則楚
鮫鄭兕綴組纓絛鋋金浴鐵察革製縫玄羽三屬熠路流光兕鍪首冒
釬錏臂張固扞國之偉器載橐橐以專征其械則扶揄屬鏤長稍矜矛
干鹵殳鋋魯七吳刀雄戟虎鞭錫盾鑲鈎扈帶鮫鱗重英累緤粲皓鍔

之淸堅銳修刺之輕遒霜華旰其瑩起虹光曜其駭流羌決雲而擊兕刃浮截而不留其火攻則墜庫縕積熛焰吐煬連雞結牛熅艾燧象鎔金鑠鐵炮駁迅抗轟砉若霆萬里震蕩其騎則朱駿飛兎巨蹏騀鹿倨牙朱鬣齊力比足碧題欻其星翻竹耳勁其峻矗日炫發以星灼勢飈舉以電逐絕企電而輟雲飆驚鳬而迅鶻鍊孔阜以駟介驕佶閑以扶轂爾其元戎之師建龍盾樹虎鋹袠玄甲飄繁纓巘靈部鏗華鯨鼓雷動旌虹鷩登罽氍之幕幄竦戎行而振武百較峙其林立千部騈其雲扆副翼斑以鱗屬若車轂之相輔徂旅肅固其心志殊容共命而聽元戎之令下於是辨旌物數軍實明衣設凶門出戒九伐提天律啓什伍列四七整軍容誓徒卒張鵝鸛與飛鳥翼魚華與犀萃勢中權而後勁機左僞而右實乃賞明之足勸又罰嚴之可慴揚天聲之煌煌沛神武之瞑弈乃除殘以正邦非窮黷而民不恤爾其三軍之士猛賁迸溢鑒

勍滌駛驍縱僄悍駖磕淩蹝桓桓闐闐轞轞傪傪狂趨獷躍鷹瞵鶚視怒飛飢嘯勇不可止威何震疊義所激恥聲何鏗刉氣所遙起歕叱咤於區外曜靈爲之東徙既軷既簡戎車乃烝前驅戒塗後至有懲七萃迭縱駭嘯飄騰翼其迅焉烟其臻焉驂驔猭翊渙若波積紛若雨亂而雲蒸焉其猋逸赳仡駪駪而蟜撟也蓋轟川嶽而耀兩儀也於時中春末垂淩融溧澌和氣穆流餞寒迎熙武夫洸洸鼓錞塡塡乘騵紛披戈蜒彗雲羽旄掃霓蠛趨鴈逝翩何騤騤載霞載陰若合若離競競駭駭鑣鑣祈祈棼列繚繞驤浮而策勾陳之所期越重關躡荒磧轉交河絕窮塞履巉峭跋瞑阨陘巘峻陿蹴蹋而爲通陌爾乃抗轂遻陽列障乘防設旃覆質豵芻舍粻廬壘壁於阬險遠斥堠於荒疆跡列較以危度恢靈算於無方維魄旁之哮闞若游光之銛閃方鷙桀以鴟集儵退匿於荒蹇幾我忘而駭動肆驕發而莫掩雖一劍之可屠方慮幽而計鮮

懼不戢之自焚致皇靈之不展驅白徒以即戎望旌旗而色戁雖鋋鼓之是策寧洞習乎遐險懸孤軍而威失鬬犬羊而命賤剗國儲之匱耗餉靡靡其日捐屯膏澤而不究徒徵索而益焉總銍穗與秸服遂履畝而緡兼迫率割以讎斂利即立而怨連遠千里以飛輓若轉石而上乎靑天豈玄象之虛示在轉移之微權固外侮之可虞亦內憂之是先惟蓄思而不倦通鬼神而與幾凶醜卒不可以兵碎雖糾糾將安施凜覆隍之明訓殫忠慮而沈幾毋慆怠而不毅玩遐迪而荒謀冀愼時而勘定寧謂克集而不訾于有濟約旂旝以就度展成畫而無渝靜如嬰兒之無知動若雷電之奔趨然後可以舒憤鬱于狄氛暢光威于徃圖劈黃雲勢穹廬腦沙漠髓伊吾燒閼氏繫匈奴星辰復人民蘇燔山刊石左剪右屠永無虞於瘡痍寧或孑遺而緩夷誅夫乃振旅勞率數俘較績干戚斯肆六師氣滌弓不更張矟不再擊粻不重載役不兩藉大啓

爵士嘉命爰錫俾皇天之駿陽庶不慚于斧鉞

昌言賦

去病案此賦當在崇禎元年作

今天子蜺桐圭而瑄璺纂玉籍以承基趠帝寰而立極坐明堂而垂衣共工殞河岳正旬始滅星辰定鄭三靈之蹇蔵拔四海之觳阱佚方輿之吁喟祀六幕之心性儀天矩地休光下盈洪凝庶績經靜兆民雖開闢伊始龍德肇升固已德淪垓表功超泰閎掞萬邦而作頌央函夏而飛聲豈待久於其道而後天下化成然而席之今安者必軫昔之危撫茲之休者必繹曩之悲然後可以在心於善敗殫慮於緝熙夙夜基命以無忘於萬幾也於是拾謳吟以寫咏仰光靈而鑄詞其詞曰無妄爲象皇明不綱委裘御宇轡竊貂璫刀鋸餘魂腐而不良假恩私於小勤竊八柄於就將翹浮賤以用國馮神叢而陸梁族豺狼之午鼓蚊蚋之雷霆臨玄扈以興暴礬地絡而飛殃壞蟲䖵䖵以雲戾斥鷃偨偨而天

翔爾其豺聲蜂目戾形七尺人頭畜鳴貪狼豕躑魁而顏而鱎角嚄唶不閑文墨天性悍塞伏而呫天搆禍八極口御國憲手舞王絲斜封墨敕驕舞以嬉繽紛天賚褻見洊施棣通妖姆蟬嫣曼姬窟隱人於肘腋壁顙玩於緹帷伺帝座之呼吸雖動息而潛知於是戕前星於繈褓撼椒掖於危疢殞嬪御於顰笑灰忠闔於轔轢歡威福以萬舞囊三木於弱肉操靈爽以餌士僉烟臻而霧轃易一廷之肝胆集天下之邪醜倿染身而氣餒貪蒸性而顏厚等望塵如望歲紛拜前而拜後習曲要以蛾伏高厥尻而俯首於是豩桀志奸明禋飭黃屋田金根攎瓊弋環虎賁驤玉弩攢珠旛路弓乘矢羽葆犀軒戚鉞綪茷脊歙騑繁訾池虒茈雷動星奔出輿入輦擬於至尊鼓譊聲於蹕路顛驚氣於天閽於是木枉惡繩穢叢懼伐猋攡撓獍讙鬩顛越藪宸居以自藩圉天府而營窟承華蓋之牙牙逼勾陳之軋軋戚偃蒐於鶴禁翌礉震乎熛闕昆明嬈

其嬉汏博望汽其猕突趯御道而横馳仰唾天而不懾棼蕩腐菌蝟起蜂糾徵風召雨趑趄喧啾螋出蜮入羣囂以咻聚慝起凶興其狂謀於斯時也宗社成累卵之危臣民釀陸沉之害蜩縮而魚藏猥容容而牽位庸臣宛舌而固聲智士褰足以深退於是詞林秉哲則文子摘其先幾臺憲開忠則楊侯嬰其虐焰一賢爲之倡衆正爲之贊抗幹然嫉惡之心挺確乎不拔之見不忍夫天常之黲辱人紀之劉亂擢冰山於巖霜扶砥柱於龍戰揭忠憤以孤往介怵毚而不變披誠白簡瀝血淸蒲糾危形而震懸析逆狀而欲噓冀桐宮之反道肆赫濯之靈誅而天聽煬蔀宸聰否隔丹心莫原危言空激若挼塊以塞河而剡蒿之貫革也于是狂憾肆桀凶鋒百出生殺多緒免黜相繫戕顧命之元臣逮抒忠之碩士赭衣塞路狴犴成市迺有淹恚蓄螌游偵詆訾鮨筩攈摭株連嫁猇栲一逮十傳致熏胥彌天設穽沈宇張羅語言鼓舋文字媒災蜚

條謗牘橫生嶮巇伺客悍夫路織驛接蜩駭螗沸慄慄震聾威重如山命輕似葉忠良必剪冠冕同裂梏拲荷轅鋃鐺纍紲剝面剺腦穴胸齰舌骸腐錐鉗膚受刻截呼天搶地泣齒折脅血沁萇弘之碧背若相如之裂尸塡巖棘之底肉供蠅蚋之嘬望九廟以呼天瞻丹霄而指髮氣百折而不回詈奸名而噀血諒含笑於九原期皇衷之一察爾乃撰筆端爲舌抄搖膏吻以周內級鉤黨以蕹窖攟要典而齮齕以奸人之愛憎亂天子之衮鉞晉鼎滑而滋章鄭書頒以睢刺籚篹穢於煆煉誅索瑕于毫末焚林鍛翮戽水暴鱗巢無完卵俗多告緡漁山攫海饕食鯨吞家駭戶憒千嘆萬呻或投環以畢命或慷慨以沉淵或幽囚以待戮或踉蹌而竄身視城旦爲樂國以放逐爲大仁奪爵者五百餘輩逮死者十有七臣卿士懷腊脯之痛黔首懼比屋之延乍疑冰而疑火詎敢怒而敢嗔物漢區以鼎沸毛殷甸以需淪乃有氣爲憤鼓義以慘觸三

吴大概萬姓同哭逆氣傷民爲兆民剗草莽衡命奸威以饜輿情一怒
潛褫逆魄爰戢緹騎造天下福嗟哉五人百身莫贖於是忠臣亡正士
徙天軸崩地維圮居於王所者非饕餮之穢臣則虎彪之假子鬻身於
奧援北面於閹寺位則一歲九遷綬則懷黃佩紫鼓珍賂爲羽翼乘朋
黨爲互市宣諸娟爲舟楫借糾彈爲贄雉躋魑末於天堦嘯鴟鴞於金
阤然死灰於既燼嗟銅臭而嫣美爾其慄心慓誂逆氣夸滋内營三殿
外移鬼祠此尸彼祝標麗競奇丹楹畫棟釦砌玄墀霞駁雲蔚鏤檻繡
桷獻媚鼈福糜力害財如此者百有餘所皆宸榜而御題分洙泗之俎
豆僭素王之鼎彝拜皋皋之軒冕挺業業之穹碑妄擬神而擬聖鑴狂
沸之訣詞期年千而世百並鍮簴而不移猶以爲威翕於内者必武戢
於外然後可以張皇耳目而堅其推戴爾乃韄四荒而志猛攬絶幕而
欲大斂兵權於梟黨婪饋餉于鼠輩彊圉仂其縱橫轉輸受其進退掠

遺氏爲首虜恫虛功以張喝熏轑騰乎三捷咸歸績於醜類於是纓弁
交推臣隣競薦工瞽同聲膠庠共贊皆以爲勳邁宰衡功超望旦德高
賞薄臣罔攸勸宜爵五等昭之誓劵於是奸我圭璧汚我鼎鐘輿偉翔
貴嬖孺驟封一門三爵既侯且公珥貂者盈市纓茀者成叢被華紱于
牧豎辱秬鬯於咁傭錫上田與美宅竊寶玉與大弓紛輿珍而輦寶大
府掃然若空於是萬邦冥昒九鼎仳飛凶德載盈皇輿式微瞻烏爰止
莫適爲歸聞者掩耳立者重足編戶思亂宇內蒿目秋荼儷苦凝脂益
毒腹誹心議人恫神哭陽精薄景五緯慘黷山川枯泄日月晦促火庫
蕭薔中匈縻寖煬而爲烟敗我輦轂於是天降鞠凶殞及皇躬鼎湖弓
墜背世長終曠天位之三日彝狻志於紫宮矯宸章兮如雨亟晉爵而
庚封疏榮於賓天之際利殂落以爲功斷中外之奏章咸悲憤而洶洶
於是天眷爰開人謀叶贊哲王丕承繼震戡亂纂宗踵武殲兇殄難飛

五位以龍奮握昭華而統萬集白靈之奧祉膺圖牒之駿命爾其體苞潛躍慮周卷舒德充神斂體有示無順剛柔而藏用體覆載以鴻敷蘊經綸于寶思綜造化于靈樞大明升而六合曉一氣播而羣象蘇此特代天理物之初猶未親夫萬幾也固已悅萬物之情吐草木之氣宅元元之心定上下之志盥濯之色自闓掖以浸羣生忭舞之音由畿輔而達四裔矣若夫天縱之哲日躋之敬朝乾夕惕栗栗危愼鮮岳牧之吁咈靡疏附之凝丞無良弼之啓沃匪補袞之將明四門闢百度貞求民瘼思國經憂堯之心勞禹之形驅冥頑於廉恥化穢響爲天聲國容象物而肅朝章視改而平懸日月以高視駕霆電以先鳴於是肅帝威命龔行天討刪剪兇焰枚剔牙爪帝降靈誅皇申嚴剿反泥途之龜玉收僭竊之重寶劉尸而剉鯨鯢然臍而殲獵狡至於決罣漏網之奸遂巢逗穴之孽擕刃操戈之黨舐痔撓腦之列莫不崩心革面冰潰烟滅或

爲兩觀之誅或作市朝之磔始要榮以作逆終棄天而自絕乃布大信沛渥仁敷丹策垂絲綸捐釁滌穢與時維新品物思舊敷求哲人扶傷拔死翦滯開寃啓金縢而寤主剖玉璞以鳴怨去桁楊而搢笏脫梏械而拖紳惡纖介而必貶善微毫而必信惠澤周于存沒天波浹于人神於是龍不隱鱗鳳不藏羽林無愁士山無怨佁與能晉賢罔匪民譽翩翩漸鴻交午天路天子方將宣猷考愼圖任師臣敫領天地笙鏞兆民覆金甌而命相輟玉食以思賢左皋右契冠珮申申躬勤百度垂仁烝人爾其明則士庶幽則靈祇黃童白叟鬠玄齒齯以及豚魚之有識鳥獸之無知殊生詭氣絕塞荒夷莫不沐皇威而舒笑覩靈爽以開眉塗歌而野忭家恬而戶嬉値千古之一帝叶萬吻而同詞覩美化之速成幸微生之未衰

聖人出賦 去病案此文當在崇禎初元作

猗歟都哉我太祖之以神武開天也耘八埏之腥味奠九鼎之崩瑕洗日月之初照雪邦域之吁嗟靈圖龟履皇路闓宣造物茂世體元則天功仁義以垂統懋昭登而握乾纂駿命於天曆年斯萬而斯千肇懿規以宏覆固不得非意而妄奸也於是列聖丕承敬戒繩繩外緝勳敍內融治經耿光鴻烈炳於日星垂之簡册緘之金縢迨我神宗澤久而益深仁沛而愈積運化於垂衣平章於宥密象乾元於用九鳩帝功于得一武節猋逝協氣洋溢情合乎日戸月穴之氓恩加於翾飛蠕動之蹟皆心歌腹詠沐浴休德美哉久道化成而於變時雍之則也光宗嗣之開閶闔而運鈞衡撫璿圖而恢茂緒勅萬幾而無斁秩百度而咸序雖光宅大寶僅踰弦望而徽猷溢于丹冊駿伐穎于緗素眞可以盈商而駕周堯趨而舜步矣悲夫玄扈初臨龍髯遽隕璇璣失御欃槍肆惷天子寄坐於緹帷逆閹用國而乘秉熉腐人之陰氣馮天閽而飛眚提雷

霆以驕舞歎唖天之獷猛生殺飾其喜怒絲綸寄其脣吻於是亂常汨
典蓩命橫敷毒流天步奢窮地區邪穢在躬禍之所都仇忠醜正肆其
媒蘖虎豹九重陷阱步設檮杌厲牙魍兩鼓舌兕颸寒塗懿士先折飛
條謗牘爍金次骨株生羅織動觸縲絏深文刻削痛若霜雪忠無不殞
貞無不殲使殞命之大臣抱憤之碩士絕命于箠楚沉尸於獄底收孥
逮族慘讞奇詆孝子飲血勞人失氣山駭林讋摧輪蹶轢仁賢空虛天
地憔悴爾乃摷珠纓鑿瓊弁醜誓劵猾圭瑱一公二侯爵及嬰丱響淫
綬舛繁羞組玷招讒諂於騫汙彙窮奇於霄漢爲逋逃之淵藪立狐鼠
之梯棧縣市肆以鬻爵翹白癡與浮賤乃有猋馳麇附瓦合烟臻俛首
承睫輦寶輿珍任將作以巢貪假俎豆而媒寵權輪輓而握利功邊圉
而飾勇咸歌殃而誦禍威日劇而歲洶日月具而無色山川列而長濛
迨靈殂而弓墜神器岌而無統嗟芒芒之率土勢已成夫極重其不爲

莽操之續者蓋蓄縮而未動也夫亂爲治興危乃安席憂不憮者聖不啓難不亹者邦不植故蕘蕘乎兇豎之興暴而哀災也人以爲蠱國而蝗民吾以爲天之大賚鄧隆於吾皇也且也以神宗之謨也式誕神孫以光宗之烈也爰啓聖子故當受天符而載毓也中和協極揆步咸宜順二辰之欽若莞四序之樞機符二儀以囊括連七曜而珠輝蓋天地正璇衡之位焉若夫龍顏鳳采表於循齊篆碧朱文昭於河洛飛金聲與玉振敬日躋而時恪蓋天下仰濬德之明焉至若星聚雲照神飆氣昌滄河鏡淥紫鳳儀祥華苹挺幹朱草呈芳蓋生民瞻帝載之瑞焉若夫瑤宮含粹椒掖凝尊靜炳珠璣之照華宣玉壺之文布徽音於紫縣昭禮數于彤宸又坤極翊交愛之配焉及夫濬德藩服分珪潛邸洞矚乎疾苦周覽乎閭里鏡淑慝之衡綜名實之紀又淵衷涵民物之經焉迨茲寶命用集圖牒斯歸入繼皇祚丕承天基其驂螭虬而飛五位焉

景既於昭帝心篤弈神輸人贊逆氣熸息是以大寶初臻而含齒戴髮之倫載土食毛之衆瞻開闢之初快光華之統皆載盥載濯以風以動望天路以揚歡仰帝寰而作頌也爾乃斡皇綱於沕穆翼天紀於在宥提萬方于襟帶締六幕于戶牖役陰陽之變化泯雷霆之聲臭宰物於道端本於身乃扃其精乃澄其神體天無欲與道合醇紳書晳誦樞銘戶箴謹於跬步嚴於笑嚬黜甲乙之帳汰瑰麗之陳斥機杼之侈損服御之珍視雖微而必審思何遠而不親造化不能以氣欺鬼神不能以形遁裒護機要疏憲化理紘綱胥鳩庶事無弛萬機立斷百辟受旨德音善政雖可縷指爰翦大端揚厥休美若夫龔行天討凊廓氛翳其威不怒其發不滯磔斯鯨鯢滌彼荒穢射天者誅入幕者殪舐痔者法結駟者汰搆禍者戮宣媚者罪翼奸者棄荒飽者貫或尸兩觀或屏四裔雷興雲作烟解冰潰洗地軸拂天衢消伏螯剪潛貙補星辰於絕縷拔

冰火於遺黎援三靈之已墜救四海之羣飛於是共兜去元凱舉忠直
召耆舊叙興潛鱗翥鎩羽天光下臨昭賁幽沮辭究察滯各得其所鑒
重遲之逢尤削秋荼之繁苦山無嘆于坑阱林無畏于網罟爾乃惕寶
器之重寄儼馭朽之危情當宵旰而思治遴碩輔於羣貞擧虞旌以揚
陋覓毀爟以烝良儔可毘予一人庶幾寵之四方乃有岳牧共贊詢謀
僉同克享一德寅亮天工瑤席戢香瑞烟續郁賓師序鷺臣隣值鵠四
輔雝雝九官肅肅天子於是列夔龍之姓字求旦說於夢卜舒天步之
從容覆金甌之輝煜述治亂之權輿矢絲言而誕祝冀鼎鼐之得賢筦
平治之軒軸爾乃簡百司慎庶士黜幸民斥寵子野無留良朝無濫仕
易濁氣爲清瀾納簪紳於廉恥至若祝融專戒屏翳愆期旱魃夜舞朱
緐晝飛遐阡綠隕邇陌黛萎螟螣在目痌瘝在肌乃命太常輟紘大官
撤羞罔敢卽康民瘼孔求玄服羽翳奠瘞郊丘六事不愆雩舞克脩爾

其精徹芳薌誠開玉瓚金根曉出靈雨夕泫重穋聿興苕穎畢展多稌
穰穰垂彊覆畝天厲以旋地財不剪副支功以育物叶聖道之幽闡若
夫邊圉蟲靡饋餉單殫東虜西酋未卽匐伏撓我金湯敗我芻粟遼蜀
黔閩以次受酷將士畏縮莫遺一鏃談之猶懼況斬其輻視息無寄生
齒蒙毒爾乃博稽石畫愼簡旄麾選熊羆之將徵方召之師下臨軒之
問咨戡定之期鼓其勇謀黜其怠私數其軍實塞其漏卮儲胥崇墉屯
牧櫛比賞罰進退不從中持俾荷戈執殳之徒浴鐵衽金之士易脆爲
堅化弱爲懦雖天戈方指金鉞甫畀而皇策端於九重靈威沛於潛地
從古迨茲醜夷驕虜固未有覩聖人之治而不匍匐於威稜順治於光
被者也於是憲章天行日新厥德遹欽翼之斂祉戒晏安之媒懋遹殷
宗之遜敏軼周后之無逸爰懋德而懋學仰聖哲而作則爾乃細紬舒
文茵設繡韃鋪寶几列紅雲捧而罘罳尊龍香吐而纖塵絕兩階式序

庶衆孔明朔門禁卒陛盾百重懸戈植鉞魚甲騂弓奎壁璀璀紳珮雍雍執法糾糾而色毅掌節翼翼而神恭於是閶仙闔之舄弈揭鳳蓋之岑翽耿天日之光儀寫帝容之穆穆弼凝丞於後先欲奔走於臣僕咸懷寅而屏息繹虛湛而諶默於是諄誨之傅博大之儒振赤舄之的皪步朱黻以前趨啓牙籤於錦帙歎柏薰於瑤書珠玉敷琳瑯奏典謨陳芳腴漱釗天人之符劇治忽之轂眪聖賢之藴達禮樂之囿拾微言於既缺闢大中於羣謬誠樂胥而有庸顧瞽蓮之罔搆補龍袞之七襄益溟渤之一漚天子於是聽於無聲淡乎無爲淵乎靜持而恍乎有悟於微詞豈徒躭逑緗素之林翺翔章句之府而已也若夫敎爲治本賢爲國經徽敍五典樹之風聲建皇極以弘錫治時夏以陳常開萬國之文明以作則於膠庠既禮明而樂和乃雲臻而電駛猗泮宮之湯湯散鸞旂之霞綺鸝瑞霧於橋門浮天輝於璧水乘輿肆其翔集次賢闢而至

止趍戟門而進蹕陳俎豆而展禮瞻素王以修謁詘宸旒而卑已爾乃釋菜聿舉黼座爰張乃憲三老乃詢五更祝哽祝噎俎爵是將問道乞言俾襄熾昌於倫鐘鼓於樂宮牆章縫俊髦烝烝皇皇文教旁流絃誦無荒作君作師軼於陶唐若夫聞一善而若驚見一惡而如浼貞雖幽而必甄佞雖纖而必剪既聞樂而思悲亦登臺而念險御裘軫鐵衣之寒臨飡哀華食之慘明星在而求衣夏景昃而方膳寸陰不捨於論思子夜無忘於黽勉思一蹴而致唐虞期三五之是踐至於天時之豐約地利之險夷師徒之情僞財賦之盈虧士風之隆替吏治之純疵貞邪之誣訐章奏之參差莫不密歸於睿慮潛納于淵思開平臺而召對晝三接以敷思集琚瑀而貢策邇瓊蕤以揚謀斡化樞而垂誥戢教源以旁諮百執莫測其高厚羣臣無望於津涯於是六府允成萬姓爰理風雨時若日月順軌災沴潛斂疵厲不起浹宙斯澄綿區胥撲澤無不懷

功無不敉道德布濩文章燦美變萬形於動植翔吟咏於遐邇亹重玄之陶甄宜吉蠲而告祉乃若星昏東壁日躔南至美陽位以殷薦嘉允彰於元祀采夏殷之舊文闡炎燧之遺制議事以時尙其通敎典以禮揆其勢爰命儒僚展采宗伯相儀司空潔途羲和練時羽林森沉以勒騎虎賁猛趫以揚麾五營亘以星列七萃連以雲纚引雷鼓與鐃吹張日旆與珠旂田燭燿其如星激柴燎而舒輝乃有藹藹都人濟濟多士九牧之長百蠻之子星圍日壑之賓邛杖珠林之使接袂聯裾塡衢溢里扶翹延佇以望勾陳之戾止天子乃端玉珽績珠旒秉鎭圭襲大裘警仙蹕張天斿立戈翼戟琱弩重輈列羽葆之陸離鏘玉鸞之啁啾走豐隆於騄轂下列缺於飛騊它它藉藉斐亹合沓而屆翠輦於圜丘爾其臺冠丹光壇浮瑞色風靜如洒雲成似秬霱邕芬馥遷轡崪嵂騂毛琱簋明水越席象物孔閑秉禮有佖廣樂懸和六莖協律爾乃一人對

越羣公駿奔纓組導衮膺敏奏樽升中告虔盼蠁明禋禮文備其暐曄儼焄蒿之所存恍寵蓯之雲乘駕慶霄而逡巡鑒芬德之明信庶樽總其來縈爾其三觶終獻萬神叶福后容胥展宸儀允穆巨野收歡靈蹕反轂天旋霧散岳囘川逐屯千官而星轉整萬轡而雲簇躬神人之嘉會沛湛露之瀸漉既禮成而祀展乃惠專而慶彰體高明之覆幬不懷柔於萬邦咨川岳之光氣集堪輿之禎祥配神明而作主奠宗社之靈長天子方將考德丹扆凝神紫宮覃精緝熙無怠無荒執自然之化契不宰之功鏡純粹之至精苞皇極于淵冲祈祈憲憲天人合德保昌運于不窮也

金山賦

岷源斥玉輪割涪汶匯沅湘闢千流既同百谷來宅淲淲焉灝灝焉委蛇於后土運元氣而不息焉其邇滄瀛而趨於京口也則浩漾潰瀁滂

潬漻濊洽潗澎濞奔訇漰湃稽天絶漢苞巒襄埭馳波跳沫怒薄天外於是天紀蕩地維隕靈氣渙神化隱上帝東顧爰咨而軫閔焉乃命媧積葭燼穌竊息壤神禹操鐸巨靈伐掌驅懸圃之秀㟧割太華之奇峗躨跜嵂崒虯據鼇峙而立乎泱漭爾其峯巒之爲狀也則巋嶷嵮岁嶭嶙崚嶒嶄嶄焉其陗子也斧脊劍鍔霞駮雲彧嫵嫵焉其韞爗也排駭浪以卓矗兮絶游氛而負青天劈淫濤以隤怒兮殺萬里之驕瀾基以蛟宮隍以鯨波兮廓遙岸而衡崩流苞牛曜以肇胎兮奠朱方之上游負躨蹉以碣起兮絶氛坱而不留仰天嫪若龍游兮俯蹲踆如伏牛犖孕金而浮玉兮錫嘉名於六朝爾其靈脉之四協也則肱焦股玉引峴控雩爾汝北顧襟帶南圖石簰揚袂盤陀曳裾發蒔貢妍跂踵頪軀若朋眤以相勞亦綽約以共娛蒼然鱗次稱附庸之國琛獻而賓輸爾其灑睇之遙含也則溟渤呼吸暘谷曈曨朝日夕月互經西東五州蔀天

高驪刺穹龐嵓封闕轇獢而龔觀兮黔霚揭旎繁亂而洶洶欲雲吐雨靚何嬛姍兮翁然賁然開陸海之芙蓉千蘤百雉擁天塹以對峙兮巖巖嵒嵒烝以鬱蔥邈封逖域限南北界吳楚而分邦焉至若林開波府浪蹴香城考險列搆循危載薹龍蟠繡栱鶴矯雕楹珍臺彌乎巑岏嶢榭抗乎崢嶸檻騫翥以翬翔亭負弈以鸞擎粱要眇以霓起鈴答蠛以檐鳴塔尋雲以上出幢干煙以孤停廊四闢以納爽洞玄邈以延清乃有瓀珉承陛琨玗綷楯玉版分輝金繩對整瓊函芝檢鳧梲藻井熛碧鎏黃爭熅競耿五色相耀虛外含影日月熒其晶熒星辰襲其彪炳飛廉衙衙而斂巒憑夷輯輯而延頸迓景純於雲墟禮頭陀於烟嶺大徹標頓悟之門玉帶落箭鋒之穎處士擅譽於絕唱蘄王失虜於速騁遊魂依法以脫波神龍夢游而鑿井信神明之所廬而棲心之靜境若夫餞寒迎和淑氣初敷夭桃揚赬豔杏挺樹柔藍淨綠貼霄而鋪輕颸微

瀾若有如無於是陶嘉月藉芳辰賓從鼎來羣楫競臻銀鮒刀鰶銜鮮潄新既乃釋舲辭羽躧步巖嶠攀躡顥氣登驅林杪蹻點蕩躡窈窕踐飛鯤軼游鳥奇撫雲上異拔霄表嶸突兮遠岫之隱嶙而縹緲也潊瀚兮洪波之噓虹磷日浩漻而瀰淼也織繹兮吳帆楚纜鳧飛電寫乘波途而踐雲道也爾乃經慮滌煩憂捐潄灑掖招游仙吊梁衍悲吳權晲蓬壺睇蘂淵惝怳自顧其樂忘年爾乃娛樂未終流光將夕綠霞盡滅絳雲微集瑤海上月下蕩秋汐搖瓊曳玖渙汗瀠渚若金在鎔飛躍注射餘絢隱見覽不可悉起淒響於江澨泣鮫珠於厓隙鐘霏微以烟度鶻驚棲而不息於是爲之歌曰翔天波兮攡明月與至淸兮並游歡安得冲舉兮恣超忽夫長離南邁融風扇氛爽榭鬱燆里閈如焚更營驟盥揚炎益熅爾乃逃暑山館招涼江谷風穴凝寒陰巖却燠移高蔭之蕭森蔽琪枝與珍木漸水氣之浥泫落飛飈之穆謖汲虛無之青熒斯

骨糜而神肅結幽夢於華胥與仙者而爲族若乃濃雲威裹猛吹欻侈
波如活山乍伏乍起霆崩箭疾嶽積電駛散類天裂合疑地圮飛沫搖
岑澈湃刷屺欹檣側帆倏忽生死乃有怒龍憨蜃水馬鬪犀陽侯海若
雲君霓師揚鬣鼓浪掉尾卷澌友風子雨妖譎多奇駭心眩目悚息而
崩摧信茲山之雄快兮變昏旦以展媚隔視聽於域表兮棲神明於天
際雖靈跡之冥昧兮猶夜浮乎金氣願違世以稅駕兮脫人羣之戰兢
向白雲以獨航兮濯靈腑於中瀫

焦山賦

噫嚱猗哉造化之迹恢葛槃霍而多奇何波之以滃灪灝瀁之淫流兮
迺嶼之以孑矗巑嶨之嵬巇第駭其巉岩怒石偃蹇而負波兮不知其
孤根千仞削立而爲之基捍百川以爲砥兮奮躨跜於艮之涯崩濤沸
浪突以汩潏兮吼雲裂雪淆幻之洶洶澋瀑濯溉而成音兮渚若迅霆

之下乎太空嚙磯湫礐澼潛以高厲兮浮活叛散千變而難窮謐茲山之靜專兮屹一蒂而奠乎其中鎮囂遯以寂立兮聽羣響之相攻迥秀壁于蒼眉兮若斷雲之忽停擁危峯之縹緲兮照霞影之孤青變昏旦以異態兮靜突窔而含靈爾其未討夫幽微也固已鏡翠標而色爽瞻靈際而神醒矣若夫飛駿睇以遐矚蕩遠眸以遡覽透空濛而送目紛指點而可判則有鐵甕南張廣陵北列瓜渚西控闔汝東揭靈洲綿衍北固頡頏金玉襟帶可賓而接雩象股肱可粱而涉二嶼贅以附庸若雙星之旒綴紛展采而振秀環獻娛而貢說爾乃淩嶫嵲之崎崤探谿嶠之窈窕浥飄黝之浸淫豛岩突之夭嬌則有堪嵓封闕棧石纘磯星壇雲洞翠巘玄崥媥孄鬱葱蒨何離奇兮背寒暑別成陰曦欹兮若危正兮若端冕而黼黻乎威儀疊兮若蟉結而雌雄翹兮若玄鳥鼓翼蹼縮而將飛幽兮若窅眇而難窺峭兮若妖姬揚袂而招所思瘦兮若蛟

之泣於玄谿臥兮如嬾螭如伏犀簇兮若斧劈劍鋒棧齒而相靡又若
怒龍憨蜃鬐鬣而羣嬉信靈造而天琢兮開水國之千華頴煥詭其難
寫兮散奇照於江波乃有琳宮梵寢扶臺列樹房烟互出雲搆儷亞彌
崖布麓虹梁星駕轇葛叫窱暈飛鱗藉者三十餘所莫不延袤磵壑枕
倚烟巒寥寥兮停靜翼翼兮留寒朗月濯兮幽梵冷鮮飈激兮疎鐘闌
亶息躬之深境而玄邈之遐觀也乃有蒼松黛篠壽籐文木嘉桐井立
名蘤櫛簇碧桃向日而千笑丹桂迎秋而一馥鬱春華於石罅頳夏彩
於岩曲葉舒帷以暗岫花張態以媚谷豔韡韘以陸離繪清流之郁郁
于是漱丹井度松門躋露寢叩仙闈式寂寞之蝸廬仰三詔之清芬跡
孤棲于一壑心獨玩于千春保清妙之自然繼羲皇而一人嗟若人之
焉往慨斯理之空存攀垂蘿而遙待臨逝波以興言懷前修之彷彿薦
江蘺與芳蓀拂皺剝之莓苔尋邃古之遺墨胡霹靂之興妬劃靈文於

峭壁嚙潰波之瀺灂蝕奇跡而荒泐傷胎禽之靈壽修厥算而紀千乃同凋於秋草臥孤塚於巖陰能長吟於華表辭凄響於鳴琴撫沈碑而永念重緬邈而哀心爾乃捫虛梯漢步霄軼景登驅千仞懸高散賞吸清氣之無垠眇獨立乎雲之上鏡烟花之駘蕩擷秀色之莽蒼耳目異而神超氛靄闢而空朗渾一碧於清微若咫尺乎崑閬倩神飆而騰之翼雲輜以孤往信焦傳之可朋何世塵之足網嗟鶴駕之罔覿悵徘徊而惝怳飄輕颸之四動洒風露之高寒遞江瀅之悲響興璘水之微瀾忽飛光之遙濺湧明月之在天磬千頃而雪照映星河之倒懸宛珠彩之可拾激靈瀨而空傳遺餘玩之無窮顧遒遙以永年亂曰洪波東會囦淪滕沸深不可測兮空傳孤停屭屓濤面與濤敵兮穹嵓杰壁含霞畜翠割陰陽兮長松標嶺叢蘭寫芳表幽光兮朗月透林淒風鳴谷若有人兮望而不見廓落四顧魂馮馮兮裁氛卻潯抗塵寂處天之私府

兮揮手人羣銷聲削影玩終古兮

北固山賦

粤若稽天地之奇跡蒐流峙之靈區采登陟之近玩尋烟霞之靚墟維北固之明雋軼宇宙而稱殊爾其欱兩儀以俶基參二嶼而分鼎扆朱方以僢障殿潤浦而專屏吐丹嶂于懸霄樹華闕于青冥絶儔黨以孤出軋浮吹而遙騁干雲霄以秀上貞日月而虧景嵒厓巇以轀貸勢險固而延亘爰自鶴山拓脈龍嶺騫樊榮巒族巘雲驤翠奔賓立于南抽而右旋傱傱儦儦騤騤蜒蜒如郛如郭爲輔爲樊駊騀離奇散而不聳兹山犖之崔嵬靜存乃若岷嶓長波荊揚豐瀁百川匯流沃沃蕩蕩颷風秋揚桃汛春漲凶瀾暴雪烟瀧駭浪泱泱既湊滔滔斯壯濊夷理轡靈胥乘王茫茫禹貢弱不能相兹山砥之殺其潰瀁故其苞吳孕越奠湘控漢則神皋之上扈爲隍江墉河蟠墮劼嶠則天塹之嚴阻爲其前

則峻堞百雉危甍萬井長防曲蜿采閣雄整戶衍人溢烟蒸霧滓山氣相鮮昕夕殊景嵐結如波雲成似嶺又有長楊列陣細柳開營尺籍伍符彍弩抗旌懸戟植鏦用戢長鯨其後則重波浩淵與空蒼然寂寞東邁逝而不遷浮觀蜀岡出霧入烟灝渺無際羣象鏡懸乃有黿鼉來嬉魚龍所都鮫人卷綃淵客弄珠海狶夜拜水豹宵呼漁父榜人垂綸汰艕其左則焦巖圖岫協靈通氣控馬爲門披山作礪抗淸引濁爭奇貢媚螺黛可拾鰲極如帶其間遐阡矢界近陌臚分開竇引流溝塍互輪桔槔不事潢潦爰臻遺秉滯穗滌場維勤其右則芙蓉貽佩浮玉標圖通川互經五土交輪脈絡雄勝膏衍儲胥凌陸跨津環塗委紆乃有風鳴濤答鏗鍧淵鞳海舶江舠楚檣越艓隨潮櫂槳追霞命檝分風共駛交引逆折蛟蜃並流爭馳競捷簰靈之險千古所懾乃若稽其上巖則有梵宇犀臚瓊雲構蔓飛粱垂景香臺切漢危亭馨乎木末巨門抗乎

霞半廊鱗次以旋翼磴緣空而梯棧樓絶鄰而多景閣懸居而駕岸揭軒廡之窈窕繙簷棋之璀璨煥金碧而光煜謝濁氣而塵斷于是降覽鑿背俯循巖陰鮮飆激響凄烟出林怒石昌目空寒殷心爾其嵬崖桀壁負天奇出神明所扶削成屹立競勢交峭若駭霜剔奮若相勞鬱若相惕濤文翠蒸冰裂斧劈幽洞泬寥空飆遙集與俗分氣瑩魄載戢若夫榜懸梁日寺記吳年節遺方竹鏤引青蓮浮圖范鐵天津吐泉鳳池濯月麟塚横烟贊皇捨宅海岳名巔皆茲山之遺事妙可得而稱言也若夫登薄躬以升降閲陳跡之所留殘地脈于赭衣嗤秦政之東游駃斯高之近禍爲山川之深仇覽策馬之餘塵尋狠石之舊趾奠漢鼎于談笑寄雄心于鞭弭棲劍氣于礌磈儆伯跡之未徙慙晉元之一隅爾予幅以自隘恃地險于長江置中原于度外雖灑新亭之泣莫軫横流之慨拾遺音以延賞樂梁武之宣游駕翠翳以鱗萃紛象奇而闡幽詠

賡和之奇藻蕩妍嶺于千秋戲青霓之盤姗參畫板之龍象披研山之靈皐忻裔流之可仰雖筆墨之欲盡垂典型而在望嗟乎噫哉烟壑長封徽音遐逝徙倚高風淒涼伯氣廣武興悲牛山結涕傷廢興之倏忽慭波瀾之崎嶇若風露之停草曾不能以須臾諒金石之非固焉榮名之可愉凋春秋於哀樂積雲岫之唏噓曷若睨蓬壺以褰裳披方丈以濡足極浮觀之杳眇抗危梯以遐矚駐白日之豐暉連榮光于若木存元化之端倪遡鴻濛之杼軸原千變于微瞬齊高深于一掬流日月於寵縱蜚駿賞于茲谷

遊茅山賦

結冲情於靈府兮游玄思於絳宮節薌芷以齋體兮沐蕙茝以滌宮爾乃羲和停午游氣潛措青琱建節素威服輅凍雨灑塵靈飆先路山靈倚夫閶闔悵盤桓而延佇於是循崖贇巒遵梁涉趾手御陰陽襟風雨

磴紆煙織林深碧聚釀陰沾袂滴翠溼屨爾乃仰矚芝嶠傍窺雲房臥霞之石鍊氣之場堞峯環壑冠嶺連岡下坎窞而若墜上崔嵬而欲翔辰熒皇於璧鏡蜺夭矯於石粱禮茅君於煙嶺招隱居於華陽冀羹牆於寤寐拯予志之淫翔躡青霞而無從志惝怳而自傷徒見棒露野花吟風山葉綿蠻格磔娟而不歇輕颸徐來芬澤微發靈籟振響乍聞乍掇悠然神聳逸興飛越遂乃窮幽奇于月道飛駿賞于煙墟躋霞岡之屈曲步蠶岩之威紆踐封苔之滑徑博壁立之叢皃謂石險而徑絕忽峯巒之豁舒半九天而一息儼帝座之呼吸隔浮埃于地絡披顥氣于天極時隱時現江一線也或滅或浮澤一杯也蕩星昴日鮫人室也雲邊雪高廣陵濤也蕩漾閃爍天吳躍也鳴鸞啾啾茅君游也雲豁霧潰旌衛逝也既而扈岑留寒疊嶂凝陰樓臺落景山川出雲夜氣湛寂泉聲遠聞念景物之載悲惜歲月之攸去日慘慘以就淪林冥冥而欲雨

心搖蕩而不怡撫流景以隕涕乃煙霞之後時徒壯懷之阻也信茲山之可宅何必懷彼土也

閔澇賦 有序

天啓甲子之夏洪霖浹月吳越墊溺湮禾敗稼百谷不登廟堂之上不賑議捐茫無所程億兆嗷嗷莫必其命夫恤災應變國之大經此而議圖其憂恐大予目存身滅危慮實深爰布藿謀以當舌救賦曰

皇天散患下土兮墊溺而魚吾民八荒浹其同波兮閉萬象而長湮水德之上善兮映美而開新不爲患而降虐兮訕陽侯之匪仁爾其山讙雲以貫斗天召畢以離月舞商羊以獨躩違蝄蜽而羣猝雺塞宙以滃靀飈橫天而影越氣衍溢而罩漫霾浮驤而滃洩電霍霍以流暐霆訇訇而播烈屯頑雲之萬仞閉白日而西匿窮陰釀而不化恣婉嬗以繁殖譬譬嗎嗎翾翔高戾弈弈霧霧霧葢葛肆噎羲和爲之弭駕鬱儀爲之

斂巒堪輿寢其星纏玄黃喪其光氣是其風回雲薄泱軋雺霧之勢也
於是屏翳崢嶸赤松馳驅狂壓愍蕩怒鯨睢盱飛澇灌原暴涑澆塗纏
幽飈以紛射糅列缺而漂淒溜霮而長寫淹湙湙而交輸激飛沫之淵
騰聒素綆之絡繹馳壯音於霄外結偉響於脅額傾天潢而畢注揭台
瀑而爭渚條戰風而如拜塊破雨而疑坼霸驕不節霖勇無緒勢合陰
鞏塡空而舞八荒一雲萬里一雨逸駭溢涌迭蕩無所朝零零而竟夕
夜瀼瀼以逮曙妄昏晝以沆漭亘弦望而沾澍覿初旭之乍蜒倏澤沐
之旋注勢欲衰而愈熾沴疑開而復聚夢白日之餘光終曼迷而莫寤
於是汩瀚瀚焉溺澉澉焉潛渤困泫瀷湫漻焉殊方合趨枉水橫流駭
涌叛散駕怒競遒奔揚洶洶起漲飛濤爾其襄介丘薄修壓蕩嵔壘潰
嶮陂百壥合潦千井埋澌岸沈爲谷陵淪若溪逕土皇於鬱島迎川后
於天地靚地輪之窅深將業寫而莫支軼川原以瀉潦軋紘綖而輿瀰

藏天灌日粘霄貼漢原隰何殊疆埒莫判曼廣野之夷曠澹瀦涵而漫滮觸岏崒以湍涌氣突怒而彪悍篡獵獵以梳濤泱巉巉以敵澌籠蠹地而懷巔雉干雲而浸半紛敗堞與霞隍若島嶼之歷亂輕撓蕩於林木孤艇滯於岩畔爾乃熙燠退謝沴陰專滋若木不起燭龍無輝空桑之黽化爲流澌杜蘅就槁藿麥同淪靡我五稼敗我三時傷化產之日瘁割萬物而無遺跳匪割之魚蝦聒嗷嗷之陰鳥雞業業而登木蛙閣閣而居竈爨房火死而烟滅嗟一菽之不飽薪功比桂粒貴齊寶萑苻白晝人寔禍兆法重如山命輕若草岸嶔崎而膠骼澮縱橫而流殍仰黔嬴以神恫望口扆而心愀天子於是聚盈庭之議羣工爲之飛太息之章不棄穢而改度乃錙較而銖量澤未蠲夫塵露害已中於膏肓豈靈譴之未艾亦消復之無方顧繹思夫綢繆無重儆乎東之民

流民賦

萬曆丁巳作

潘子行違厥時踽踽寡徒垂翼戢羽湛身江隅顧見遠氓蚩蚩南徂竄若鼠奔爨若蟻趨鳩形鵠面神倦氣枯穿藜蔽蔕項露踵決襁負懷繫且啼或蹶弱婦荒嫗傴僂顛越爭途掩淚望侶長號囘首中路悲氣蕭蕭潘子怪之揖其儒服者而問焉乃泫然隕涕泣下承睫悲端橫集苦緒翳結拂淚而言曰天禍齊魯旱魃肆虐自寅徂辰慾陽熇熯其始也二儀曠閉蘊結冗蒙天無纖雲野有終風朱氛赤眚川涸谷空黍稷既枯維莠芃芃其既也天燒地灼陵焦海涸濟濼飛灰瀘維起莫衡蛇拆鱗窟龍解角土墳物蒸崎嶇磽确百物都盡惟蟹蜫賊鴻嗷嗷而安戾罾勞勞而焉居山塏塏而赬顏烟蕭條而無依丹蛇立於赤坂文蜮蠱於炎海蟲鼠甏而近人淫瘴瀰而晝晦閔窮鰥之在下日引領於其雨乃杲杲而日出復嘒嘒而星聚於是三麥不收九穀不登藜藿既盡糟糠不升釜中烟滅甑中塵生木截蝗飯烹榆啖荊雀鷇盡野鼷鼠空楹

氣惙惙而哀耗神罔罔而顇瘁手狂攘而妄牽形廉損而凋敝乃有棄室自活易子相食餓殍載途道殣盈陌身消原野骨暴川澤肢摧草莽膐化燐熠仰枯顙而枕衢貧襁儲於沙石孩提棄於道周老稚轉乎溝洫千里白無寸草徒萃盜之爲熾交何戚而不亡親何懿而不逝適異縣以自延甘逋竄而不辛遂播遷于茲域望丘隴而魂驚棄荒墟之舊貫託萬鬼之新隣更傷心於九泉悲存沒之異路嘆蓬籜之安歸痛膺心而長顧余聞言而涕零兮情怵然而不寧昔禹解夫陽旱兮湯身禱於桑林言未發而霖降兮辭未卒而澤傾豈斯職之弛修兮俾天厲之不更彼流庶若奔風兮顧安所得稅止儻不獲庇於新土兮固敗亂之所自起予戚戚有隱憂兮心震蕩而不怡諒無途以甦之兮命駕而返乎故廬

瑞石賦 有序

天啓丁卯京口載罹凶荒天眚地孽割我稼穡萬姓嗷嗷無所寄命岡山之陰天産石粉其色白錯者紅其味甘其質膩咀之馨其液可摶不磣餕者充饑者寒疷者鼓而立山去城百里而近余輿而觀之擔者溢阡採者闐於丘陟間趾可掬也嗟夫天地之大奇出不窮理無而事臻氣鼓而物奪自非覩記之餘千載之後安知不與補天之事同疑其悠謬哉賦曰

天符臻地寶植湛巖闢坤珍出補天佐岳錫爾靈石爾其爲質也靡瓊委玉凝肪截脂鮮飛豔雪華耀朝曦光逾雲母色麗瑤芝釋之叟叟⿰黍风之糜糜無餕無敗不磣不淄埒華山之玉屑方梁父之銀泥豈石麋之宛在抑地乳之潛滋宜充虛而解戰爰寒餕而救飢繄生民之百需兮食爲之天天以六氣下凝兮成五味之華鮮麗五行於百谷兮固物始而民先劬水畊而火耨兮竭胼胝以祈年羌穗岐而表瑞兮抑雨粟而

徵賢曷埒此自然之食兮協幽贊於重玄况凶年之屢稔兮悲地財之貧破何辜今之人兮罄天地而一餓閱鼠空而㲉盡兮氣廉廉而消墮塚纍纍以魂新兮或流離而遷播遘珍符之大垂兮感神貺之濟呈噓枯以續喘兮拔瘁而為榮黃吻怡而含哺兮鯨背鼓舞而取盈走遐邇以如鶩兮咸䆃耘而輟畊筐承而車任兮徑險而衢爭惠遺黎非小補兮嗣嘉穀於秋成夫孰貸此靈休兮匪天工其奚及夫既秉好生之恆德兮曷不祐此垂成之粒製之稰而錫之餐兮夫孰不歌夫帝力固造物之多奇兮幻生成而不測系曰石為氣核堅不可奪兮氣之所鼓性為之脫兮含功牧生地之奇祿兮畫地為餅庶幾果腹兮

卷五十三完

同邑柳棄疾鄭瑛校錄

卷五十四　邑後學　陳去病　纂輯

卜孟碩遺集序

庚申仲冬孟碩彌留之際馳予一函於吳門曰弟一病卽瀕於死以奇窮遘奇疾眞宇宙不才子也遺集三卷惟足下能知之亦惟足下能任之吾忍死以俟足下至予駭不自制涙淫於臆不及斂函倉皇舞棹漏三鼓下抵盛湖而孟碩已含輝粲寧荒昧矣孤燈熒熒哭聲在帷撫棺一號崩心觸面嗚呼孟碩遂眞死耶孟碩夙有靈骨介然負離羣之志於河洛讖緯六花八陣支干虛旺之數靡所不明了連山歸藏援神妙解靡所不流覽文翰點染以及彈棋劈阮吳歈燕筑靡所不妙解無穎陽田無好畤產而騷人墨客劍士酒人靡所不延接每佳辰勝夕青谿翠阜閒游幰雲集燕趙雜坐絲竹並飛孟碩黃衫白袷睟子瞭然珠圭

一轉萬籟咸寂涼風動髮明月在衣眞天之鈞帝之奏也而尤長於古文詞其騰意飛才若鵬之使翼凌蕩耆放提風雷而挾元氣筆墨之性殆不可勝直可奴律馭騷培塿子雲㲉鷇太冲以迪建一麾使選言徵詞者惟我所開軌故其詩若賦若文穎出而才果與高而采烈恣且乎霄霓放唐乎窅眇彼小夫詹詹中乾外彊寂淡寒蹎以牿於四聲者烏足滿其一笑乎是以時輩歸君嚮盈四表簡編翰墨如雲如霞流在區內而孟碩情深一往轡縱莫銜不啻才以藥倦戢耀以針勞又多從變童以驅齡伐性迨消渴頻臻始割棄親愛稱道民以事熊經鳥伸之術而思以續蝣晷留鵠算也晚矣氣擊神枯異物賸之奄忽零墮而不究其天年可勝痛哉可勝痛哉嗟乎山川不遠神明在茲使慧業不凋知孟碩不與王喬赤松肆虬乘霓載雲氣而上征耶予與孟碩共照此日月而序其遺文臨筆命紙旋理往事話言嬉遊顯顯然無有忘失者人

琴之感賀深於懷又恐負孟碩於冥冥也故攬涕削藁哀緒橫溢不知所云

沈君晦集序

樂有雅鄭文　有之然而雅聲易微鄭音易沸舒慘之界否泰蓋可算矣世變文隱膚之寒腹之白者聽熒瞀亂罔知津筏叛經遯墨張皇弔詭競於讕牢纖澁而不可澡治雖寂調冷詞亦足以弄庸心而驚里耳然義儉詞碎金石隱焉顧澆澆域域樹溝洫而引羽翼同則嗟賞異則擯棄盛相驅扇迷津莫歸譬蠻觸鶩於戰爭鯁鷄矜其巢窟其立於世也眇矣文章未墜必有英杰以洗其惰吾求於世十年所矣乃今得吾君晦也君晦甫出若齔即以風雅自命鬱騷馭史卿其華而茹其實而又調以規氣格以禦才中宮商修經緯莠言稗句不一霏亹喉舌間故其賦若詩觀則錦毣聽則瑟琴味則甘腴紉則蘭茝溫恭博大望而知

爲太平之響其破蟲蠹而歸正始廓如也以君晦之才識而刋都鍊京文不爲哀郎昭囘天地鼓吹休明其何遠之有語曰嵩岱之巔松柏挺焉溟渤之大蛟龍窟焉君晦遙遙洪冑世茂珪璋雖含華孕藻肇自血氣而弓裘之澤深遠矣

張草臣詩序

蓋聞詩者神明之律呂而志氣之風標也故緣情綺靡則嘯咏所以娛心祖調風騷而宮商非云媚物要以江山宣氣不守律以自繭雲霞藻慮能非常制物故能興絕節於高唱薦華聲於終古爲羣趨競帝大雅不尊誕響斯張莠詞有述苟求蟲篆不樹骨於丘墳妄殉波瀾匪選聲於金石甚者讕言是襲謔語兼存排調啁哳狎而不莊聱悅淫哇陋而非典譬之槁木無陰菌華不日是傷雅之斧斤而摘辭之優孟也吾友張艸臣氏奇音振物異氣射人青緗玉笥羽陵緗簡之文綠檢青繩汲

冢蟲魚之字莫不崇琬琰而獵豔辭銜山川而拾香草爾乃洗萬物之枯槁脫六塵之坱軋居幽背俗遁跡吳山宴坐孤吟聽其寒暑歌山桂之假蹇代彼萱蘇賦修竹之檀欒爰酬月露伏采潛發鼓怒浪於平流祕響旁通震驚波於靜樹深華奧氣既窮力以追新騰天潛淵亦刳才以飛滯覗彼綴緝者彈勩於鏤脂叫嘑者張態於腐鼠何異土偶不生於氣血而染堊無與於神采也嗟乎詞壇齷齪傑士無多瞽俗紛紜賞音何在才如艸臣顧使章含而不耀光闇而未刓則白賁非衆目之觀清角乃曠代之奏亦可謂天閟國珍神淹世駿者乎予與草臣寫心相浣十有餘年不媿革紘無忘縞紵爰播糠粃之製妄塵珠玉之班庶幾爝火之益天蠡酌之測海云爾

與卜孟碩

不慧弟行愚履直性無餘蓄不能局節適檢樽樽入時又不能蟬脫鳳

畢全高方外常嘆碌碌凡士方寸懸殊所以離羣獨遊晤言莫可乃與足下桑梓相接栖尙相比穆言肯贈遂成碩交每念足下宏器淵識負經緯之氣斐文逸藻無淄磷之損宣質拔行貞岳立之高吐論含毫抄雲錦之合何其事事快也近違以來寒暑再易離析曠邈路人悲之雖時接翰跡以當暫晤而淸塵獨遠寤寐增勞加之物慘節哀雲悠風厲木燮燮而殞綠林離離而頹鮮窮蟄吝鳩吟叫無絕愀然疚懷離人爲甚是以屢奏記室迓玉趾于三山之間而足下方淩雲以撫翼豈盼株林浮漢以濯羽寧窺行潦遂使庚鳴之悃不獲遐暢徘徊伊鬱如何可言然窮誠逾結無羞再瀆願足下覽往事之成敗察將來之吉凶揆身世之無多鏡浮歡之易盡惠然命駕連跡幽巖相砥道術毋使長圖大念喪于柔情高堂弱季慮其厚望幸甚幸甚數日計程欽遲芳躅臨書相送神與之俱

答阮潛宇民部

離居遂曠年載曩猶藉箋記以布往懷而今更夭閼焉靡所錯情良難爲心乃過意賜書勉以撰者輒露疎蕪陳其胸臆當今文教下衰比興憔悴小家曲學恣爲骫骳以典謨爲朽言以藻采爲浮説以風雅爲末曲以聲調爲誕響以蠱蠹爲幽趣以離遯爲玄放意製相詭競反古先視彼太羹玄酒一唱三嘆與夫鏗金鏘石莊雅則重者擲之爲不祥而一時寡識之士喜其易作風馳雲駛遍于海內僕盱衡而唉反側而懼殆非一朝誠恐斯文終歸蕪沒輒欲掀雷抉電以振瑣習然綆短汲深言不追意而猶享其敝帚不忍芟薙夫立言而朽君子不爲扶撓正欹是在哲匠惟足下曲留高鑒權衡疵謬錫以嘉藻以文蟋蟀之奏庶使顓愚之志不致湮滅顧以斥鷃栖鷄思致隨珠之彈迷妄實多惟冀知已閔其積念不賜鄙薄桂不勝要腹之願

與趙凡夫先生

載謝山阿旋就遙役側風偃薄飛雨塞途漠漠白波一望伊菀越四日至澄江踸踔濘泥中儠𪋤單外寄人之廬資斧蹇躓依心恍惚之地忍恥恓惶之內兀坐寂處若有所遺瘖寐嚬唉胡然而來不能自主遂搆怔忡之疾志氣惙惙日就削弱雖復追逐朋友嬉遊燕譆常若胸次冰炭相薄十二日力疾入試攝衣頻視參昂不及昧爽彊餐急帶盥潄俱失行不視地惟求其疾晦冥之中風雨相半鷺立鵠候筋豚酸澀當此之時茹悲蘊嘆蓋可知已致於卒伍鴟張搜檢蜂集蟻聚豚喧昌被袒裼齰舌齘唇吞聲屏息枯腸枵腹景落晷閟望嘉題如望赦獲畢簡如獲歲聽鉦動而骨驚聆伍伯而神泣日晼晼其欲煮篇遙遙而難畢如此惡況更十僕數未可窮述苟非有胸無心亦復誰能忍此況僕才質魯鈍質文不足自達內無詭遇之術外無彊近之援欲以區區支離之

軀與當世所謂賢豪參差上下是猶爝火干日簣土造天必不得之數耳且也婆娑斯世栖心易足苟一丘一壑足寄謳吟春畦秋畝可供衣食擊壤自歡亦云適矣三十之年馳復即至生已半矣榮枯之數亦已諳矣柰何以有限之歲月易無窮之憂患縲絏于衿襆芻豢于榮名哉以夫子素不鄙夷甄陶非一故決臆直書不自次第惟冀來耗振我枯腸

與婁子柔先生

闊絶音旨便欲三年饑渴歷時心如斿綴玆舞棹波逖思挹醇德以遂喁喁之懷雖風高水闊飛雨蔽途而思之所向忘其爲苦乃薄祜寡緣差池不値悠悠白雲悽然自遠幽情滯思彌益越裂歸路淒涼風雨相半未卜參會更何次第髣髴德音不盡高山之望

答沈弘所侍御

僕之昧久矣騷雅之業眊然如醒雖寓目寫心不廢吟諷然求一言之澤于道者無有乃門下屈嵩岱之高賜粉滌之藻高以評目絶於倫等感戴循環難可譬說所媿者玉斝未卒蘭橈遽舉不能邀惠山靈以緩王程之須臾耳李公祖至辱惠遠訊珠流玉盎光照林泉僕實何人周旋若此露往霜來闕然久未報婧嫚之罪亦復何辭夏候鬱蒸飛塵塞路願謹調攝以膺元祉

答朱詢儒

自風雅不尊異端熾起鬼幽妖蠱靡其調淫晦蹇澀蝕其詞繁弱流媚削其體縉紳標之山林佞之無識之士依傍之異於是者羣而擯之雲合霧并競反古昔望弘成諸子遂有太羹玄酒之嘆况建安大曆間哉僕雖愚賤不忍恬言柔舌取媚薄俗粗署所見取裁古人然慮寡智淺未澤於道舉以似人又乏直諒之朋衡其文質敝帚自享荒謬盈篇足

下孤嶺偉才宇宙無對獨學胸臆不循波瀾一時枯槁之習芟洗殆盡乃謬以知識見許曲存惠好貢以華文正聲奇采頓見千古若冰立炎途雪飛暑路如甑之居忘其蒸歊敬襲錦緘鞶誇視流輩行鼓微詠以酬杰唱顧足下益潛心大業澤以金石芬以椒蘭班張鮑謝不爲難到風味不孤歡慶無斁相保霜露始于玆辰

與卜孟碩

初冬得近信云孟碩一疾幾至不救驚怛彌日夜不可去洎冬接手教已知勿藥喜慰無量不啻尋常音耗而已孟碩負一往之性天馬空行不受啣轡欲之所臻不自樽戢遂至五臟去其蔚氣困篤綿綿殆不自濟今雖小差精爽尙在完虧之際尤宜愼重禁勞窒慾倍萬調護弟生平交知孟碩最爲莫逆故敢罄其縷縷

與沈弘所侍御

自伯之南時御瞻戀僝劣遴愍日蕭騷於林蘿池草之間不啻螺蟲之土處無由通候於左右惟望雲路以低囘爾矣門下仗節萬里日與椎髮卉服之氏相爲紛挐而又蒸熇時作木箐甸施蠻烟熠膚顖精調寤寐以履元吉啻氣方揚米價湧貴東南瘠瘠思逞矣杞人之憂恐不能保此丘壑耳

與董玄宰宗伯

先生遊步道要開神無窮年彌高神彌王油然從丹房芝幢間歌詠自娱古人云左摩洪崖右拍松喬非先生所得於山之深林之遠者乎中暑鼓棹雲間候杖履值先生武林之遊不能撥暑以相從也惟有惆悵茲閩中周孝廉宗服令德思接光塵馳暑波途以副高山之望幸勑閽人受其書謁

與高孩之參軍

自狡夷跳梁天摧地岌羣動蓋昏墊矣明公獨攡明略運無方之謀驅雲雷之難使崩殘之疆返於金甌吁喟之民歸於舞蹈百萬貔虎殊容共身而興堅城之心其縛呼韓腦沙漠直可計日待矣如桂思慮不足以靖安危筋力不足以勤戈矢徒竊日月之照無以報塞惟泚筆以刻天聲頌洪伐爾已敬奏鄙賦馳塵視聽荒辭瞽唱不堪與鼓吹鐃歌奏於戲下冀昭回之光有以下飭知明公緩帶之下必不以長鎗大劍無所事此而擲之於言外去病案此書當在作東征賦時因以寄高云爾

與卜孟碩

冬山靜深不生煩氣兼以今歲雨雪殊少芒鞋短策意所欲往步屧亦至山僧谷侶頗多舊識夕陽籬落間茗椀不廢布褐甚溫果餌甚甘咲語甚洽兄能策駕入山便以此閑分半相餉

與管度遼

君侯擁萬貔貅經數千里屯江滸信宿以去而民不知有兵此其節制不知視孫吳何如要近古以來所未嘗有持此以驅雲雷之難感鬼神之心而又濟以無方之謀日新之氣其係呼韓之頸於闕下也如探囊矣昨所言敝友卜生兆勝雄烈丈夫也素慕君侯天下豪傑欣欲仗劍而與之遊敬以屬之幕下使操筆札則可以盾頭磨墨作露布使効一臂則可以橫槊萬人入虎穴必不効塵土之流有孤任使此桂可信於卜生者願君侯垂納焉

答沈弘所侍御

行人載至遠惠佳音發函伸紙光彩盈宇提獎慰諭蓋未傾而情已至矣會遘犬馬之疾弗獲裁謝死罪死罪伏念桂賫愚履直今之荒人也動不能龍躍虎變賁堯舜之光靜不能璧隱珠韜匿巢由之跡棲遲羈旅悲涼路隅瞻言往躅空欲思齊俯惟今賢虛勞懷刺兼以素昧攝生

宣閉無節三時四序每勤醫藥緣是絶意呫嗶□志山藪青緗縹卷稍涉其藩石紀竹書略窺其緒又顓蒙之性比與常躭從心所好不能自已至於春風淪蕙秋雨滴梧未始不沉吟短翰補綴庸音因事寫心率然成帙第野響非夔門所撫巴渝豈郢路之奏乃君侯飾揚蒭議弘長蕪詞謬譽肅加殊爲善謔如載驄以周閑之騄彈雀以隋掌之珠矣昔侯嬴納顧於夷門張憑受眷於逆旅居今況古曾何足云桂狗襟佩德撫已知恩遂欲覬綺雲於淸漢覿眉宇於紫芝而劇疾初解未堪跋涉端以來歲孟春晉謁雅碩先馳副墨用申鄙懷臨翰邅回荒慚無已

答姚孟長太史

仁兄儼然垂弔光及幽明哀痛之次不克少盡縷私念之怦怦無解于踧踖也聖明在御海宇維新若有聲靈鼓於筆墨是以忘其力之不及輒搆二賦以效塗歌然而謳吟路絶編簡途窮兼以詞理野質識見凡

淺不足以昭日月之光華寫天地之歡忭伏冀仁兄愍其庚鳴之悃加之丹鉛衡其失而救其所不足題以數言飾其固陋使蒙言贅說不爲有識所棄惟仁兄是藉（去病案此當指昌言聖人出二賦）

答茅止生

二十年耳中茅止生乃今始得以郵筒相聞雖事跡參差而薄祜寡緣蓋亦甚矣今日出處惟仁兄最快最正大破從來腐敗局面而仁兄自受賑迨茲清嚴簡恪大江南北不知有兵竊以爲東警以來未之前聞望仁兄益毖乃績君恩祖德奕用顯煜且以洗天下悠悠之口則弟在下風與光寵矣程君麒勇而文得居戲下深自慶幸從軍而樂此之謂矣病骨支牀不能匍匐交戟又不能以呻吟之韻仰酬杰唱雲樹之私曷之有極

與劉勿所太僕

奢飭發難天子復釐西顧之憂舉國懸懸束手無策徒發兵符數紙調某處兵某處餉便了故事竊謂西患方更大也讀老父母一疏忠義之氣霹靂之才風雲之略籌畫之定天下莫不以手加額謂天之不棄蜀之遺黎而俾老父母賜之命也獨怪廟廊不用於三年之前俾東陲蚤靖至摧覆時乃煩巨靈之劈殊令人惜耳廟議調兵四省夫兵多則徵發不易路分則統馭難齊此以聲勢相犄角可耳逆酋非有深謀大計不過乘間狂吼曠日遲久其謀益堅老父母一出則忠義之士蜂起響應自可不煩刃以下敢再逞螳臂哉露布自西能不爲忭舞大有慰瀶也西征之後即移勝師以靖東虜天下功名幷在老父母矣獨念桂蠖在草莽如蜾蟲之土處不能攀鱗附翼以效尺寸眞令人以生爲慚耳北風其寒千萬珍重

與文文起大史

入春薄游白門於龐駕部坐中閱正月十四之報不覺慘惻彌天雨淚洗面然竊意天若祚明必無此事且天錫名德未食碩報豈應罹是心甚疑之歸寓即馳一函募程生寓訊於靈均及覩二十九日之報然後破涕爲唉舉觴北面爲聖明賀東向爲先生賀今而後寤寐怡然也感憤倉皇輒搆二詩悽惋之色不堪自讀何可聞於先生然亦不可不聞於先生敬因黔中楊龍友孝廉附去龍友神韻文章臨池潑墨種種第一分其一端亦可獨立是桂所北面事者其名字當亦在先生聽睹間今千里入吳就正山斗桂知先生憂患之際闈者弗爲將命僭勒荒函聞之左右把臂入林當知不肖非有溢辭耳天涯蹤跡雨絕雲浮如吾龍友不可覿面相失也致候先生喜溢楮外不覺嘵舌

募葬卜孟碩茂才疏

問才於今吾必以孟碩爲第一焉其氣豪上謂一第可以頹首拾而夷

然不屑也於是聰明之所溢放而爲詞賦爲書畫爲度曲又放而求神仙至於學仙不成卒以病死死十年久矣而流風餘韻沁人耳目聞而不可去三吳數百里閒稱詩者師其宮商之位徵歌者師其抗墜之節臨池而染翰者師其揮灑磊礴之勢即殘簡斷幅人寶之爲吉光片羽濯濯矜視至有燕緹楚鳳以徼重貲者亦可以窺孟碩之梗概矣或曰孟碩蓋仙去不死云某也見於西泠某也見於目瀾皆有時日不妄也夫孟碩靈心顥氣神明炯然必不與化俱盡然孟碩自有所以不死者形見其末也孟碩既死而家益罄上有垂白之母下無烝嘗之裔遺嫠弔影以紡織自活予入吳掃墓必哭於其廬荒㕓敗壁塵土數楹尋向之清歌燕笑之地已鞠於荆榛而不可問嗟乎才如孟碩品如孟碩生不能策名丹陛綰半通之綸死不得戢體玄邱依一坏之土且并其母若妻日就凍餒焉而卒無效脫驂捐麥舟者則平居所爲締金石之交

同芝蘭之臭者果何人也大司馬呂益軒先生未識孟碩之生也讀其遺文而憐其死垂慈醳惠恤死慮生於上方山顧野王墓側謀爲之塋以安魂魄謀爲之祠以寄吟眺謀爲之置田若干畝以贍其煢獨司馬之行義可謂周矣司馬之憐才可謂至矣而又不忍獨擅其名命桂泚筆以倡疏焉我願交游之豪傑許與之氣類毋徒軫流水之紘勿空下山陽之泣共襄茲舉以慰才魂悲夫生而友之沒則已焉一死一生能不爲交情之負者又多乎哉奈何吝無用之囊橐而輕棄朋友之倫也爰以引代涕告諸天下之好行其義者

金山妙高臺募緣疏

岷江奔流萬里東入於海金山矗起中流立江海之間稱宇內奇絕云傑閣遠隨危甍駢比丹闕綠房屹列交峭以吐含靈氣然地當南北孔道蘭橈桂檝不絕於涘故於騷人爲古處行衙爲祇林登高送遠爲旗

亭而商舶旅艘闐紛它溢則又爲棧爲闤闠山靈爲之噓喟烟霞爲之憔悴不可嚮邇聲谷尊者脩禪蘊道標寂練新相土考築於坡公寫經處建爲小閣危檻曲房可棲顥景又纘佛印之跡搆杪高臺爲翻檢寶笈之地予時躡屐凭覽南北殊狀高深互陳空香時生目視鳥背近翠遙靑匐伏江面誠浮玉之別境而雲外之香臺也顧底成迄今二十餘祀風露浩蕩易爲崩摧以致戟盾阤墮确礐傾圮欲使振陳成新拔頹爲飭非大檀施不能我侯震暘使君以退公之暇攜鄒生枚叟之屬委蛇其間閔其荒廢遂捐俸以鳩諸法施以告諸檀越使委者舉之頹者郭之吁喟者鼓舞之憔悴者振蕩之俾登是臺者頓復舊觀吾知山靈且矯首以俟之矣行泚筆貞珉以誌不朽

金山救生船募田疏

江之水險者以十數而揚子爲最扼南北水陸之坑而綰其轂千帆萬

艇霧糜雲集卽酷暑祈寒無虛刻焉石箏浮玉二嶼砥波之奔而激之怒以爲舟航之仇亦惟江寒波殺浪蟄雲平飄檝往來直一衣帶水耳若夫千流既同百谷來會驚湍急響雷怒雪立加以陰風驟興龍攄靨湧流之所趨走數十里於一瞬間一不戒而檣毀櫓折欒潰無蹤或入漩洑中九前九却淹晷刻而不可出其載胥及溺問水濱葬魚腹者其人可以澤量也至其手足狂攖宛轉出沒於怒濤叢浪中悲號望救卽尺繩片木命實繫焉此時得救則救無救則死救速則生救遲則亦死而徒蒿目搤擘相顧相仗無益也卽有好行其德者募舟拯之亦猶決西江之水而沃枯魚舟集而人已逝矣澹生上人穆然以思殷然以懼戚戚然如瘝痌在躬閔閔然若農夫之望歲皇皇焉若衣袽桑土唯恐失時爲之建渡生舟近險而崖泊焉堅其舷艑壯其蓬檣備其鉤繂擇長生三老之練習者四人朝夕伺焉不離其處遇有傾覆可以呼吸便

發不煩指顧舟成迨今才改霜露已活十餘人矣濬公又率其徒衆警其勤惰以庇厥役午飧宵頓咸取給焉計其値歲必五十金始可畢事索之瓶鉢則無餘求之檀越則難繼欲置田百畝取其稼穡永資經費爰是告於諸大長者共襄斯役俾濬災禔福無贅無㑴使馮夷失其怒風伯破其威中流一瓠千金無所張其價天人之所賓𢭏也魚龍之所欽擁也彼岸之所快登而慈航之所普濟也福澤利益不可周知願諸大長者亟捐客心共相倡引功且與浮玉爭高江流競永

卷五十四完

女兒緐幹校錄

卷五十五　邑後學　陳去病　纂輯

明一人

潘一桂 見上

重建金山枕江樓記

自予寓公京口則十九居京口其視松陵也蘧廬也曁予以病謝客居金山則其視京口又若身京口而視松陵也每晨日夕月支瘦筇肩蒲團與一二野衲極登覽之致凡是山之勝吾皆可得而席焉而勝莫勝於枕江樓樓峙於山之陽棖櫨靚深軒疏廓朗危峯亘檐江流在下當夫天晴日美波光入坐千里一碧含霄無畔或無鳥過不辨空水則使人曠及夫驚濤濺沫轉騰瀲洌噓虹礴日疑雷疑霆則使人雄若夫天鷄乍鳴海日初動碧烟顥氣蕩漾霞水則使人醒若夫薄霧收空明月

四朗水光相熚若金若瓊八風不翔宇宙澄寂足使人泠泠而仙故有斯樓則山若益而高水若益而深景物若益而奇而一旦不戒於火危甍傑構化爲游塵予每經行輒用興慨宗上人發希有心控有爲法竭擘畫之力罄瓶鉢之資以禮足十方諸大長者惟諸長者亦惟力是視以共襄厥美良材雲臻法施麕集曾不浹月麗譙落成收散雲於四空朗奇照於八極攡神罽於水國奐仙的於江天美哉大觀固茲山之望也夫山之奇茲樓尸之樓之興宗文肇之則宗文之惠施不幾與江共永乎予喜勝地之復舊觀俾予游息之有地也爰敷蕪詞以紀顛末後之登樓者其無忘興復之難哉

遊泰山記

予繭處甕牖不見天地每得一丘一壑輒沾沾自侈爲奇遊及讀載籍所稱海內岳五而岱宗之其神房阿閣金床玉几之勝與夫七十二君

柴望之跡私心嚮往之以爲其奇當無窮顧塗跋千里川原間之固非書生杖履間物也天啓乙丑我吳呂益軒先生奉簡書出鎮于東泰山是其賜履地也走弁以鄭符見迓目歷歷析所由道而錫之指南於是謀以丙寅季春之望脂車北邁以四月之朔抵寧陽而泰山雲氣固已盈盈入我懷袖矣二之日抵泰安州州守于君貞遠快士也傾蓋相得歡如平生是日設樂觴予于岱廟之齋宮三之日于君淩晨相過欲佐予登岳予固辭乃爲具紙帛謁岱祠祠踞岳之趾崇墉千雉宏敞壯藻如鈞天之居墀列九石巒壑文秀按刻是宋南渡後浮海所獻者祠左古柏五株羽人云是漢武東封時植霜枝虬節望而有千歲之色欲照魑魅固不煩取之燕昭墓上耳古今碑刻甚富僅一摩挲而去出登封門三里朱甍綠房幟以棹楔爲一天門是日風日調美遊意甚洽乃與筍輿搴帷三面以通瞻矚兩岸削立磴道斗懸流泉瀧瀧穿石而出易

人爭道穠桃文杏翠柏蒼藤霏綴巖隙詭峯峭确離離錯立初猶停睇注視久之奇益衆道益澁不復置覩記矣仰視中峯在白雲之上以爲非翼決不可登安能載朽腐之質以游其間哉捫歷而上行數盤至高老橋橋際危崖間水聲涓涓者爲水簾洞稍上爲馬棚崖又上爲回馬嶺凡四轉而級益峻輿人咸扱跋足以四綆挽竿而上類百丈丈然前昂後俯余傴僂輿中手不敢袖目不敢睇肩支足抵魄搖精散加以危壁夾崍隁天蔽日如行委巷中意甚崩迫乃小坐盤石以甦視聽回眸下望諸峯已出履下州城若巨盎叢烟鄣之城隅牛馬若聚黑子蠢然蠕動矣又上爲黃現嶺過嶺而西則凹而下又西而北則下而復上爲徑平善可以掉頭納手左右顧盼者爲快活三裏徑既盡有巖巖嵲者爲二天門門之上爲御仗崖宋眞宗駐驛地也崖上石欄枯樹碑曰秦松予按志神廟初尚存五粒今止存一既丘隴凡材又皮葉都盡再三

數年當亦摧去由今觀昔其非大夫之舊無疑然地當中坂正始皇避雨處或好事者樹其孫枝耳五大夫乃秦第五等爵後世遂以五株當之倘七大夫九大夫亦將七之九之耶又上則石磴齒齒兩峽束之如御梯千尺而倚天末者爲十八盤峽之杪其湛碧一線而挂于松栝者爲天其虹停蜺起破翠而卓立者爲三天門懸如鳥巢散綴岩畔白雲去來忽隱忽現者爲羽人之居此卽向所視爲雲上而不可至者也懸緪而登距踴三百揮汗如雨梯窮壤平而已屐其顛矣周廬數十若小村落廬之盡則玄君焉金鋪玉照煌奕耳目士女呼籲之聲鏗訇震動肸蠁之際靈氣肅生予瞻禮階下出宮而左尋李斯篆碑碑散嵌暗室中僅得二十許字旁有玉女池不溢不竭亦所謂洗頭盆也上而右折爲岳祠湫隘不能任香火再右爲摩崖碑唐玄宗所書泰山銘也雖風雨皴剝而含寫雋逸鬱有古色後爲蘇許公所書東封頌爲閻偉林阜

以忠孝節義四大字蓋之亦千古篆籀一厄也循巖而西爲寢宮又西爲孔子巖蓋望吳門匹練處也折而東上則羣峯涌立爲岱之顚白雲起封中疑即此地祠前則無字碑在焉高可二丈廣厚可十之二上覆以幢蓋既封立標以爲望耳或曰其中空有所函或曰舊有文字歲久而滅皆臆論不足辨獨是七十二君千乘萬騎紛遝空上顧以文字未立寂寞無紀其遺跡淪荒烟野草而不可問乃呂政劉徹竟與此山相終登高覽古慿而興慨文之不可已也如是夫俛瞰羣峯攢簇伏地若堥墩米撮惟徂徠丈人稍見嶙嶸而夔夔然如拱如揖如帥羣龍以趨紫微者黄河汶泗蜿蜒隱見歷歷可遡久之暝入寒歸膚粟粟起踈星熒熒纖月西銜而予亦倦之館舍篝燈命酒頹然而臥至雞初號予躍起裹襆被掖兩青衣張炬十數崎嶇行雲霧內約里許至日觀峯霄氣甚肅雖蔽屛障齒磕磕相擊乃浮大白得稍定巳而東方嫣然發豔倏

忽飛霞萬縷透空而上山陽諸峯皆作赤色顧視山背則黮黭無以見而雞亦再號矣予目不暫瞬注視久之繁雲盡撤於白光中漸赤痕一線其下光芒炯爍熒燁燒漾予正引滿狂嘯而赤輪已出雲上漸小漸白與平日所見無異矣罡風怒生白雲狂馳烟蔓霧合大地一白茫茫皛皛彌望無涯階前人聲自絮中出仰而上窺則空青瑩瑩都無纖雲陰晴截然上下異色信爲平生奇覿乃予被卯酒頭岑岑欲墜亟歸而臥至停午始具盥櫛時雲氣亦解曳杖而出望仙人橋經捨身崖皆奇險動魄自崖而左由丈人峯東下行亂石溝獨足盤懸梯雲棧約可十里至黃華洞洞爲玉女修眞地高可拂冠廣可容几石隙水淙淙滴聲出洞外神栖數楹茅屋幾蓋虬松萬株衣被岩岫微風靜拂如鏗笙簧順耳悅心累氣都盡巖之隩老杏數本皆奇大尚抱蕋未華始知山氣高寒四時之節固不可爲限耳傳觴洞側不覺沾醉取舊道復至岳頂

羽人指點若九女寨仙人影吳越諸觀皆有奇跡足爽眺聽獨嶺嶠棘
曲無受轍之級又曰宴道左但有神往於是復御筍輿而下至十八盤
俯瞰崖底窅冥無際綆縋與後橫身空懸如覆如翼予之足可擊輿人
項而目則瞪瞪視輿人脛手足盡汗其險乃倍上盤時而輿人運步若
馳頃刻息肩則已失天門矣于君以騶人邀遊石經峪乃從御仗岩别
取一徑透迤亂磵中約三里許至峪則平石如砥可列千坐有宋刻心
經於上字皆徑尺橫泉衝刷如蠹嚙者石之上方削壁鐵立鳴泉潺潺
幕石而下如珠簾淙射絶自有致乃張樂石上歌再闋而天已向暝燈
火紛然入登封門已漏下三刻矣
廣閒氏曰予登泰山蓋不敢目之以奇云夫氣縮而求于象象分而助
于器山至于器而奇乃章泰山則出地萬仞開勢千里元精灝滯靈容
渾噩陰晴下變凉燠互生雲光卷舒太虛寂若此其所以首出而稱宗

云若夫標轡吐寡屑屑然與衆山競尺寸之勝夫亦耳目近玩已耳安所稱小天下也

游牛首山記

予蠟牛首之屐者數矣再以雨奪一以酒奪一以游侶奪於是客有言牛首者心輒媿之如重負然丁卯之春與徐子謀以晦日往游會李沮修哆言龍泉山之勝請予先之既歸是爲仲春二日而徐子反京口矣予自念有待則煩無待則捷決策攜一杖一僕凌曉出聚寶門逶迤山徑約三十里遥見雙闕嶄然高出雲上縣岩鳥道孤停木杪游女四五翩躚其上如飛行仙心甚悅之循西而南古松被徑風籟相宣足爽眺聽入山門僧雛法喜肅客甚恭導至靜深堂予假禪榻小臥寤時巳停午矣啜伊蒲供爲之果然乃倩法喜佐余登陟緣坡入金剛殿丹梯岧嶢松檜夾路珉甃秀整潔不容唾梯盡爲天王殿又上爲大雄殿階前

文杏大可蔽牛曾經刼火燬痕在枝幹間而森蔚不衰非僧臘可擬也折而西至十方堂堂側一室闔扉則塔影自竅中入倒懸壁間陰晦不殊爲叩之山僧以彼教幻語對彌增塵惑究竟遠影入微隙自然倒垂凡物皆然不獨塔也拾級東上行碨磊間至文殊洞洞如小龕才可受三四人耳幕以重屋乃覺深靚又東爲辟支岩石塔在焉創自唐大曆初元而無剝蝕之色豈山靈呵護耶又東上爲捨身崖老僧依崖支閣亦自奇豁出諸名跡邀遏數語爲口占一詩歸之出崖西上爲兜率崖是即向者山背所望爲飛行仙處也不至岩百許步乃並岩而行偪仄斜出足二分履在外耳如屬垣也若佛跡杖錫諸泉瑣細出岩下西折而登從飲馬池行萬松間至東峯巔是爲天闕俯視川陸勢可盡數百里犖山參差近者遠者若撮笠聚米大江繚之蒼茫無際矣時日且西銜長風襲袂鐘梵遞響松濤和之四顧惝怳久之乃從西峯取徑歸寢

僧寮寤寐甚適晨起別法喜由山門而西出沒松影中履躡山脊旭日融瑩平射松下平楚細流受日璀璨山逕荒寒不逢人跡連峯如浪落我杖底登降微頓逢石小坐却望牛首丹碧繡錯歷歷若可掌指也約五里許至天盤嶺過嶺又降爲祖堂是爲融大師道場左降爲獻花岩是融大師坐禪雪中百鳥獻花處岩洞宏敞可布十席有竅東出至歸雲亭又東爲芙蓉閣爲瞰雲臺爲六觀亭皆因高栖棟緣曲治梯駕虛開楹挹曠支檻飛翔幻出各有所受之景岩下修篁老檜萬綠相扶車馬聲疎白雲淒潤其幽乃逾牛首矣廣閒氏曰牛首距城不過一舍而近徒以塵土湫滑阻我游履至累易其期乃克一往若所稱宇內名跡出萬里外豈終當裹足耶茲游也氣甚銳境甚閑掉臂孤行周旋不生山川之性對之以靜其所得乃過羣游時脫更招搖迂緩自敗勝情後之視今亦復如是塵塵相接便以終身空令康樂笑人千載矣

平兖亂雅 有敘

天啓癸亥兖作妖逆躬爲欃槍以射天日僭立僞號覆軼城邑鄒魯之民受灰沒之酷量尸十城流毒千里皇上以沖聖而膺寶曆神武而纘瑤圖東顧隱軫赫焉震怒乃簡戎授鉞龔行天討萬方糾怒九服助旅兵甲十萬賁張翼布無淹弦望而梟滅大憝東國爰定還於淸謐挙動勇咨同懷舞蹈桂跧伏草野思慮不足以佐末議筋力不足以荷戈殳沐皇上之休澤賁日月之光氣而卷道背時廢同草木撫己踧踖慙負鬚眉伏念古昔中興令辟戡亂除兇者其神功茂烈垂照千古炳焉如新則惟著之雅頌以掞天聲故也臣雖汶劣竊鏡六義之緒敬譜其洪伐以昭天子靈命而沛其光耀系之江漢常武之後

皇皇天常旬始射之熙熙天物旬始櫟之顚厥匪彝自絕於生成舞其狂酲干厥大刑鴟張鳶擊噬東之氓挙動昏墊沸焉如羹

維皇東顧濯威震訏爰命虎臣肅將靈誅陳鞠我旅霆雷我車有孚威
如京京儲胥奕奕申驅徽甲選徒星馳雲趨屆於淮徐
欽欽惟庸揚以清鼓鼓惟鼓坎以鳴以張天聲縱橫五兵爛熳目晴旆
旆雲罕孑孑干旌駟鐵孔騤烟其競征
羣醜啁啾迷亂行止怒翹螳斧以抗蝘蝹號風嘯雨爲蜮爲鬼天厲其
躬閔不畏死
謹我師徒張皇若神伐不喪列步無奪倫抱麾虎步運籌虬潛五較七
萃殊容共身堵壓雲覆山布星陳
高牙大旂歕以清笳鼓以靈鼉陣以龍蛇鋒猶駭電進無咨嗟熸敵如
蝨刈寇如麻掀揭五嶽軋厥柔芽激瀉天潢蕩厥浮苴
執訊獲醜大憝折首褭爾游魂竄伏城守翳翳窮壘爲逋逃藪蟻之鬬
穴魚之在笱

軍力既彙軍聲既沛用師十倍不分不土乘卒孔戒羅戈如城飛矢如蝟如火烈烈如風發發鋒無前對雲撤席捲芟撥荒穢

既翦既剷不淫不黷俘厥渠魁大宥孥族阬塹之民還乃樂育鼙鼓罷響謳吟代作

止戈洗兵允當則歸鐃吹差池以歌回師八鸞鏘鏘百兩彌彌攸馘安安飲至祈祈凱以振旅暉照東垂

洪捷既奏萬方爰赫乃郊乃廟爰告乃績祭於大烝鏤於金石賞延於世庸旌爾伐庸劵爾勣天子翼翼兆庶繹繹正是邦國綿千萬曆

沈尚寶元配閔宜人墓誌銘

按狀宜人世爲烏程甲族父曰別駕公弘慶莊懿公孫也母嚴孺人宜人生有異慧能得之性成別駕無他子女故憐愛甚嘗曰惜女也者他時貴不使伉吾宗然非貴倩不能當我女故不輕字人是時尚寶公璟

爲諸生名噪甚蹇脩有稱之者别駕公曰是少而才絲蘿有託矣遂字之十八歸尚寶是時尚寶封公課督甚厲雖始婚恆在外舍宜人宴媟之私不介於懷休沐居内鷄鳴而起以爲常年餘尚面未熟識也姑卜太宜人御子婦莊宜人昧爽而朝若執事進止有序無忤視無噭應無跛立無唾咳諸姑愉愉如也臨臧獲嗃嗃如也親疎尊卑輯睦歘洽無間言母家或賜之飲食佩帨茝蘭受而獻於姑又以姑之意分餉諸内外不以自私太宜人嘗取其簪珥聘姒周安人宜人立出無吝甲戌尚寶成進士授主事改兵部宜人侍封公暨太宜人就養京邸左右奉養無方甘毳必適鼎饋必腆二人忘其身之在萬里也已而尚寶自兵部徙司勳郎適神宗有鄭貴妃之命尚寶具疏請建元良又爲恭妃請封忤旨奪三級爲行人宜人慰之曰君爲忠臣妾爲忠臣婦其榮多矣所惜者國家大體耳豈惜吏部郎耶尚寶更二人之喪哀毁骨立宜人左

右之附身附槨無有遺憾迨營窀穸尙寶出所餘俸宜人竭奩益之爲金八百不以煩兩叔也歲戊申別駕公病脾而尙寶亦膺此疾宜人往而侍父返而侍夫權若織首如蓬矣己酉別駕公不起宜人哭泣無數佐其嗣子經紀喪事奠祭兆域如禮見者謂宛然兩子云庚戌尙寶公即世宜人啣哀茹恤百踊百擗哀不自止尙寶雖久宦乎羔羊素絲篋無私藏宜人至鬻粧田以載襄馬鬣乃克舉焉素有螽斯之德慈惠以蓄姬貳無不得其情其娣唐孺人旣生伯子自鉉宜人移乾就溼含護若拱璧及生孝廉夷其愛於伯子弗使渝至分棗賦栗伯子率倍焉人或疑則曰吾寧厚己子何以爲人母也聘娶伯子婦周爲別搆一宅筐篚膏煜禮極鄭重命於唐孺人展母子之禮不以嫡庶局也訓二子沉濡六藝黼藻百行偲偲無倦二子後先列博士弟子員丙午孝廉舉於鄉宜人色喜然以伯子鎩羽爲深扼腕常謂孝廉曰而兄豐才績學若

竟先之能無愧乎乙卯伯子疾甚宜人日夕往視屬纊之夕宜人方命駕伯子已瞑忽張目曰宜人來矣蓋其神先告之云宜人執手哭之慟命孝廉綜其喪事又命孝廉子其仲子宜人素席膏華長膺褘翟而解襲枲紵食不臞脈衣不組練卽簞豆與補浣自若也諸女事宜人孝歲時嘗製縠綺爲宜人壽至數十年函者在函笥者在笥色煒然新耳而鍾鼎之宴酒漿之味饈羞之享脩餔之品雖猝至必精整雖經久必承權與閨門肅雍事秩秩有條一縷一屑皆當其任家人不嚴而栗無敢怠越吳俗尚鬼里社迎賽則傾城往觀靚妝緩帶炫奇鬥逸宜人憎之曰奈何楚楚戴顏面爲稠人目卽過門未嘗寓視也聞人言幻術及一切黃白事卽以爲絕無亦其天性云宜人聲不出閫足不踰閾而親黨宗爲內師不贍者待以舉火則又視爲外府居恆讀內則女誡之諸書持身理事以書自律未嘗口爲臧否晚乃以象教自悅日誦楞嚴圓覺

諸品惺惺寂寂莫窺其際也孝廉艱於嗣庚申始舉一丈夫子方幸宜人抱弄弱孫爲暮年歡疢疾大作飲食漸損適湊哭女之戚遂至危篤瞑不昏不亂吉祥而逝其爲子姓之哭於幃者均毁也其宗戚哭於堂者均子姓也其臧獲之哭於庖湢者又均也閭井氓婦弛担織而泣相唁者又均也蓋亦可思矣宜人生於嘉靖癸丑十二月初一日卒於萬曆庚申七月十四日得壽六十有八萬曆庚辰尙寶以禮部儀部主事考最封安人壬午覃恩以吏部考功員外封宜人天啓初元奉恩詔覈國本建言諸臣將議贈恤丈夫子二女四婿戚悉載狀中銘曰

猗歟淑懿純德嫕嫕越有榮問祇肅之肄幼則慧矜容節無稱曰嬪自初顯相爾視動必有尊恪愼無遂用給共養力孝惟類秉禮以匡夙夜克毖化之爰流風有自始螽斯之德寬身之涖教迪厥徇憲於明義章命載加覃允旌勩壽考以寧福澤其備歿曰順化聲在千祀是刻盤匜

銘文泉閟

祭東征陣亡將士文

歲屠維協洽余月吳郡潘一桂謹爲位陳酾羞祭於東征大將軍劉公綎杜公松副將王公宣趙公孟麟遊擊將軍喬公一琦監軍僉事潘公宗顔賢文武主客吏士之靈曰太白無象乾靈式微邊塵桀起勁虜横飛干戈密纏風趨電揮搴動昏墊兆庶崩危促國滅土動搖京圻皇赫斯怒竦戎振旅下嚴霜令興時雨兵爰簡虎臣錫鉞耑征瑀戈內府熊節邊城雲屯列較魚麗分營鋭師五攻翩驤荒徼陰山絶漠烟其並集躪阸厲深蹴阬蹌磧虎穴揮戈王庭振戟狡虜餂閃儵如遊光匿伏遐險乖設機張爲蟲爲蜮不可度方流矢如蝨羅戈若牆魂飛狄刃血送擅裳公徒十萬翦爲國殤桓桓劉侯萬夫之特幼識旌旗克纘先績兩戡大難曝烈禹跡胡風南埃閩召東出運籌淵回羽書載逼天山長驅

威猶電擊殲渠戕醜鶴縱虎突虜血是酹虜醢是食轉戰千里咫尺侖
窟沙深瀚海地盡窮髮脫徼皇靈援兵微接單于之首久懸北闕絕陳
威失懸軍勢謬抱麾按甲駕智槧覆凶狡舞驕易裝偽救飄暴捽渙倉
皇莫究拔戟疾呼天地震盪胡馬圍谷三軍氣喪兵盡矢窮鼓音逾壯
海枯空爛頓挫長鯨拂首摧爪奮喉斷纓鷙鋒削面利鏃攢膺川嶽憤
積坤維震崩九重哀軫金殿悲盈杜公贛烈有力如虎挺劍駕氣睛烈
髮豎心與口誓必滅讐虜進不違敵授身死所血亂玄黃骨摧草莽力
雖可窮氣不可侮王趙錚錚不求獨生銜戈冒銛忠在身傾喬公名流
今之匹士中分客將三韓虎騎洒掃孽虜戰不畏死力崩大敵怒躍崩
毀腰間劍在麾下師靡捐軀重嚴馬革夙矢潘公慷慨機宜縷陳精誠
張胆忠信扶身別建龍節觀兵海濱聞敗從容神氣不沮北向載拜觸
命胡虜忠照日月烈高張許邈焉當代如望千古蠢爾百載垂餌鯨潭

雖知鋋鼓鉅習河關白刃相向肝腦摧殘骨銜毒鏃膚裂長鑱身膏大漠魂斷天山流血丹野積髗蔽巒十萬幾返千峯自寒沙腥霧苦燐碧風酸廟謨誰子致此吞寃死非爾鄉鬼其餒爾布奠傾觴望祭萬里魂其歸來無留荒壘生爲忠義沒爲神明聲訴天帝降厲虜疆助氣金鼓復怨沙場醢葅鋻首髓腦龍荒疏簡恤孤勒鍾銘常千秋萬祀勳烈無忘

卷五十五　完

同邑柳棄疾、鄭璞　校錄